Susanne Veit

Alles Mist? Eine Familie zieht aufs Land

Das Buch

Wie so viele Mütter befürchtet auch Susanne Veit, dass ihre Kinder vor lauter Social Media und Online-Games irgendwann nicht mehr wissen, wie Schneeflocken schmecken und Lavendel duftet. Allen Unkenrufen zum Trotz wagt sie den Schritt aufs Land, kauft Hasen und Hühner und legt einen Gemüsegarten an. Eine Reise beginnt, die die fünfköpfige Familie grundlegend verändert.

Der Bericht einer Mutter, deren Kinder heute Holz hacken, Weidenzäune spannen und für die Hühner Würmer suchen. Das Buch ermutigt die Leser, ein Leben jenseits digitaler Zerstreuungen zu führen und die Natur wieder ein Stück weit in den Familienalltag zu holen. Denn kaum etwas schweißt eine Familie so sehr zusammen wie die Herausforderungen auf einer eigenen Mini-Farm.

Die Autorin

Susanne Veit arbeitet als freie Journalistin in den Bereichen Familie und Kinderwelten und lebt mit Mann und Kindern, mit Hasen, Hühnern und Hund auf einer Waldlichtung im malerischen Oberbayern. Sie schwört auf das Landleben und führt leidenschaftlich gerne Gespräche über ihren Komposthaufen.

Susanne Veit

ALLES MIST?

Eine Familie zieht aufs Land

Deutsche Erstveröffentlichung bei
Topicus, Amazon Media EU S.à r.l.
38, avenue John F. Kennedy, L-1855 Luxembourg
Januar 2020

Umschlaggestaltung: semper smile, München, www.sempersmile.de
Umschlagmotiv: © Alexander_Evgenyevich / Shutterstock;
© arigato / Shutterstock; © Nata Kuprova / Shutterstock;
© Nowik Sylwia / Shutterstock;
© gosphotodesign / Shutterstock
Lektorat: Rotkel Textwerkstatt
Gedruckt durch:
Amazon Distribution GmbH, Amazonstraße 1, 04347 Leipzig /
Canon Deutschland Business Services GmbH, Ferdinand-Jühlke-Str. 7,
99095 Erfurt /
CPI books GmbH, Birkstraße 10, 25917 Leck

ISBN: 978-2-91980-917-2

www.topicus-verlag.de

Inhaltsverzeichnis

Vorab:

Was soll der Blödsinn?

Die Fichten hier in den Bergen sehen anders aus als jene, die vor unserem Haus stehen – sie sind voll und ganz und schön. Ihre Äste sind geschwungen und ausladend, sie reichen von der Krone bis zum Boden. Es sind majestätische Nadelbäume, die einen prächtigen Wald bilden. Bis in den späten Morgen hinein hatte der Wald im Tal den Nebel festgehalten. Nur der schneebedeckte Berggipfel ragte heraus; eingebettet in den weißen Dunst, wirkte es, als würde er schweben. Gegen Mittag löste sich der Nebel aus dem Wald und zog bis zum Gipfelkreuz.

Wir – das heißt mein Mann Paul, unsere Kinder Phil, Hannah und Luisa und unser Hund Lucky Luke – sind für einige Tage in den Bergen. Wie bereits so oft in den Schulferien haben wir uns in der einsamen Bergwelt eine Hütte gemietet, wandern mit Lucky über die Wiesen, machen Feuer, spielen Karten, lesen. Hannah und Luisa rennen Schmetterlingen hinterher, Phil bringt Lucky das Apportieren bei. Nachher werden sie sich wieder um ihr Lager kümmern, das sie gestern im Unterholz errichtet haben.

Eine versteckte Höhle, in den aufgeworfenen Waldboden so gut eingepasst, dass sie kaum sichtbar ist. Nach Norden ist sie durch den Wurzelteller einer umgestürzten Fichte abgeschirmt, nach Süden durch dicht beieinanderstehende Bäume, deren Geäst sich verschwörerisch ineinander verflochten hat. Die Kinder haben für den Bau herumliegende Äste, Steine sowie gewölbte Rindenplatten genutzt, die sich vom Totholz abgelöst hatten. Paul hat die Platten wie Dachschindeln über das aus Zweigen erbaute Höhlendach geschichtet. Es ist bereits jetzt ein beeindruckendes Bauwerk, aber wir werden keine Fotos davon auf Instagram posten und auch nicht via WhatsApp versenden. Handy und Computer haben wir zu Hause gelassen, wir sind offline und das ist gut so.

Kann man seine Kinder heute noch wie in Bullerbü großziehen? Was macht Sinn, was ist Alm-Öhi-Nostalgie? Und was ist mit den digitalen Geräten, wie viel Elektronik muss sein? Wie lässt sich der Spagat zwischen vernünftiger PC-Nutzung und sinnfreiem Zocken, zwischen Teilnahme an den sozialen Medien und der Auflösung der Privatsphäre meistern? Wie kann man seine Kinder auf die Zukunft vorbereiten?

Als Phil, mein erstgeborenes Kind, vor 13 Jahren auf die Welt kam, war der Hype um digitale Spielgeräte noch nicht so ausgeprägt wie heute. Die ersten Spielkonsolen waren auf dem Markt, ein paar Tablets, Handys; der große Boom sollte erst noch kommen. Ich beäugte die Entwicklung kritisch, wollte meinen Sohn viel lieber naturnah aufwachsen lassen; er sollte auf Apfelbäume klettern und über Wiesen rennen, Bullerbü war mir viel näher als jede virtuelle Welt.

Und so starteten wir vier Jahre nach Phils Geburt den ersten zaghaften Versuch eines Landlebens und zogen an ein landwirtschaftlich genutztes Feld. Zunächst haderte ich noch mit der Idee des Landidylls. Vielleicht weil ich zu viele blutige Krimis gesehen hatte, in denen am Anfang blond gelockte Kinder mit blond gelockten Hunden spielen, zu viele Thriller, in denen Kinder über Wiesen rennen, bevor der Mörder um die Ecke kommt. Vielleicht hatte ich auch zu viele Theaterstücke gesehen, in denen das Landleben als Hölle kleingeistiger Spießer entlarvt wurde, zu viel selbst erlebt, um pittoreske Fassaden für vertrauenswürdig zu halten. War es wirklich so rosig, das Leben hinter Efeugewächsen und Geranientöpfen? Musste ein Leben dort nicht unweigerlich in eine Katastrophe münden? Saß ich am Ende einem Klischee auf?

Ein Schicksalsschlag machte mir klar, dass der eingeschlagene Weg trotz aller Zweifel der richtige war, es für mich keine Alternative gab, dass sich das Leben nur fern der Stadt, im Einklang mit der Natur, ertragen ließe.

War mir der Tod immer sehr fern erschienen, wie etwas, das nur die anderen traf, so hatte sich das mit einem Mal geändert. Ich verlor meinen Vater, der noch zu jung zum Sterben war und auch nicht gehen wollte. Der Tod war plötzlich ganz dicht bei mir, viel näher, als mir lieb war. Der Gedanke an die eigene Endlichkeit, diese plötzliche Gewissheit, erschreckte mich und zwang mich gleichzeitig, mich mit dem Sterben und dem Leben auseinanderzusetzen. Ich fragte mich, wofür ich hier eigentlich lebe und warum ich leben möchte. Und wenn ich irgendwann sterben muss und zurückblicke, woran halte ich mich dann fest? An der Chanel-Handtasche? An der Gehaltserhöhung? Am schicken Auto? Nein, ich halte mich am Sternenhimmel fest, an meiner alten Hängematte, die ich als Kind zwischen blühenden Apfelbäumen spannte. Ich denke an die Himbeeren, die ich mit Johannisbeeren stopfte, an die Kreidekritzeleien auf sonnengewärmten Steinplatten. Und ich denke an die Herbstfeuer, in denen wir den Obstschnitt verbrannten. In die Glut warfen wir am Ende Kartoffeln hinein, darum nannten wir die Feuer auch Kartoffelfeuer. Und nichts schmeckte jemals zuvor und jemals danach besser als eine dieser feuergebackenen Kartoffeln, die ich, in ein Tuch gewickelt, in zerkratzten und rot gefrorenen Händen hielt.

Es waren diese Erinnerungen zwischen Rosenbüschen und Zwetschgenbäumen, an denen ich mich in langen Nächten festhielt; Erinnerungen an das Ursprüngliche, an das echte Leben, das Leben in der Natur. Und so beschloss ich, den Traum vom Landleben entschlossener als bisher umzusetzen, direkt an den Wald zu ziehen, Gemüse anzupflanzen, Hühner zu halten. Ich wollte meine Kindheit zurück, wieder in die Phase meines Lebens eintauchen, in der ich am glücklichsten gewesen war. Eine unstillbare Sehnsucht nach prallem Leben packte mich, mit jeder Faser sehnte ich mich nach Sonne und Blumen und kalten Bergseen. Und ich wollte für meine eigenen Kinder Erinnerungen schaffen. Auch sie sollten sich irgendwann an etwas festhalten können.

Das Landleben steht bei den Deutschen aktuell wieder hoch im Kurs. Seit einigen Jahren stellen Forscher fest, dass vor allem junge Familien den Großstädten zunehmend den Rücken kehren. Gründe dafür gibt es viele. Mit dem Umzug ins Grüne ist sicherlich oft die Hoffnung verknüpft, dass Kinder auf dem Land besser leben können. Sind alle Landkinder glückliche, rotwangige Abenteurer? Natürlich nicht. Die Umgebung mag nur einer von vielen Faktoren sein, die das Aufwachsen beeinflussen, die Glück oder Unglück bedingen. Dennoch bietet das Landleben Eltern ungemein viele Chancen, mit ihren Kindern in den Dialog zu treten. Sie können mit ihnen gemeinsam Tiere großziehen und Gemüse anbauen, sie können ihren Kindern Verantwortung übertragen, sie ganz bewusst in den Kreislauf des Lebens einbinden. Und natürlich sind die Vorteile für Kinder nicht von der Hand zu weisen. Auf Wiesen und Feldern können sie herumtoben, sie haben Platz und Stöcke und jede Menge Schlammpfützen.

Viele Erwachsene versprechen sich vom Landleben hingegen Ruhe und Sicherheit, es erscheint ihnen als Refugium in einer unsicheren Welt. Beim Schneiden von Apfelbäumen, so die Hoffnung, bleibt keine Zeit, um sich über Politiker zu ärgern oder darüber nachzudenken, ob wir in einer verworrenen, globalisierten Welt untergehen, in diesem Rad, das sich immer schneller dreht, den Tritt verlieren. Keine Zeit, um darüber zu verzweifeln, wie wenig wir bewirken können, dass wir keinen Einfluss darauf haben, wer Krieg führt, wer Waffen verkauft, wer den Regenwald vernichtet.

Der blühende Apfelbaum als Gegenbild zu Facebook, Feinstaub, Katastrophenbildern, der eigenen Machtlosigkeit, dem Gefühl, verloren und verraten zu sein. Für Kinder ist es besonders wichtig, wirksam zu sein, zu spüren, dass sie ihr Umfeld mitgestalten können. Wie wunderbar lässt sich dies auf dem Land umsetzen. Hier kann man Kindern Aufgaben geben, die sie ernst nehmen müssen, die ihnen zeigen, dass es nicht egal ist, was sie tun. Die Hühner müssen gefüttert werden, der Stall muss isoliert, die Vogelscheuche gebaut, die Haselnüsse müssen vor den Eichhörnchen geschützt werden. All das hat tatsächlich einen greifbaren Sinn.

Sind Kinder auf diese Weise geerdet und gestärkt, ziehen sie noch einen zusätzlichen Gewinn daraus: Es fällt ihnen leicht, den Glücksversprechen der digitalen Industrie zu misstrauen.

Ich bin kein Fan der großen digitalen Welt. Ich habe nicht das geringste Interesse an Twitter oder Facebook, besitze kein iPad, keinen iPod und auch sonst kein i-Irgendwas. Ich spiele keine Games, habe keine virtuellen Freunde und nehme an keinen WhatsApp-Gruppen teil. Ich brauche auch keine anderen Apps, weder um meinen Puls zu messen noch um Kalorien oder Schritte zu zählen. Ich will nicht twittern, nichts liken und nicht gelikt werden, niemandem followen und von niemandem gefollowt werden. Ich distanziere mich bewusst von den virtuellen Plattformen der Eitelkeiten, den zusammenfantasierten Mein-Leben-ist-der-Hammer-Postings.

Mit meiner ablehnenden Haltung stehe ich nicht allein da. Hirnforscher, Pädagogen, Mediziner sehen den Gebrauch der digitalen Medien seit vielen Jahren kritisch und warnen ausdrücklich vor übermäßigem Gebrauch. Ihrer Meinung nach verbringen die Kinder heute eindeutig zu viel Zeit mit ihren Smartphones und Computern. Sie zocken, daddeln, gamen, wie auch immer man es nennen will, bis der Psychotherapeut auf der Matte steht oder der Suchtberater. Wer beim Thema Computerspiel- oder Internetsucht von einigen wenigen Betroffenen ausgeht, der irrt. Aktuell sind über eine Viertelmillion Jugendliche betroffen und es werden täglich mehr. Auch wenn das Problem nicht nur Heranwachsende betrifft, sondern auch Erwachsene, so entwickelt sich diese Freizeitbeschäftigung insbesondere für Kinder zum Fluch.

Meine eigenen Kinder wollte ich nicht an die PC-Industrie verlieren, ich wollte nicht zulassen, dass sie ihre Kindheit vermurksen und verdaddeln, sich in virtuellen Welten verlieren, stupide PC-Figuren anstarren, die Zeit totschlagen, die so leicht und frei und unbeschwert sein könnte. Sie sollten leben und nicht nur existieren und meine Idee war, dass dies am besten auf dem Land funktionieren würde.

»Egal wo du wohnst, sie werden überall ihre Kindheit verdaddeln.« So wurde unser Umzug aufs Land häufig kommentiert. »Kinder brauchen keinen Garten, sie sitzen sowieso nur zu Hause vor ihren Computern«, erklärte mir ein Bekannter. »Du wirst sie mit deinem Alm-Öhi-Gequatsche erst recht in die digitale Sucht treiben. Und während du den Hühnerstall ausmistest, surfen deine Kids im Internet – was soll der ganze Blödsinn?«

Vielleicht waren es gerade diese Unkenrufe, die meinen Trotz weckten und mir ausreichend Kraft verliehen, um mich auf die Reise zu machen und den Traum vom Leben auf dem Land zu realisieren.

1

Die nicht gebuddelten Pflanzlöcher

Paul und ich wanderten durch einen Fichtenwald, über uns erhob sich – noch unsichtbar – der Gipfel. Der kleine Phil saß in der Kraxe und jauchzte, als wir ihn durch herabhängende Flechten trugen, moosiges Kraut, das von den Fichten hing wie Lametta, zauberhaft, silbergrün, vielleicht war es auch Elfenhaar. Es war unsere erste Wanderung mit Phil, endlich war er alt genug, um im Tragerucksack sitzen zu können. Später legten wir eine Pause ein, entspannten auf warmen glatten Felsen und aßen Äpfel und Schokolade. Phil setzten wir auf eine Babydecke ins hohe Gras. Vor sich hin brabbelnd, packte er ein Büschel und ließ schnell wieder los.

»Brrrpahargh!«, schrie er.

Gras – was war das? Für die zarten Babyhände musste es sich rau und scharfkantig anfühlen. Ich pflückte ein paar Blumen und legte sie auf Phils Decke, vielleicht würde er sich mit ihnen anfreunden.

Um uns herum krallte sich Heidekraut in den kargen Boden, winzige Enzianblüten reckten sich der Sonne entgegen, leuchtend blau wie der Himmel im August. Oben lockte der

Gipfel, sturmgrau und unbesiegt. Die würzige Luft war betörend, ebenso die Ruhe, kein Autolärm drang zu uns herauf, kein Gespräch von anderen Wanderern. Nur die Insekten summten und Paul meinte, das hohe Pfeifen eines Murmeltiers zu hören.

Ich sog alles in mich auf, die Luft und das Glück, doch ich kam nicht auf die Idee, dieses Glücksgefühl zu hinterfragen oder einen Bezug zu meinem Wohnort herzustellen. Denn zu dieser Zeit lebten wir in einer sterilen, aus dem Boden gestampften Neubausiedlung am Stadtrand, die mit einer Naturidylle ungefähr so viel zu tun hatte wie Gelsenkirchen mit Paris. Paul und ich hatten zwar keine Ahnung, wie wir eigentlich leben wollten, aber wir waren uns darüber einig, dass man es als Heranwachsender in dieser Gegend schwer haben würde.

»Hier wird Phil entweder zum angepassten Schlipsträger oder er nimmt Drogen«, unkte ich. »Deutschlands jüngste Biertrinker findet man wahrscheinlich eher hier als in Berlin.«

»Bis Phil in der Pubertät ist, sind wir hier schon lange weg«, beruhigte mich Paul, »für den Moment geht es schon.«

Für mich ging es nicht. Ich fing wieder an zu rauchen, heimlich, in einer Nische des Balkons, damit mich die Nachbarn nicht sehen konnten. Denn an diesem Ort konnte jeder jeden sehen, jederzeit. Dicht bebaut, wie es eben war, schützten nur Mauervorsprünge, Büsche oder gespannte Planen vor den Blicken der anderen. Die Reihenhäuschen sahen alle gleich aus, die Gärten ebenso. Alle kauften die gleichen Kinderjacken, aßen das gleiche Müsli, besuchten dasselbe Kinderturnen. Ein Aldi um die Ecke, Kindergarten, Krippe, Schule – alles, was man als junge Familie so braucht. Total praktisch. *So, und jetzt sei glücklich,* sagte eine Stimme in meinem Kopf.

Die konformen Lebensentwürfe führten zu konformen Vorstellungen darüber, wie man zu leben hatte, wie sich zu benehmen, wie sich zu kleiden. Ungeschriebene Gesetze der Neubausiedlung, die all das untersagten, was nicht in die artifizielle, aufgehübschte Welt passte: Dreck, Aggression, schlechte Laune. Das Leben fühlte sich dort dumpf an, ich hatte das Gefühl, auf Watte zu gehen. Als verwirrend empfand ich den dort vorherrschenden Glauben an die Glücksversprechen der digitalen Industrie. Familien verbrachten ihre Sonntage vor Spielkonsolen und wetteiferten miteinander um den Status »Haushalt mit der teuersten Unterhaltungselektronik«, denn die Anzahl der hauseigenen Wiis und Gadgets und Flat Screens spielte im sozialen Ranking eine entscheidende Rolle.

Die Spielkonsolen-Dichte in meiner Umgebung führte dazu, dass ich mich auch einmal auf eins dieser virtuellen Spiele einließ. Ich fand das Fiepen und Piepsen und Hin-und-Herschieben animierter Figuren geradezu bizarr, ebenso das interaktive Moment der Konsolen. Ich konnte es nicht fassen, dass erwachsene Menschen vor ihren Wiis herumturnten, um eine virtuelle Figur in Bewegung zu setzen. »Wie, ihr habt keine Wii? Willst du mich auf den Arm nehmen? Lebst du noch in der Steinzeit?«, fragten mich immer wieder Bekannte aus der Neubausiedlung.

Auch der zweijährige Phil wusste nichts von elektronischer Unterhaltung, kannte weder Wiis noch die hypnotisierende Wirkung von Kinder-Tablets. Vielleicht hatte er darum die Angewohnheit, sich die Kleider vom Leib zu reißen und wild brüllend über den Spielplatz zu rennen. Die Spielkonsolen-Mütter quittierten dieses unverfälschte Ausleben der Trotzphase mit indigniertem Kopfschütteln. Ich hätte an dieser Stelle viel über freiheitliche Erziehung sagen können, aber ich blieb stumm und ärgerte mich stattdessen über meinen Sohn. Warum konnte er nicht auch brav und still im Sandkasten sitzen?

Als ich mich schließlich bei dem Gedanken ertappte, auch Phil ein Tablet zu kaufen, wusste ich, dass ich aus der Vorstadtsiedlung wegmusste. Ich wollte mich nicht an Erziehungsansätze gewöhnen, die mir widerstrebten. Phil sollte sich frei entwickeln können, nackt über den Spielplatz rennen, sooft er wollte, ohne jeden Tag von Müttern, die Pippi Langstrumpf für ein Schimpfwort hielten, kritisch beäugt zu werden.

Ich suchte nach Wohnungen, die hauptsächlich ein Kriterium erfüllen sollten: Einsamkeit. Ich sehnte mich nach Stille und Ruhe, wollte meinen Kopf von Konsumwünschen befreien, nichts zu tun haben mit anderen, mich nicht mehr auseinandersetzen mit der Welt, einfach nur da sein, das Leben genießen, die Zeit festhalten, die zwischen den Fingern zerrinnt. Ich wollte mich nicht weiter von Gesprächen über den nächsten digitalen Hype quälen lassen, hatte keine Lust mehr auf Konsum und Muttis und Spielplatz und Spießer.

Und so träumte ich irgendwann vom Ausstieg. Viele vor mir hatten den Schritt gewagt und ein Leben im Wald begonnen – einfache Hütte am Bach, Lagerfeuer, dicht behangene Brombeersträucher, so ungefähr.

Paul zeigte mir einen Vogel. »Abgesehen davon, dass ich niemals als Eremit leben werde: Wie soll denn das mit einem Kind funktionieren? Würdest du Phil tatsächlich zu solch einem Unfug zwingen? Keine Schule, keine Freunde? Und was machst du, wenn er krank wird? Löwenzahnblätter auflegen?«

»Es ist ja nur eine vage Idee, man darf doch mal laut nachdenken, oder nicht?«, verteidigte ich mich.

Ich recherchierte über das Leben von Aussteigern, las Bücher, sah Filme, checkte Internetforen. Und musste mir irgendwann eingestehen, dass Paul recht hatte. Das Aussteigerleben im Wald gleicht einer faszinierenden Fata Morgana, die verschwindet, sobald man sich ihr nähert. Was ich mir so schön ausgemalt hatte, löste sich auf, die Holzhütte und das Rehkitz, die Sonnenstrahlen auf dem Waldboden. Alles Quatsch. Die Aussteiger, die sich vermittels moderner Medien immer wieder zu Wort meldeten, sprachen zwar viel von Waldromantik, aber sie erzählten auch Geschichten, die einen lausigen Alltag vermuten ließen. Sie berichteten von Konservenessen, das sie sich regelmäßig aus dem Supermarkt holten, weil sich im schattigen Wald eben nur wenig anbauen ließ und sich der Jagdschein nicht in der Hosentasche, sondern im Reich der Träume befand. Chappi aus der Weißblechdose also, vitaminarm, umweltbelastend. Sie erzählten von heimlicher Müllverbrennung, weil sie an kein Recyclingsystem angeschlossen waren; von rußenden Holzöfen in den Hütten, die ihre Atemluft mit Asche und Feinstaub vergifteten; von erzwungener Bewegungslosigkeit in den Wintermonaten, weil sie die Kälte eben nur eingemummelt unter 20 Decken ertrugen.

Bald war mir klar: Das einsame Leben in der Wildnis ist kein friedvolles Dasein inmitten plätschernder Bäche und zwitschernder Vögel, sondern ein ökologisch und gesundheitlich zweifelhaftes Unterfangen. Ebenso fragwürdig erschien mir der vermeintliche Ausstieg aus dem System, der ja nur funktioniert, weil er zulasten der verbleibenden Gutmütigen geht, die spenden und schenken und helfen und sich weiterhin systemkonform abstrampeln. Der Traum vom Ausstieg war bald ausgeträumt, die Idee, ein naturnahes Leben jenseits konsumistisch geprägter Denkmuster zu führen, jedoch nicht.

Nachdem der inzwischen vierjährige Phil eine kleine Schwester bekam, flüchteten wir endgültig aus der Enge der Vorstadt. Wir zogen in einen Nachbarort, einige Kilometer entfernt von der Stadt, in ein kleines Reihenhaus, Paul bezeichnete es als »abgerockt«. Es lag direkt an einem landwirtschaftlich genutzten Feld, wogende Wintergerste, dahinter erhob sich dunkler Wald. Die Spülmaschine reagierte nur auf einen herzhaften Tritt und Teile der Abzugshaube hingen frei schwingend herunter. Es fühlte sich echt an und ich lief nicht mehr auf Watte, sondern auf kalten Fliesen.

Wir lebten auf einmal naturnah, doch ich wusste zu dieser Zeit nicht, was ich mit der Natur anfangen sollte, mit den paar Quadratmetern Garten, mit dem Wald. Ich nahm das Feld als Kulisse wahr, als Dekoration, hübsch, aber unbrauchbar. Genauso gut hätte ich mir ein Poster an die Wand hängen können.

Phil hingegen wusste die neue Umgebung durchaus zu nutzen und spielte mit seinen Freunden oft und gerne auf dem Feld. Ich sah ihm zu, seine kleine Schwester Hannah auf dem Arm, und freute mich über den großartigen Naturspielplatz. Es waren vor allem die Herbstmonate, als das Feld abgeerntet war und als riesige freie Fläche zum Spielen einlud.

Eines Tages entdeckte Phil auf dem Feld große Steinbrocken. Der Pflug hatte sie offenbar an die Oberfläche geschaufelt, denn der Bauer las Steine immer wieder auf und warf sie fluchend an den Feldrand. Für einige Zeit übernahm nun Phil diese Arbeit und schleppte einen Stein nach dem anderen in unseren Garten.

»Was um Himmels willen willst du denn mit all den Steinen?«, fragte ich ihn.

»Keine Ahnung.« Er zuckte die Schultern. »Erst mal waschen und dann fällt mir schon was ein.«

Für einige Minuten glänzten die nassen Steine auf unserer aufgeweichten Matschwiese, bis der Wind sie trocken blies und eine stumpfe Oberfläche zum Vorschein kam.

»Können wir sie nicht wieder zum Glänzen bringen?«, wollte Phil wissen.

»Wir könnten sie mit dem goldfarbenen Glitzerspray aus der Faschingskiste besprühen«, schlug ich vor. Mir gefielen die Fake-Goldnuggets schließlich so gut, dass ich bei Phil fünf weitere bestellte. Andere dekorierten ihr Grundstück mit Gartenzwergen – ich eben mit Goldnuggets. Für Phil war es naheliegend, das Geschäft auszubauen und die Steine auch den Nachbarn anzubieten. Pro Stein verlangte er zwischen 50 Cent und 5 Euro, je nach Form und Größe. Der Verkauf lief einige Wochen überraschend gut, bis der Markt vollständig gesättigt war und auch die gutmütigste Oma kein weiteres Goldnugget mehr kaufen wollte.

Meine Freude über das Feld ließ erst nach, als der Bauer Mais anpflanzte und Phil auf Wildschweinjagd gehen wollte. Paul und ich hatten ihn selbst auf die dumme Idee gebracht, denn Phil hatte mitbekommen, wie wir uns über den EU-subventionierten Maisanbau und die damit zusammenhängende Wildschweinplage geärgert hatten.

»Wieder so eine Idiotie aus Brüssel«, hatte Paul geschimpft, »man sieht nur noch Maispflanzen, zwischen denen keine Wildblume gedeihen kann.«

Natürlich untersagten wir Phil, das Feld zu betreten, doch irgendwann setzte er sich darüber hinweg. Ich wähnte ihn bei einem Freund, als ich die beiden Jungs plötzlich aus dem Feld kommen sah, mit zusammengeschustertem Pfeil und Bogen bewaffnet, dreckverschmiert, zerkratzt und glücklich.

»Wir haben Wildschweine gesehen«, haspelte Phil, zu aufgeregt, um sich an das Verbot zu erinnern. »Drei bestimmt, weggerannt sind sie.« Sein Freund nickte mit wichtiger Miene.

»Und was hättet ihr gemacht, wenn sie euch angegriffen hätten?«, schimpfte ich. »Mit diesen dürren Stecken könnt ihr nicht mal einen Frischling auf Abstand halten. Wildschweine können sehr aggressiv sein.«

Phil und sein Freund machten große Augen. Auf die Idee, dass Wildschweine gefährlich sein können, waren sie noch gar nicht gekommen. Und so gewann die Geschichte im Laufe der folgenden Wochen an Dramatik. Phil berichtete bald von Schweinehorden, von blutrünstigen Bestien, die ihn verfolgt hätten und denen er nur mit äußerster List entkommen sei. Ich war erleichtert, als der am Ende drei Meter hohe Mais, der uns in bedrückender Weise einengte, endlich abgeerntet wurde.

Kurz darauf pflügte der Bauer das Feld und brachte weitere potenzielle Goldnuggets zum Vorschein. Und offenbar auch andere verborgene unterirdische Schätze. Kostbarkeiten, die zahlreiche Greifvögel aus den umliegenden Wäldern anlockten. Zu sechst stürmten sie herbei und stürzten sich auf all die Mäuse, die sich, so plötzlich ans Tageslicht gebracht, nicht rechtzeitig in Sicherheit bringen konnten. Hoch oben kreisten die Vögel, blieben flatternd in der Luft stehen, ließen sich immer wieder fallen, krallten sich schließlich eine Maus und schwangen sich mit majestätischen Flügelschlägen wieder empor.

Hannah stand mit offenem Mund im Garten, Phil rannte ins Haus und schnappte sich seine Kamera. Auch den Nachbarskindern war das Geschrei nicht entgangen, neugierig standen sie am Feld und diskutierten darüber, wie weit man sich in die Nähe der Vögel trauen konnte. Phil ließ ich ein Stück weit zu ihnen laufen, die kleine Hannah behielt ich lieber bei mir. Hatte ich nicht einmal gelesen, dass Greifvögel auch Lämmer attackieren? Wieso sollten sie dann vor einem kleinen Kind haltmachen? Auch Phil und die anderen Kinder wagten sich nicht zu nah an die Vögel heran. Sie verstanden instinktiv, dass es klüger war, deren entschlossene Jagd nicht zu stören.

Als wir am Abend alle zusammensaßen, Phils Bilder ansahen und uns fragten, ob es sich bei den Raubvögeln um Milane oder Bussarde gehandelt hatte, nahm ich aus den Augenwinkeln plötzlich einen Schatten wahr. Suchend blickte ich mich um, durch die verglaste Terrassentür hinaus aufs Feld.

Hannah, die meinen Blicken gefolgt war, rief: »Ein Wolf!«

»Das ist kein Wolf, sondern ein Fuchs«, korrigierte Paul.

»Sieht doch jeder«, bekräftigte Phil.

»Aber er ist riesengroß und hat zotteliges graues Fell wie ein Wolf«, pflichtete ich Hannah bei. »Und er beobachtet uns. Seht nur, wie er uns anstarrt.«

Tatsächlich hatte der Fuchs etwas Verwegenes, Kaltschnäuziges an sich und ich war froh, dass uns ein Zaun und eine Glasscheibe von ihm trennten. Phil zückte erneut seine Kamera, doch der Fuchs ließ sich anders als die Vögel nur ein einziges Mal fotografieren. Dann drehte er sich um und trabte davon, leicht wie der Wind, über die zerklüftete Erde hinweg.

Schon im nächsten Jahr war die Feldromanze vorbei. Ich sah den Bauern übers Feld fahren, auf der Ladefläche des Traktors transportierte er einen ochsengroßen vergilbten Plastikcontainer. Aus dem Container spritzte farblose Flüssigkeit, die sich teils auf den Setzlingen niederließ, teils zu Nebelwolken ballte. Gespenstergleich zogen die Wolken übers Feld. Es roch fremd und mein Mund fühlte sich plötzlich pelzig an. Pestizide, schoss es mir durch den Kopf. Als ich den Bauern kurz darauf erneut mit seinem Giftmobil sah, war ich nicht allein, wieder standen Nachbarskinder am Feldrand und beäugten sein Treiben. Ich fragte mich, ob die Eltern wussten, dass ihre Kinder gerade in Giftregen duschten, und so fühlte ich mich verpflichtet einzugreifen. Wütend stapfte ich über das Feld und stellte den verdutzten Bauern zur Rede. Ob das wirklich nötig sei, schnauzte ich ihn an, ob er uns alle vergiften wolle, ob er wirklich wisse, was er da tue. Der Bauer winkte lässig ab. »Ich versprühe das Pestizid seit Jahrzehnten!«, rief er. »Und – bin ich tot?« Ich war in der Aufregung nicht in der Lage, das entsprechende Faktenwissen abzurufen, das ich mir in den vorherigen Jahren angelesen hatte.

Pestizide, zu denen man Insektizide, Fungizide und Herbizide zählt, vernichten nicht nur unliebsame Schädlinge, sondern auch für das Ökosystem essenzielle Pflanzen und Insekten. Einmal aufs Feld gebracht, sind sie für immer in der Nahrungskette enthalten. Man findet sie in Pflanzen, in Tieren, im Grundwasser, im Menschen. Seit Jahrzehnten stehen Pestizide im Verdacht, schwere Krankheiten hervorzurufen, doch erst seit einigen Jahren wird dies auch von offizieller Seite bestätigt. Laut dem UNO-Bericht von 2017 besteht ein Zusammenhang zwischen schwerwiegenden Erkrankungen wie Krebs, Alzheimer und Parkinson und dem dauerhaften Kontakt mit Pestiziden, wie es oft bei Landwirten in Entwicklungsländern der Fall ist. Uneinigkeit besteht allerdings noch darüber, in welcher Dosis die Gifte dem Menschen schaden. Wie viel Pestizide verträgt der Mensch, bis er krank wird? Als ich damals, im Jahr 2010, dem Bauern gegenüberstand, konnte ich mich auf keinen UNO-Bericht und auch auf keinen Monsanto-Skandal berufen. Abgesehen davon war es offensichtlich, dass der Bauer, der ungeduldig auf dem harten Sitz seines ratternden Traktors herumrutschte, kein Interesse hatte, mit mir eine derartige Diskussion zu führen.

Und zugegeben, ich wusste zwar, dass Pestizide schädlich sind, nicht aber, wie abhängig die Landwirtschaft von dem Einsatz der Chemikalien tatsächlich ist. Damals wie heute bin ich der Auffassung, dass es vor allem die Pestizide in Privatgärten sind, auf die man getrost verzichten könnte. Trotz allem Verständnis für die möglichen Zwänge der Landwirtschaft hatte das Feld in meinen Augen seine Unschuld verloren. Es erschien mir mit einem Mal als Feind, den ich gleich einem unberechenbaren Tier im Auge behalten musste.

Ab diesem Tag beobachtete ich den Bauern ganz genau. Spritzte er Pestizide, schloss ich für zwei Tage alle Fenster und erklärte den Garten so lange zum Sperrgebiet, bis der Regen das Gift für Kinderhände unerreichbar in den Boden gespült hatte. Und wieder wusste ich, dass die Reise weitergehen musste, dass ich hier, am Glyphosat-Feld, nicht dauerhaft leben wollte.

Nach dem Tod meines Vaters, der bisher gravierendsten Erfahrung in meinem Leben, entdeckte ich dann auch bald den richtigen Weg. Meine eigene Endlichkeit vor Augen hatte ich eine Idee entwickelt, wie ich in Zukunft leben wollte. Ich ging raus, wühlte mit den Händen in der Erde und merkte, dass es mir tatsächlich guttat. Das Kneten und Tasten der lehmigen Masse, der erdige Duft, die schwarzen Ränder unter den Fingernägeln – es fühlte sich richtig an, als würde ich Kontakt mit einer alten Heimat aufnehmen. Ich empfand Genugtuung dabei, die Oberfläche von piksenden Ästchen zu befreien und Steine aus der Erde zu ziehen, und sah mit kribbelndem Ekel dabei zu, wie Spinnen vor mir flüchteten.

Luisa, meine wenige Monate zuvor geborene Tochter, lag im Kinderwagen und bezeugte, wenn auch unbewusst, mein zielloses und zaghaftes Herantasten an die Natur. Gemeinsam blinzelten wir in die Herbstsonne, die das herabfallende Laub in buntes Licht tauchte. Zum ersten Mal fühlte ich, was der Kreislauf des Lebens wirklich bedeutet. Mir kam der Gedanke, dass sich das Leben nur im Einklang mit der Natur ertragen ließe, als Teil eines großen Ganzen.

Der Winter kam und ich arbeitete mich durch zentnerschwere Gärtnerbücher. Schließlich wollte ich im kommenden Frühjahr mein eigenes Gemüse anbauen – auch wenn ich davon ausgehen musste, dass im Boden Pestizidrückstände sein könnten. Wir müssen das selbst gezogene Gemüse nicht essen, dachte ich mir damals, es geht darum, erste Erfahrungen zu sammeln.

Am besten gefielen mir die Bücher über Klostergärten, die genau die vor Früchten überquellenden Oasen zu sein schienen, die ich mir so vorstellte. Die Nonnen praktizierten die sogenannte Mischkultur, sie pflanzten also Erdbeeren zusammen mit Knoblauch, Sellerie mit Blumenkohl, Paprika mit Petersilie, aber beispielsweise niemals Tomaten mit Kartoffeln. Pflanzen, so die Annahme, können miteinander kommunizieren, indem sie sowohl unterirdisch als auch oberirdisch Botenstoffe aussenden. Der Austausch der Stoffe könne sich auf das jeweilige Wachstum förderlich oder auch hemmend auswirken.

Ich tauchte ein in diese klare, tröstende, so ganz eigene Welt – zumindest auf theoretischer Ebene. Denn das folgende Frühjahr sollte mir zeigen, dass Theorie und Praxis auch hier weit auseinanderklafften. Der Anbau von Gemüse erwies sich zunächst als überaus frustrierend. Wie jeder andere Gärtner nahm auch ich mein Tomatenglück mit einem Spaten in Angriff. Ich dachte, so ein Beet, das sei schnell gemacht, ein paar Quadratmeter Boden spatentief umgraben, das müsste in Kürze erledigt sein.

»Kannst du mir helfen?«, bat ich Paul zwei Stunden später und sah auf meine bescheidene Kuhle, die ich dem betonharten Lehmboden bereits abgerungen hatte.

»Wozu der ganze Stress?«, hielt Paul dagegen.

»Man kann in diesen Boden nicht einfach einen Setzling stopfen«, klärte ich meinen unwilligen Mann auf, »man braucht eine lockere Bodenstruktur, am besten zwei Spaten tief gegraben, mit Humus angereichert.«

»Lass uns doch lieber in der Sonne sitzen und den schönen Tag genießen«, schlug Paul vor. »Und das Gemüse, das holst du aus dem Supermarkt.«

Ich beantwortete seinen Vorschlag mit einem eisigen Blick. Die Kinder reagierten ähnlich ignorant, sie fanden es einfach nur langweilig, mir beim Löcherbuddeln zuzusehen. Einmal jedoch kamen sie voll auf ihre Kosten. Ich war auf eine Blindschleiche gestoßen, die eingeringelt in einer unterirdischen Höhle lag, in letzter Sekunde konnte ich meinen herabsausenden Spaten gerade noch stoppen, bevor er den schlangenartigen Leib halbiert hätte. Ich dachte zunächst an einen riesenhaften Regenwurm, bis sich das Reptil aus dem Loch schlängelte und seine wahre Größe offenbarte. Ich schrie lange und durchdringend, die Mädchen stimmten mit ein.

Phil, der sich in den Jahren zum Tierspezialisten gemausert hatte, lachte. »Warum regst du dich so auf, Mama, ist doch nur eine harmlose Blindschleiche.«

Die Kinder beschränkten ihren Einsatz im Garten darauf, von den Johannisbeeren zu naschen, die der Garten auch ohne mein Zutun hervorbrachte. Da sich der Konkurrenzkampf unter Geschwistern in jungen Jahren auf das Essen bezieht, war es zu dieser Zeit also vor allem der Johannisbeerstrauch, an dem sich wilde Streitereien entzündeten. Gerne wurden die Beeren bereits im hellrosa Stadium gegessen. Lieber bekam man davon Bauchweh, als seinen Geschwistern etwas übrig zu lassen.

In meine mühsam gebuddelten Pflanzlöcher platzierte ich allerlei Setzlinge, die ich beim Gärtner gekauft hatte. Neben Tomaten auch Sellerie, Fenchel, Salat. Mittelmäßige Erfolge erzielte ich allein bei den Tomaten, die zumindest wuchsen und Früchte bildeten. Dass diese matschig und ungenießbar waren, übersah ich fürs Erste. Schließlich ahnte ich zu diesem Zeitpunkt bereits, dass der Anbau von Gemüse ein stark unterschätztes Hobby ist. Natürlich gibt es auch so etwas wie Anfängerglück. Ein Bekannter wurde einmal mit reicher Kartoffelernte beschenkt, nachdem er ein paar ausgetriebene Kartoffeln im Waldboden verbuddelt hatte. Einfach so, mühelos, ahnungslos. Der dümmste Bauer erntet eben doch die dicksten Kartoffeln.

Ich hatte kein Anfängerglück. Anders als die Tomaten kamen Fenchel, Sellerie und Salatpflanzen gar nicht erst in die Verlegenheit, mir ihre Früchte zu zeigen, denn sie wurden noch als zartgrüne Setzlinge von Schnecken vertilgt. Mein Garten wies die mit Sicherheit größte Schneckendichte Deutschlands auf. Jeden Abend strömten sie in Heerscharen unter dem Zaun hindurch, krochen aus allen Himmelsrichtungen herbei, Legionen brauner schleimiger Körper, die sich über mein Beet wälzten.

Ich setzte zunächst auf Abschreckung und umfasste das Beet mit allem, was spitz und scharfkantig war, am Ende mit einem nach außen gebogenen Schneckenblech aus Kupfer. Vermutlich muss jeder Gärtner diesen sinnlosen Schneckenabwehrprozess durchlaufen, damit er das notwendige Aggressionslevel erreicht, um zum Schneckenmörder zu mutieren. Phil und Hannah überredete ich mit Süßigkeiten zur Komplizenschaft. Uns standen verschiedene Methoden der Schneckenvernichtung zur Verfügung: Schnecken zerschneiden, Schnecken mit Salz bestreuen, vergiften, in Bier ertränken, mit kochendem Wasser übergießen. Ich empfand letztgenannte Methode als die humanste, ökologisch vertretbarste und kindgerechteste. Phil und Hannah bemerkten, dass die Schnecken an den Sommerabenden zwischen sechs und neun Uhr in unseren Garten strömten. Und so sammelten die beiden jeden Abend zwei Eimer voll Schnecken ein, fleißig und erstaunlich teilnahmslos. Für die braunen Schleimer empfanden sie keinerlei Mitleid, im Gegenteil, sie verstanden diese als feindliche Eindringlinge. Und wenn ich die Schnecken mit kochendem Wasser übergoss, schauten sie den leblos treibenden Körpern fasziniert zu.

Einmal mehr wurde mir bewusst, wie leicht beeinflussbar kleine Kinder sind, wie abhängig von der Meinung der Eltern. Und so fragte ich mich, ob mein allabendliches Schneckenmassaker eigentlich okay war, ob ich ihnen damit das Richtige vermittelte. Ich wollte meinen Kindern doch beibringen, die Natur zu schätzen. Ob das der richtige Weg war?

2

In der Einöde leben

Zu diesem Zeitpunkt war für uns die Tierwelt noch unterteilt in Gut und Böse. Schnecken, Raubtiere, Schädlinge auf der einen Seite, zuckersüße Kuschelkaninchen auf der anderen. Mir war die Fehleinschätzung damals nicht bewusst und so sah ich auch nicht die Notwendigkeit, dieses Bild bei meinen Kindern zu korrigieren. Während sie dem Schneckenmassaker entspannt beigewohnt hatten, hängten sie ihr Herz an alles, was klein, niedlich und vierbeinig war. Ging ich mit ihnen in den Zoo, konnten sie sich vor allem an den Enten und Hühnern, den Kaninchen und Hamstern nicht sattsehen.

Natürlich waren Phil, Hannah und Luisa von meinem Plan, Kaninchen zu kaufen, restlos begeistert. Als ich mich an den Computer setzte und potenzielle Kaninchenverkäufer recherchierte, stutzte ich. Hatte es nicht immer geheißen, dass einem das Kleintier hinterhergeworfen wird? Nun, als ich ernsthaftes Interesse hatte, schien es plötzlich kein einziges verfügbares Kaninchen zu geben. Das örtliche Tierheim hatte nur zwei ältere Riesenrammler abzugeben und die Privatanbieter saßen am anderen Ende von Deutschland. So landete ich unweigerlich in den Gefilden der deutschen Kaninchenzucht, einer weitgehend unbeachteten Parallelgesellschaft, einer Welt von Rammlerschauen, strengen Zuchtvorschriften und straff organisierten Landesverbänden. Es war mir schon klar, dass die deutsche Kaninchenzucht keine Karnevalsveranstaltung sein kann, doch die Ernsthaftigkeit, mit der diese Zucht betrieben wird, fand ich verblüffend. Ich fragte mich, ob es nicht wichtigere Themen auf der Welt gäbe als 90 anerkannte Kaninchenrassen in 370 unterschiedlichen Farbenschlägen.

Heute sehe ich das anders. Inzwischen kann ich es gut verstehen, dass sich Millionen Menschen in Deutschland für ihre Hasen, Hamster oder Hunde interessieren und sich stundenlang über scheinbar unwichtige Details unterhalten können. Ich bin mittlerweile ein Teil von dieser Zauberwelt und glücklich darin. Und vielleicht sind es gerade die vielen unangenehmen Themen auf der Welt, die einen dazu treiben, sich über Aminosäuren, Rohfasern und kurzkettige Fettsäuren im Hasenfutter Gedanken zu machen. Vielleicht ist es gerade dieses Unpolitische, ganz Eigene an dieser Parallelwelt, das tröstet und den Geist entspannen lässt. Für Kinder ist der Kontakt zu Tieren noch wichtiger als für Erwachsene, er kann für ihre Entwicklung äußerst gewinnbringend sein.

Wer seinen Kindern ein Tier kauft, wird dennoch leicht in unerwünschte Diskussionen verstrickt. Ein solches Gespräch führte ich vor unserem Kaninchenkauf mit Katharina, einer ehemaligen Nachbarin. Hannah hatte ihr von unserem Vorhaben erzählt, als wir sie zufällig im Supermarkt trafen. »Mach das bloß nicht!«, sagte sie streng. »Was für ein Stress. Du willst doch nicht deine Zeit mit Karnickeln verbringen. Die Kinder helfen doch eh nicht mit, nach der ersten Euphorie interessieren sie sich nicht mehr für die Viecher. Und dann kannst du sie ins Tierheim bringen.«

Katharina war eine der Mütter, die man dauernd trifft, obwohl man das gar nicht möchte. Sie lauerte im Supermarkt, vor der Schule, im Turnverein und gab überall ungefragt ihren Senf dazu. Dennoch musste ich ihr zugestehen, dass sie nicht ganz unrecht hatte. Es gibt tatsächlich viel zu viele Tiere, um die sich niemand adäquat kümmert, arme Seelen, die im Tierheim ihr Dasein fristen.

»Einen Versuch ist es wert«, hielt ich dennoch dagegen, »und falls sich die Kinder nicht mehr kümmern, mach ich das eben.« Katharina schnaubte. Sie war nicht einverstanden und vielleicht auch ein wenig beleidigt, dass ich ihre warnenden Worte in den Wind schlug. Sie gehörte zu den Müttern, die mit allem ausgerüstet waren, was surrt und strahlt, und die ihren Kindern den digitalen Fortschritt mit der Muttermilch einimpfen wollten. So hatte ihr Jüngster, der zweijährige Nils, neben seiner Nuckel-Milchflasche auch ein Tablet permanent griffbereit im Buggy. Es sah kurios aus, wie der kleine Nils an der Milchflasche herumkaute und gleichzeitig seine Babyfinger virtuos über das Touchpad gleiten ließ. Tom, Katharinas ältester Sohn, war während der Zeit unserer Nachbarschaft lose mit Phil befreundet und eines Tages auch mal bei uns zu Besuch gewesen. Akribisch hatte er damals unser Haus durchstöbert. Was suchte der Junge eigentlich? »Habt ihr echt nichts hier? Playstation, ein paar Spiele, ’ne Wii, echt nichts?« Mit einer Mischung aus Frustration und Unglauben schüttelte er den Kopf. Als ich den Jungen so dastehen sah, mit diesem ungeduldigen Flackern in den Augen, diesem »Boah, das ist ja so was von stinklangweilig hier«, musste ich unweigerlich an einen Junkie auf Entzug denken. Damals hielt ich den Vergleich für stark übertrieben, heute weiß ich, dass ich gar nicht so sehr danebenlag. Aber dazu später mehr.

»Wir haben keine Zeit für Tiere«, beendete Katharina unser Gespräch im Supermarkt. Das Zeit-Argument höre ich immer wieder, gerne geäußert von Frauen, die viermal die Woche ihren Liebhaber treffen oder ihre Häuser so lange einrichten, bis die Klobrille auch noch zum Türöffner passt. Wobei es natürlich unendlich viele Familien gibt, die keinerlei Möglichkeit haben, Tiere zu halten. Freunde von mir wohnen in einem winzigen stadtnahen Reihenhaus, der Garten so klein, dass selbst ein Goldhamster klaustrophobische Anfälle bekommen würde. Da beide Elternteile voll berufstätig sind, fehlt der Familie für pflegeintensive Tiere einfach die Zeit. Allerdings halten sie sich zwei Wellensittiche, die quietschfidel durch die Wohnung flattern und den Kindern viel Spaß bereiten. Die Vogelliebe der Familie erstreckt sich auch auf wilde Vögel und so haben sie im Garten allerlei Nistkästchen und Futterstellen aufgestellt. Hübsch angemalt, sind die Vogelhäuschen im Garten eine Zierde.

Trotz aller wohlgemeinter Ratschläge, den Kindern bloß keine Kaninchen zu kaufen, fuhren Paul, Phil, Hannah, Luisa und ich eines Tages zu einer privaten Kaninchenzüchterin, die ich nach langen Recherchen ausfindig gemacht hatte. Eine kurvige Landstraße führte uns durch weites hügeliges Grün. Rechts und links von uns Wiese, Wald und manchmal ein verlassener Holzschuppen. Im Kaninchenparadies angekommen, vergaßen die Kinder vor Aufregung zu sprechen. Uns bot sich ein atemberaubender Blick auf die Berge, viel Himmel und mindestens ein Dutzend Freilandgehege mit hoppelnden Kaninchen. Es war zu schön, um wahr zu sein, und ich spürte bohrenden Neid. Das war der perfekte Ort zum Leben, so sollte es sein.

Ich glaube nicht, dass Phil, Hannah und Luisa jemals diesen sonnigen Nachmittag zwischen all den zuckersüßen Fellknäueln vergessen werden. Stundenlang saßen sie in den Gehegen, zusammengekauert und mucksmäuschenstill, und streichelten die Mümmelmänner. Sie waren beseelt von dieser kleinen, heilen Welt und dem Gedanken, dass jeder von ihnen nun tatsächlich so ein Tierchen mit nach Hause nehmen durfte.

Die drei Kaninchenbabys, ausgesucht nach den Kriterien süß und noch süßer, wurden bereits auf der Rückfahrt getauft. Phil, das selbst ernannte Kinder-Oberhaupt, entschied sich für die Namen Harry, James und Potter. Schließlich waren es die Geschichten um den Zauberjungen Harry Potter, die zu dieser Zeit Leben und Träume von Phil bestimmten. Er besuchte damals die dritte Klasse und erhoffte sich für das nächste Schuljahr nur halb im Spaß einen Brief aus Hogwarts.

Als wir mit den drei Kaninchenbabys fröhlich nach Hause fuhren, standen wir – ohne es zu wissen – am Beginn einer Reise in ein naturnahes Leben. Wir wussten damals noch nicht, wie seelenvoll Tiere sind, wie einzigartig jedes kleine Kaninchen ist. Und wir wussten noch nicht, wie heilsam und wundervoll es für Kinder ist, wenn sie gemeinsam mit Tieren aufwachsen.

Der Besuch bei der Kaninchenzüchterin hatte mich inspiriert. Eden auf Erden gab es also doch. Man musste sich nur weit genug von der Stadt entfernen.

Beherzt fuhr ich einige Wochen später übers Land, um ein neues Domizil ins Auge zu fassen. Der kleine Ort lag weitab vom Schuss, zwei Stunden von der nächsten Großstadt entfernt. Mit jedem Kilometer Asphalt, der mich der Einöde näher brachte, hob sich meine Laune. Würde ich vielleicht doch noch ein neues Zuhause finden, das perfekt zu uns passte? Inmitten der Natur, fernab monokulturell genutzter Felder und stinkender Autokolonnen? Am Ziel angelangt, fuhr ich neugierig die Ortsstraße entlang. Doch von pittoresken Fassaden inmitten überquellender Rosenbüsche fehlte leider jede Spur. Stattdessen säumten schäbige Häuser die Ortsstraße, die Geschäfte wirkten verlassen, die Höfe düster. Wie würde sich das Leben hier draußen anfühlen? Froh und frei oder beengt, unter den mürrischen Blicken alter Menschen, die einen hinter zugezogenen

Vorhängen beobachten? War das hier alles Mist? War der Traum vom Landleben unrealistisch? Hatte das echte Landleben mit einem hyggeligen Postkartenidyll am Ende gar nichts zu tun?

Unschlüssig stand ich schließlich auf einem trostlosen Grundstück und betrachtete den Himmel, der so viel tiefer zu liegen schien als sonst. Eine blondierte Immobilienmaklerin stand vor mir und gab sich große Mühe, seriös zu wirken. »Ein Domizil mitten in der Natur, für die, die es eben rustikaler mögen«, flötete sie. Ganz offensichtlich rechnete sie sich selbst nicht zu den Rustikaleren und fand dieses Nest ungefähr so attraktiv wie ein Arbeitslager in Sibirien. Während sie sprach, blieb mein Blick an einem Mann hängen, der auf dem bereits bebauten Nachbargrundstück auf und ab marschierte. Er schien nervös und aufgebracht. Immer wieder ging er ins Haus, nur um kurz darauf fluchend wieder rauszukommen.

»Dort hinten sehen Sie den Wald, ich sage dazu immergrüne Lunge, wie passend …«

Was hielt der Mann nur in seinen Händen? War das etwa ein Gewehr? War das ein Wahnsinniger?

»Sie werden immer ausreichend Sauerstoff haben, wie nett …«

Plötzlich fielen Schüsse. Auch wenn sich meine Erfahrungen mit Schießereien auf TV-Krimis beschränkten, war mir klar, dass es Gewehrschüsse sein mussten. Der bewaffnete Nachbar war von der Bildfläche verschwunden – Heckenschützen in der Einöde, was für ein Irrsinn. Die Situation war zu surreal, um beängstigend zu sein. Die Maklerin und ich waren uns darüber einig, ausreichend über die grüne Lunge gefachsimpelt zu haben, und verließen eiligst das Grundstück. Natürlich hatte das Abenteuer ein Nachspiel, ich musste bei der Kriminalpolizei aussagen, ein Protokoll unterschreiben, den Tatort zeichnen, das ganze Programm. Geschossen hatte wohl tatsächlich der

Nachbar, der sich potenzielle neue Nachbarn auf diese Weise vom Leib halten wollte.

»Hast du noch alle Tassen im Schrank?«, fragte mich Paul, als ich ihm von meinem Ausflug erzählte. »Ich würde dort ohnehin niemals hinziehen. Ist doch viel zu weit weg von der Stadt. Ich sitze doch nicht vier Stunden am Tag im Auto.« Auf einmal kam die Frage auf, wie lang der Weg zur Arbeit überhaupt sein dürfe. Wir hatten nie darüber gesprochen. Klar, Paul war nicht willens, sein halbes Leben im Auto zu verbringen, aber für mich war ein Leben in der Stadt einfach keine Option. Als freiberufliche Autorin war ich in der Wahl meines Wohnorts völlig frei.

Stadtnah wollte Paul leben, in die Pampa wollte ich. Und plötzlich schienen unsere Interessen unvereinbar. »Kommt zu uns in die Stadt«, sagten unsere Freunde aus der Stadt. »Kommt raus aufs Land«, sagten unsere Freunde auf dem Land. »Wir machen es vom Haus abhängig«, lautete Pauls Kompromissvorschlag. »Finden wir tatsächlich ein Zuhause auf dem Land, bin ich auch bereit, eine Stunde zur Arbeit zu fahren.« Paul wähnte sich in Sicherheit. Er glaubte nicht daran, dass ich jemals ein solches Häuschen finden würde. Als Vater dreier Kinder konnte er sich dem Charme von Holzschuppen und Apfelbäumen auch nicht gänzlich entziehen, doch er hielt im Gegensatz zu mir zugleich die Stadt für lebenswert.

Ebenso kritisch wie meinen Wunsch, aufs Land zu ziehen, sah Paul meine ablehnende Haltung gegenüber den digitalen Medien. Während wir uns über den Unsinn von Spielkonsolen noch einig waren, gingen unsere Ansichten zum Umgang mit Handy und Computer weit auseinander. Paul war der Ansicht, dass Kinder beides unbedingt lernen müssten, dass dies heute selbstverständlich sei. Bis zu einem gewissen Grad gab ich Paul recht, klar, die Zukunft ist digital, doch was genau müssen

Kinder können und was ist überflüssig? Und wie viel Zeit sollten sie mit den Geräten verbringen?

Phil war acht Jahre alt, als er Paul und mich das erste Mal nach einem Computerspiel fragte und uns damit zwang, unsere ungefähren Vorstellungen zur PC-Nutzung auf einen gemeinsamen Nenner zu bringen. Kaum etwas war für mich im Kosmos der virtuellen Welt derart negativ konnotiert und so bar jeglichen Nutzens wie Computerspiele. Was genau sollte Phil von diesen Spielen denn lernen? Würden sie seine digitale Kompetenz stärken?

Ich hatte Angst vor dieser Art von elektronischer Unterhaltung, die sich in die Kinderzimmer schleicht. Davor, dass sie all das lahmlegt, was Kinder ausmacht: das Erfinden, das Erdenken, das Rebellieren. Dass sie den Geist erschlägt und dann das Glück.

Ohne Vorwarnung hatte Phil das Thema auf den Tisch gebracht und zwischen Wintergerste und Kaninchenbabys entbrannte plötzlich ein lichterloher Streit.

»Kann ich bitte ein PC-Spiel haben«, jammerte Phil, »alle meine Freunde haben Spiele, nur ich nicht.«

»Okay, dann haben sie etwas, das du nicht hast. Wo ist das Problem?«, fragte ich.

»Bitte. Bitte.«

»Nur über meine Leiche.«

»Ich kann nicht mitreden.«

»Dann rede über andere Dinge.«

»Aber sie wollen nur über die PC-Spiele reden und ich kann nicht mitreden.«

»Erzähle ihnen von deinen Karl-May-Büchern, die du gerade liest.«

»Karl May interessiert niemanden.«

»Dann rede eben über was anderes.«

»Aber sie wollen nur über PC-Spiele reden.«

»Dann redest du eben nicht mit ihnen. Ist das ein Problem?«

»JA!«, schrie Phil und sah mich zornentbrannt an. Ich stand ihm im Weg bei seinem Wunsch dazuzugehören.

Klar hatte ich den Impuls nachzugeben. Keine Mutter möchte, dass ihr Kind auf dem Schulhof ausgeschlossen wird, aber ich spürte, dass der Streit, der hier an meine Haustür klopfte, nicht mit einem Computerspiel beendet sein würde. Die Frage nach dem Spiel war für mich der Beginn einer ernst zu nehmenden Schlacht und ich hatte nicht vor, das Feld kampflos zu räumen. Phil hasste mich dafür, ich wusste das und hielt den Druck aus. Doch auch Phil gab sich nicht so leicht geschlagen. Er bettelte nun Paul an. Die Zwänge und Dynamik einer Jungsgruppe könne er sowieso viel besser nachvollziehen als seine renitente Mutter.

Zu meinem Ärger zeigte Paul tatsächlich Verständnis. Er konnte Phil nicht länger leiden sehen und so kaufte er ihm seinen ersten Computer und erklärte sich bereit, mit ihm ein Spiel herunterzuladen. Ich kochte vor Wut. Warum sollte ich mein Familienleben nach den Maßstäben anderer gestalten? Wurde ich jetzt gezwungen, mir in die Erziehung hineinpfuschen zu lassen? Musste ich mein Kind der PC-Industrie opfern, nur weil sich andere Familien nicht dagegen wehren konnten?

So nahm ich mir Phils Klassenliste vor und rief eine Mutter nach der anderen an. Ich fragte nach, wie präsent die PC-Spiele denn wirklich seien, wie oft die Kinder spielen durften und welche Meinung sie zu dem Thema hatten. Das Ergebnis meiner Telefonumfrage war gemischt. Viele Eltern sahen das Konsumieren von Computerspielen ähnlich kritisch wie ich und fühlten sich dem gleichen sozialen Druck ausgesetzt. Andere hatten keinen großen Einblick in die Aktivitäten ihrer Kinder und hatten auch nicht vor, das zu ändern. Eine Mutter fand es hilfreich, dass ihr Sohn so viel Zeit vor dem Computer verbrachte. Sie war alleinerziehend, berufstätig und in ihrer Freizeit mit den Belangen ihres präpubertären Sprösslings überfordert. Bedauerlich, aber verständlich. Aber sollte ich aus Solidarität mit dieser Familie zulassen, dass Phil nun auch die Kindheit geraubt wurde? Wäre das fair? Und – würde das irgendjemandem helfen? Wie wohltuend war hingegen das Telefonat mit Julia, einer befreundeten Mutter, die als Lehrerin arbeitete. In ihrem Job habe sie jeden Tag mit der Problematik zu tun, meinte sie, und ja, PC-Spiele würden sich negativ auf die Leistung der Kinder auswirken. In ihrem Unterricht fielen die Zocker durch chronische Müdigkeit und mangelnde Mitarbeit auf.

»Es ist ein Teufelskreis: Sie verdaddeln ihre Zeit, kriegen schlechte Noten, daddeln aus Frust noch mehr, werden noch schlechter.« Julia bezog eine klare Position gegen den »Elektroschrott« und bestärkte mich darin, Phil vor diesem Unsinn zu bewahren. Es tat gut zu wissen, dass ich mit meinen Zweifeln nicht allein war, nicht verlassen in dem Ringen um den richtigen Weg. Damals waren wir beide noch sehr unsicher in Bezug auf die Nachteile der digitalen Zukunft und hatten wenig in der Hand außer unserem Gefühl.

Unverhofft bekamen wir Schützenhilfe von Psychologen, die sich mit besorgniserregenden Studien in der Öffentlichkeit zu Wort meldeten und vor bestimmten Aspekten der Computernutzung warnten. Allen voran Manfred Spitzer, Direktor der Psychiatrischen Universitätsklinik in Ulm, der mit seinem Buch »Digitale Demenz« auf die Gefahren der digitalen Geräte aufmerksam machte. Doch Spitzers Thesen blieben nicht unbeantwortet. Andere Wissenschaftler wie Markus Appel, Professor für Medienkommunikation in Würzburg, widersprachen ihm vehement.

Während sich die Experten noch heute über Sinn oder Unsinn von Computerspielen streiten, herrscht zumindest weitgehend Einigkeit über die Suchtgefahr, die von den Spielen ausgeht. Die Süchtigen, die es zweifelsfrei gibt, bilden die Spitze des umstrittenen Eisbergs.

Im Jahr 2018 erkannte die Weltgesundheitsorganisation WHO die Onlinespielsucht dann auch als Krankheit an und definierte klare Anzeichen für eine Sucht. Wer beispielsweise alle anderen Aspekte des Lebens dem Onlinespiel unterordnet und trotz negativer Konsequenzen über einen Zeitraum von mehr als zwölf Monaten weiterzockt, gilt als süchtig und therapiebedürftig. Die WHO wurde für diesen Schritt kritisiert, natürlich vor allem von der PC-Spiele-Industrie. Doch man kann davon ausgehen, dass genügend Material vorlag, das die WHO zu diesem Schritt bewogen hat.

Muss man als Eltern dieses Material kennen? Die teils widersprüchlichen Ergebnisse studieren? Vielleicht reicht es auch aus, seine Kinder zu beobachten und ihren Alltag mit einer Portion gesundem Menschenverstand zu gestalten. Für mich waren Computerspiele ein rotes Tuch, ich hatte zu viel Respekt vor ihrem Suchtpotenzial, als dass ich sie über meine Türschwelle gelassen hätte. Denn wie reagiert man, wenn das Kind in die Sucht abgleitet? Welche Mittel stehen einem dann noch zur Verfügung? Setzt man auf strikten PC-Entzug? Weil man auch nicht mit Heroin-Junkies über die tägliche Dosis diskutiert?

Damals berichtete ich schließlich Phil über die geführten Elterngespräche und das veränderte tatsächlich vieles. Er hörte zwar nicht plötzlich auf, sich PC-Spiele zu wünschen, aber er begann, seine Wünsche zu hinterfragen. Er konnte die Prahlereien seiner Mitschüler mit anderen Augen sehen und verstand allmählich die Mechanismen von Gruppenzwang. Und er verstand, dass die Mütter, die ihren Kindern die Computerspiele vorenthielten, nicht böse waren, sondern eher diejenigen, die sich besonders viele Gedanken um ihre Kinder machten. Waren Videospiele eine willkommene Freizeitbeschäftigung für Kinder, um die sich niemand kümmern konnte? Dass dies in manchen Familien zumindest eine Rolle spielen könnte, reichte für Phil, um eine kritischere Distanz zu dem Thema zu gewinnen.

Es war dann aber der simple Vorgang des Herunterladens eines Computerspiels, der dazu führte, dass zuerst Paul und dann auch Phil die Nase endgültig voll hatten. Zunächst regte sich Paul wahnsinnig darüber auf, welche Daten er für das Herunterladen eines bereits gekauften Spieles plötzlich preisgeben sollte. Er informierte Phil umfangreich über das Thema Datenschutz, danach konnte Phil seinem Vater nur zustimmen. Als sie dann auch noch merkten, dass ihnen die Spiele-Industrie mit der Salamitaktik eine Geldzahlung nach der anderen aus der Tasche ziehen wollte, fühlten sich beide auf den Arm genommen und beerdigten das Projekt wutschnaubend.

Ich war mit der Entwicklung hochzufrieden. Zudem hatte ich offenbar innerhalb der Elternschaft eine kleine Diskussion angestoßen. Phil konnte von immer mehr Schulkameraden berichten, deren PC-Konsum plötzlich reglementiert wurde. So waren die Kinder wieder vereint und konnten gemeinschaftlich auf ihre uneinsichtigen Eltern schimpfen. Es war für mich völlig in Ordnung, dass sie mich dabei besonders kritisch beäugten.

3

Zu klein für die Wildnis

Sollte es das gewesen sein? War das Leben am Feld mit drei Kaninchen das für uns realisierbare Maximum an Naturidylle? Unser Mobiliar aus geschenkten Sperrmüllmöbeln der Gipfel der durchführbaren Konsumkritik? Hatten meine Träume im Persilwaschgang des Lebens an Farbe verloren?

»Wollen wir uns eine Hütte in den Bergen mieten?«, fragte ich eines Abends unvermittelt in die Runde. Paul und die Kinder sahen mich verdutzt an.

»Keine schlechte Idee«, meinte Paul.

»Eine Alm-Öhi-Hütte wie bei Heidi?«, fragte Hannah.

»Oh ja, Heidi!«, rief die damals vierjährige Luisa.

»Wie oft wären wir denn dort?«, wollte Phil wissen und runzelte kritisch die Stirn. »Ich habe ja auch noch anderes zu tun.«

»An allen Wochenenden eben, sonst lohnt sich das nicht«, sagte Paul. »Ja, warum eigentlich nicht? Wir könnten in den Bergen wandern und Ski fahren.«

»Und jeden Tag Ziegenmilch trinken und das Wasser aus dem Fluss holen!«, rief Hannah.

Die Mädchen sahen mich mit glänzenden Augen an. Der Heidi-Mythos hatte sie fest im Griff.

»Ich mach das nur mit, wenn wir dann auf die Jagd gehen, Papa«, beschloss Phil.

»Von mir aus«, rief ich großmütig, »geh jagen, ist alles besser, als deine Zeit mit daddeln zu verschwenden.«

Phil protestierte. Er würde sowieso nicht daddeln, mit was auch, der Computer sei mal wieder kaputt, und das mit den PC-Spielen habe sich ja ohnehin erledigt. Und genau so soll es auch noch eine Weile bleiben, dachte ich mir. Mit Feuereifer machte ich mich in den darauffolgenden Wochen auf die Suche nach einer Berghütte. Wir würden die Wildnis erkunden, Holz hacken, Pilze suchen, Brombeeren pflücken, all das.

Die erste Hütte. Das erste Angebot. Wir sagten sofort zu. Schnell. Sehr schnell. Überhastet. Denn die Hütte war bei näherer Betrachtung für eine Familie eher ungeeignet. Das merkten wir aber erst, nachdem die anfängliche Euphorie abgeklungen war. Es war dreckig und kalt; nur eine Glühbirne, die von der Decke hing, schenkte dem Raum flackerndes Licht und, wenn sie eine Weile brannte, auch etwas Wärme. Die Kinder froren trotzdem. Noch kälter als der Wohnraum war nur das mit grünen Filzstoffresten ausgelegte Toilettenkabuff.

Ich dachte zunächst, dass ich den Dreck in den Griff bekommen, mit Wedel und Staubsauger den Spinnen und dem Gammel zu Leibe rücken könnte. Doch mit drei kleinen Kindern am Rockzipfel, von denen zumindest zwei noch die Vollpflegestufe beanspruchten, ließ sich keine Hütte reinigen, die seit 100 Jahren keinen Wischmopp gesehen hatte. Und so klebte überall Schmutz, auf den Hirschgeweihen und den getöpferten Figuren, in den Bodenritzen, hinter den Fellen an der Decke, unter den Vorlegeteppichen, auf den Stromkabeln, die sich hinter dem vergilbten Kühlschrank knäulten. Ich schrubbte und wischte, aber es wurde dennoch nie schön. Die

Postkartenidylle von der Schinkenjause im Gras wollte sich einfach nicht einstellen.

Zu dem Schmutz gesellten sich die Mäuse, die zeitgleich mit uns einzogen. Waren wir vor Ort, huschten einige wenige schüchtern umher. Doch in unserer Abwesenheit mussten es Tausende sein, die dort ihre Orgien feierten und alles anknabberten und vollkoteten und sogar die Bettbezüge zerfetzten. Die Mäuse kamen nahezu überallhin, selbst an ein frei hängendes Regal an der Wand. Hatten wir es am Ende mit fliegenden Mäusen zu tun? Offenbar konnten sie senkrecht die Wände hochklettern und sich in Freeclimber-Manier an kleinen Vorsprüngen festhalten. Zur gleichen Zeit tauchten in der Presse vermehrt Berichte über das Hantavirus auf, ein potenziell tödliches Virus, das von Mäusen auf Menschen übertragen werden kann. Beunruhigt stockte ich meinen Meister-Proper-Vorrat mit Desinfektionsmitteln auf.

»Was willst du denn mit all dem Sagrotan? Und wozu Sterilium? Virugard?« Paul blickte entsetzt auf die große Kiste voller Desinfektionsmittel, die ich in den ohnehin schon übervollen Kofferraum quetschte. Wie immer hatte ich für die Kinder tonnenweise Kleidung eingepackt, auch wenn das eine klare Abkehr vom eigentlichen Plan war. Dieser sah vor, die Kinder mit nur einer Garnitur in die Wildnis zu schicken und sie darin bis zur Heimkehr zu lassen, egal wie verschmutzt sie waren. Diesen Plan hatten wir schnell wieder aufgeben müssen, da die Kinder es fertigbrachten, sich stündlich mit Apfelsaft oder Kakao zu begießen, ja, sich nicht einmal die Hände waschen konnten, ohne ein sofortiges Umziehen zwingend notwendig zu machen.

»Virugard ist das einzige Mittel, das gegen Viren hilft«, verteidigte ich mich, »und schließlich haben wir in der Hütte rund 1 000 Mäuse, von denen möglicherweise die eine oder andere das Hantavirus hat.«

»Das ist Unsinn«, versuchte Paul, mich zur Vernunft zu bringen, »die Menschen leben doch seit Jahrtausenden mit Mäusen recht friedlich zusammen.«

»Und was war mit der Pest?«, fragte ich und schloss die Heckklappe.

Paul seufzte. »Deine Chemikalien sind im Zweifel giftiger als das Hantavirus.«

Wir einigten uns darauf, die Desinfektionsmittel für den Notfall mitzunehmen, aber vorerst nicht einzusetzen. Dann fuhren wir los und ich atmete auf. Die Autofahrt hin zu unserer Hütte war immer die schönste Zeit des Wochenendes. Hier waren wir zusammen, konnten Pläne schmieden und der Idee von Wildnis hinterherhecheln. Schön war das Gefühl des Aufbrechens, das Losfahren, das Verlassen der Reihenhaus-Straße, die Idee, ein Abenteuer zu erleben, als Familie etwas zu unternehmen. Es war dieses Gefühl, das uns lange Zeit trug und all die Widrigkeiten des Hüttendaseins erdulden ließ. Es trug uns ein ganzes Jahr und dann wollten die Kinder nicht mehr hinfahren, und wenn wir dann trotzdem hinfuhren, wollten sie schnell zurück nach Hause. Was für mich die Mäuse und der Schmutz waren, war für Phil, Hannah und Luisa die Wildnis.

Sie wussten nicht, was sie spielen sollten zwischen den Fichten und Tannen, deren Wipfel sich 20 Meter über ihnen im Wind bauschten, im dornigen Gestrüpp, inmitten stacheliger Disteln. Das Gelände war stark abschüssig, der reißende Fluss lag in einem tiefen, röhrenförmigen Bett. Natürlich durften sie nicht an den Fluss, durch ein eingelagertes Betonrohr wurde der ohnehin schon schnelle Strom zur tödlichen Gefahr. Nicht einmal das Wasser war zu gebrauchen, denn weiter oben auf dem Berg weideten Kühe und gaben ihre Fäkalien in den Fluss. Und so stolperten die Kinder meist ziellos um die Hütte herum, während ich Mäusekot wegschrubbte und Paul Holz hackte.

Wir stellten ihnen eine Plastikrutsche hin und so ging es eine Weile gut, aber nicht lange, und bald mussten wir uns eingestehen, dass die Kinder für das Abenteuer Berghütte einfach noch zu klein waren. Sie brauchten Mittagspause, Kekspause, Wasserpause, Pinkelpause, Sonnenpause und im Winter Kakaopause. Und wenn sie im Schnee spielten und dann wieder in die Hütte kamen, um sich aufzuwärmen, funktionierte das nicht, weil die Hütte trotz des Ofens kühl und feucht blieb und die Schneejacken nicht trocknen wollten. So schwach der Ofen heizte, so heftig stieß er beißenden Rauch aus. Und so trug der Ofen bei uns bald nur noch den Spitznamen Nepomuk, weil er die Kinder an den Drachen aus »Lukas der Lokomotivführer« erinnerte. Paul und mir war klar, dass der Qualm für die Lungen unserer Kinder äußerst schädlich war, zudem war das Ofenrohr so mangelhaft isoliert, dass Paul eine nicht unerhebliche Brandgefahr ausmachte.

Wir wollten unsere Kinder in der Wildnis großziehen, aber wir wollten sie nicht an diese verlieren. Und es gab neben dem reißenden Fluss und dem qualmenden Nepomuk noch weitere Gefahren. Zum Beispiel die Zecken. Die kleinen Blutsauger können zwei gefährliche Krankheiten übertragen, die Borreliose und die Frühsommer-Meningoenzephalitis, kurz FSME. Die Borreliose ist eine bakterielle Infektionskrankheit, die aufgrund diffuser Symptome schwierig zu diagnostizieren ist. Doch einmal erkannt, lässt sie sich recht erfolgreich mit Antibiotika therapieren. Die Zecken übertragen die Erreger glücklicherweise auch erst nach einigen Stunden des Saugens, da sich die Borrelien im Darm der Zecke befinden. Ich suchte die Kinder also mehrfach am Tag nach Zecken ab, um zumindest das Risiko einer Borreliose-Erkrankung auszuschließen. FSME ist die seltenere, aber auch ernstere der beiden Erkrankungen. Die Viren sitzen im Speichel der Zecken und werden daher beim Biss sofort übertragen. Innerhalb kürzester Zeit verteilt sich der

Erreger dann über die Blutbahnen. Eine Infektion kann in seltenen Fällen zu einer Hirnhautentzündung, schweren neurologischen Ausfällen oder sogar zum Tod führen.

Da die Kinder gegen FSME noch nicht geimpft waren, es rund um die Berghütte aber enorm viele Zecken gab, griffen wir schließlich zu chemischen Abwehrsprays, die allerdings auch für den Menschen nicht unbedenklich sind und im Verdacht stehen, das Nervensystem massiv zu schädigen. Viele Mückenabwehrmittel enthalten DEET, eine Chemikalie, die wie Nervengas wirkt. Und ja, es war absurd: Wir entflohen dem Pestizidfeld und besprühten uns in der Wildnis mit DEET.

Die Hütte nervte. Aber ich machte es eine Weile mit, weil ich die Vorstellung hatte, dass es uns irgendwas gab, und vielleicht war das auch so. Auch wenn die Kinder nicht wirklich wussten, was sie in der Wildnis anfangen sollten, so liebten sie auf jeden Fall die Idee dahinter, den Heidi-Mythos, den Gedanken, wild und frei zu sein. Und sie liebten unseren Vermieter Sepp, der uns hin und wieder auf der Hütte besuchte und uns aus seinem Leben erzählte. Die Kinder fanden ihn faszinierend, den knorrigen Tiroler, der immerzu auf seine schaufelgroßen Hände starrte, wenn er uns von seinen Kühen erzählte. Und so saßen wir oft zusammen vor der Hütte, spielten Karten, tranken Schnaps und blickten auf die Straße, die sich drei Kilometer unter uns durch das Tal schlängelte – und die mich zunehmend störte.

»Die Straße ist so weit weg und man hört sie immer noch, die Autos«, klagte ich. »Kann man der verdammten Zivilisation denn gar nicht entkommen? Hat man nicht mal hier oben seine Ruhe? Müssen sie denn überall sein, die stinkenden Abgasschleudern?«

Sepp grinste. »Ich habe noch eine andere Hütte, weiter oben, nur kommst du mit dem Auto nicht hin. Nur zu Fuß. Da oben ist nichts mehr, kein Strom, keine Autos.«

»Hört sich super an«, fand ich. Denn waren es am Ende nicht die Eingriffe der Menschen, die unsere Idylle hier oben kaputt machten? Das Betonrohr im Fluss, die Gülle der weidenden Rinder? Wäre es eine Lösung, noch weiter in die Abgeschiedenheit zu ziehen?

»Später vielleicht, wenn die Kinder größer sind«, winkte Paul ab.

Und er hatte recht. Kleine Kinder haben in der Wildnis nichts zu suchen – das war unsere traurige Erkenntnis. Wir mussten sie permanent beaufsichtigen, weit mehr als zu Hause, und dazu hatten wir irgendwann keine Lust mehr. Der Versuch, inmitten der Natur zu leben, war gescheitert. Und so gaben wir die Hütte nach einem Jahr wieder auf. Sepp war von Paul und mir enttäuscht, die Kinder auch, und ich fragte mich, wie naturnah wir überhaupt noch leben konnten oder ob das alles nur eine Wunschvorstellung war, eine Fantasie. Ließ sich die von Menschen unberührte Natur, all diese vor Insekten wimmelnden, dornigen Büsche, nur noch hinter dreifach verglasten Fenstern ertragen?

Besonders für Phil hatte sich unser Hüttenabenteuer als Enttäuschung entpuppt, denn sein größter Wunsch, mit seinem Vater auf die Jagd zu gehen, hatte sich nicht erfüllt. Auch hier hatten wir sie wieder, die Diskrepanz zwischen Wunsch und Wirklichkeit. Es mag für Jungen eine attraktive Idee sein, mit einer Flinte über der Schulter durch die österreichische Berglandschaft zu marschieren. Doch so einfach lässt sich das nicht realisieren. Paul hatte zwar einen Jagdschein, er hatte ihn viele Jahre zuvor gemacht, aber das Recht auf Jagdausübung muss mit dem zuständigen Waldbesitzer und Jäger sowie den örtlichen Behörden abgesprochen werden. Hinzu kam, dass der damals neunjährige Phil natürlich kein Gewehr tragen durfte. Sein Traum vom Jagen erfüllte sich erst zwei Jahre später, als er zusammen mit Paul und einem befreundeten Jäger im österreichischen Zillertal auf Gamsjagd ging. Die Koordinaten des Abenteuers waren von vornherein klar: Schlafsack, Feldbett, um drei Uhr morgens aufstehen und einen 2 000 Meter hohen Berg erklimmen. Was sich für mich abschreckend anhörte, fand Phil herrlich. Und er genoss das Abenteuer dann auch in vollen Zügen. Er erzählte davon, wie Morgenlicht das neblige Tal flutete, und von rauschenden Wäldern. Und natürlich von der schönen, stolzen Gams, die sie am Ende erlegt hatten. Hundertmal berichtete er davon, wie die Gams umfiel und wie leid ihm das tat und wie stolz er gleichzeitig auf Paul war, der die Gams aus einer Distanz von 300 Metern getroffen hatte. Ich glaube nicht, dass er je zuvor so eindrücklich erlebt hat, wie schnell das Leben ausgehaucht sein kann.

Das Thema Jagen weckt in mir zwiespältige Gefühle, da ich über mein kindliches Bambi-Trauma nie hinweggekommen bin. Und wenn Jäger mit gierigen Augen von ihrer Elefantenjagd in Afrika erzählen oder davon, wie viel Spaß es macht, einem Keiler das Messer durch die Kehle zu ziehen, dann entwickele ich auch kaum Sympathie für diesen »Sport«. Doch es gibt auch andere Jäger, naturverbundene, tierliebe, bedächtige. Jäger, die nicht schießen, weil sie so gerne rumballern, sondern weil sie in Zusammenarbeit mit den zuständigen Förstern den Wald hegen. Für Phil war es wichtig mitzuerleben, was es bedeutet, wenn ein Mensch ein Tier tötet. Und damit auch zu lernen, dass der Konsum von Gulasch und Schnitzel mit dem Töten unweigerlich verknüpft ist. Seit diesem Tag behandelt er das Fleisch auf seinem Teller mit Respekt.

Entscheidet man sich grundsätzlich dafür, Fleisch zu essen, dann ist das Wild aus dem Wald sicherlich die beste Wahl. Verglichen mit den widernatürlichen Bedingungen, unter denen Tiere in modernen Massentierhaltungsbetrieben leiden müssen, ist das Leben und Sterben im Wald der pure Luxus. Doch völlig bedenkenlos kann auch Wildfleisch nicht genossen werden. Die Art des Todes und die Qualität des Fleisches hängen unmittelbar von der Qualifikation und der geistigen Reife des Jägers ab. Es beginnt mit der Frage, ob der Jäger das »richtige« Tier trifft oder ob er Familienverbände sprengt, einem Kitz beispielsweise seine Mutter nimmt. Dann geht es weiter mit dem Schuss. Trifft er das Tier tödlich oder verletzt er es? Im schlimmsten Fall flieht das angeschossene Tier, leidet schreckliche Qualen und der Jäger braucht Stunden, um es zu finden. Von einem humanen Tod kann dann nicht mehr die Rede sein. Ist das Tier einmal tot, muss es der Jäger ausnehmen. Doch unter welchen hygienischen Bedingungen passiert das? Und was ist mit seiner Munition? Ist sie aus Blei, lassen sich davon möglicherweise Rückstände im Fleisch nachweisen. Zudem sind gut die Hälfte aller Wildschweine in Bayern aufgrund der Reaktorkatastrophe von Tschernobyl 1986 noch immer radioaktiv verseucht. Über die Pilze nehmen die Wildschweine das radioaktive Cäsium auf, das noch immer im Waldboden lagert. Wildfleisch ist also nicht gleich Wildfleisch und so obliegt es dem Konsumenten, Fleisch nur von einem vertrauenswürdigen Jäger zu kaufen. Denn verpflichtend ist die Untersuchung auf radioaktive Belastung nur, wenn es zum Verkauf kommt. Alles, was Jäger für den eigenen Verzehr schießen oder an Bekannte verkaufen, muss nicht getestet sein.

Fakt ist, Wildfleisch liegt im Trend. Vielleicht hat das was mit dem speziellen Wildgeschmack zu tun, vielleicht liegt es aber auch mehr an den Bildern in den Köpfen der Menschen. Ein Reh steht für Glück, Freiheit und mit Beeren und Moos überzogenen Waldboden. Essen wir es, dann ist es, als ob wir uns einen Teil von all dem einverleiben.

Nachdem wir der Hütte für immer den Rücken gekehrt hatten, dauerte es noch ein ganzes Jahr, bis ich dann tatsächlich das lang ersehnte Heim im Grünen fand, eine Art Kompromiss-Wildnis. Ein altes Haus, das direkt an einem dichten, dunklen

Fichtenwald lag. Aber es lag eben AM Wald und nicht IM Wald, es lag nicht in der Einöde, sondern am äußersten Rand eines Ortes, und es war nicht einen Tag, sondern nur eine Stunde von der nächsten Großstadt entfernt. Paul meinte, dass wir es nach unseren Erfahrungen mit der Berghütte mit der Wildnis auch nicht übertreiben müssten. Die meisten Naturliebhaber leben einen wie auch immer gearteten Mittelweg. Sogar dem Guru aller Aussteiger, dem amerikanischen Schriftsteller Henry David Thoreau, der Mitte des 19. Jahrhunderts für zwei Jahre im Wald lebte, wird nachgesagt, er habe sich von seiner Familie das Essen in seine Blockhütte bringen lassen. Thoreau schrieb das legendäre Werk »Walden«, das als Standardwerk aller Waldliebhaber gilt.

Mit unserem Umzug an den Wald war die noch immer lebendige Hoffnung verknüpft, die Kinder naturnah großzuziehen und den Wald als eines der letzten Biotope Deutschlands kennenzulernen.

4

Ein Heim, mit Magenschmerzen erbaut

Ich werde diesen Schrei nie vergessen. Diesen Schrei weit nach Mitternacht. Ein Kind schrie, mein Kind, Hannah. Sie schrie wie am Spieß, in Todesangst, als wäre ein Wolfsrudel hinter ihr her. Das Adrenalin schoss mir wie ein Blitz in die Glieder. Ich sprang aus dem Bett und knallte gegen eine Mauer, ach richtig, überall standen ja Umzugskartons herum, das hatte ich vergessen. Wo zum Teufel war der Lichtschalter, ich suchte und stolperte umher und Hannah schrie noch immer. Scheiße, ein Einbrecher, dachte ich mir, warum muss Paul ausgerechnet diese Woche auf Geschäftsreise sein? Panisch bahnte ich mir einen Weg ins Nebenzimmer. Hannah saß auf ihrem Bett, verschwitzt, verwirrt, ihre Geschwister hatten das Licht angemacht und starrten verdutzt vor sich hin, sammelten sich, sortierten sich, nicht sicher, ob sie im Traum oder in der Wirklichkeit waren. Statt eines Einbrechers stand plötzlich Oma Elli in der Tür, die Augen aufgerissen, bleich wie ihr Nachthemd. Meine Schwiegermutter war in diesen Tagen bei uns zu Besuch und noch nie war ich über ihren Anblick so froh gewesen wie in diesem Moment.

»War wohl nur ein Albtraum«, murmelte ich. Und zu Hannah sagte ich immer wieder: »Es ist alles in Ordnung, Mama ist da.« Ich fand Mütter immer bescheuert, die von sich in der dritten Person sprachen, pseudo-schizophren nannte ich das. Nun tat ich das Gleiche, in der hirnrissigen Annahme, dass ein simples »Ich« für Hannah in dieser Situation missverständlich sein könnte. Den Rest der Nacht verbrachte ich im Kinderzimmer unseres neuen Zuhauses auf dem Boden und lauschte den regelmäßigen Atemzügen meiner Kinder. Den alten Deckenstrahler mit Wackelkontakt ließ ich die ganze Nacht brennen, flackernde Lichtblitze erhellten den Raum.

Begann es mit diesen Lichtblitzen? Der Schwindel? Das Gefühl, Hirnsynapsen würden durchbrennen? Der Betonschädel? Meine Erinnerungen an diese Monate verschwimmen heute, vieles ist längst verdrängt. Doch noch immer ertrage ich keine blinkenden Lichter, noch immer kann ich nichts betrachten, das sich dreht. Drehen ist noch schlimmer als blinken. Meine Töchter, die sich damals immerzu um die eigene Achse drehten, weil manche Mädchen es eben toll finden, sich zu drehen. Und so drehten sie sich durch die vollgemüllten Räume, taten wenig anderes, als sich zu drehen, und steigerten das Chaos ins Unerträgliche. Um mich herum war Chaos, in meinem Kopf war Chaos und die Kinder drehten sich.

Ich hatte irgendwann mal gedacht, dass ich das alles schaffe. Job, ein Haus renovieren, umziehen. Alles auf einmal, alles allein, ohne Paul, der noch mehr arbeiten musste als sonst, um die Handwerker bezahlen zu können. Und dazwischen die Kinder, die dauernd Essen verlangten und neue Mützen und größere Schuhe, die zum Arzt mussten, zum Logopäden, zum Kieferorthopäden. Ich fragte eine ehemalige Nachbarin, ob sie mir helfen könne, sie kam zweimal, dann wollte sie nicht mehr. »Ich kann das nicht mehr bei dir«, sagte sie, »ich ertrage dieses

Chaos nicht. Es tut mir leid.« Ich konnte es ihr nicht einmal übel nehmen. Ein Kran stand vor der Haustür, Teile des Daches flogen in regelmäßigen Abständen durch die Luft, der Lärm, das Gerüst, Handwerker überall, halb entleerte Umzugskartons. Wir hatten es uns nicht leisten können, im alten Haus weiter Miete zu bezahlen, während wir das neue renovierten. Und so wohnten wir während eines Großteils der Renovierungsarbeiten bereits im Haus. Und auch wenn die Handwerker sich Mühe gaben, eine gewisse Ordnung zu halten, standen dennoch überall Fliesen, Wasserwaagen, Schraubenzieher, Farbeimer, Gerätschaften mit spitzen Ecken und scharfen Kanten herum. Und auch wenn sie kein Interesse an unserem Privatleben zeigten, war dennoch jedes Gespräch, das wir führten, jeder Handgriff, jeder Gang zur Toilette öffentlich.

In dieser Phase war mein einziger Lichtblick die kleine Eisdiele im Ort, von der ich mir bald täglich einen extragroßen Milchshake holte. Schokolade oder Himbeere. Kalte Milch war das Einzige, das ich noch zu mir nehmen konnte, von allem anderen wurde mir speiübel. Mein Magengeschwür wurde erst einige Wochen später diagnostiziert. Der Nahrungsmangel hatte sich schon bemerkbar gemacht, ich war zu dünn und litt an Muskelkrämpfen. Der Hals krampfte sich zusammen, die Beine, die Augen zuckten. Es war Oma Elli, die mir das Leben rettete, die kam und half und mit stoischer Ruhe inmitten des Wahnsinns saß und Socken flickte, die Kinder disziplinierte und mich zum Arzt schickte.

Wir hatten unser neues Zuhause durch einen glücklichen Zufall gefunden. Das Haus kannte ich schon lange. Ich hatte es Jahre zuvor auf einem Spaziergang durch den Wald entdeckt. Versteckt lag es hinter Dutzenden von Fichten und ich pirschte mich damals heran wie ein Raubtier durch das Unterholz. Es war ein wolkenverhangener Wintertag, ich lief durch kniehohen Schnee und dann stand ich am morschen Holzzaun und sah das Haus, das inmitten der Bäume lag wie ein Geschenk. Es war kein besonders schönes Haus, weder hatte es eine aufregende Architektur noch ein denkmalgeschütztes Mauerwerk noch eine mit Efeu bewachsene Fassade. Es war schlicht, weiß, mit einem einfachen braunen Ziegeldach. Aber es strahlte etwas Stilles, Friedliches, etwas in sich Ruhendes aus, es glich einer Perle, deren Muschel sich nur für mich geöffnet hatte. Als ich dann erfuhr, dass es zum Verkauf stand, horchte ich auf. Mein Herz klopfte. Dornröschen wollte wach geküsst werden.

»Ihr habt vor lauter Wald keine Sonne«, meinten die einen. »Es ist zu weit weg von der Stadt«, meinten die anderen. »Zu renovierungsbedürftig«, fand Paul. Küche, Bad, Dachstuhl, Boden – alles alt und marode.

»Wir müssen es trotzdem haben«, sagte ich.

Doch der mit dem Umzug und den Renovierungsarbeiten verbundene Stress brachte uns alle an unsere Grenzen und ich fragte mich, ob der Preis, den ich da gerade zahlte, nicht doch zu hoch war. Es blieb alles auf der Strecke: Das Auto glich einer fahrenden Müllhalde, die Kinder waren meist ungewaschen, ihre Kleidung war fleckig, meine ebenso. Ich ließ die Blicke über mich ergehen, die an unseren löchrigen Socken hängen blieben und mich teils verwundert ansahen, teils vorwurfsvoll, teils verächtlich abstraften. Die Blicke ließen mich kalt und ich wunderte mich über mich selbst. Ich war zwar nie der Typ Frau, der nur geschminkt die Mülltonne auf die Straße rollt, aber das Feedback anderer Menschen war mir dennoch immer wichtig gewesen. Vielleicht fehlte mir damals für Schamgefühle schlicht die Kraft. Die Entscheidung, das Projekt Landleben umzusetzen, hatte eben seinen Preis, den ich an dieser Stelle zahlte.

Doch diese Erklärung greift zu kurz. Denn es ging auch um eine Verschiebung der Prioritäten, darum, dass ich mir immer aufs Neue die Frage stellte, wie ich meine Lebenszeit verbringen möchte. Was ist wichtig? Was bleibt? Die Entscheidung, auf

Äußerlichkeiten möglichst zu verzichten, hat sich im Laufe der Jahre immer weiter verfestigt und sich auch auf andere Bereiche ausgedehnt. Small Talk, die Unterhaltungsindustrie, Konsum – all das versuche ich zu vermeiden. Glücklicherweise tragen die Kinder diese Entscheidung bis heute mit. Ihre Kleidung, Fahrräder, Bücher – das meiste haben wir gebraucht gekauft oder geliehen. Ich war mit meinen Töchtern noch nie in der Stadt, um ihnen etwas Hübsches zu kaufen. Hannah und Luisa entschieden irgendwann, dass dies reine Zeitverschwendung sei. Alle drei sind inzwischen derart nonchalant in der Frage ihres eigenen Aussehens, dass ich den Strubbelfrisuren Wachstumsgrenzen setzen muss.

War es dem Umzugschaos geschuldet, dass James, unser Kaninchenboss, einfach weglief? War er über einen achtlos ins Gehege geworfenen Stock getürmt? Eines Tages jedenfalls war James weg. Ich merkte es zuerst, suchte das Gehege ab, den Stall, die Kuschelkisten, hob den Futtereimer hoch, stocherte in den Höhlengängen der Kaninchen, überall, doch kein James weit und breit. »Wo ist James?«, fragte ich seinen Freund Harry, und als dieser meine Frage mit einem langen, ernsten Blick aus seinen Knopfaugen beantwortete, wusste ich, dass James weg war. Er hatte sich auf und davon gemacht, war einem Leben in der Wildnis entgegengehoppelt und seine Freunde hatten ihm dabei zugesehen. Bevor ich mir tröstende Worte zurechtlegen konnte, stand Phil schon vor mir. Hatte er es geahnt? Er suchte, geriet in Panik, und als er einsah, dass es vergebens war, krümmte er sich zusammen und schrie seinen Kummer in den Wald hinein. Noch nie hatte ich meinen Sohn so schreien hören, so voller Schmerz und Verzweiflung, und es drang mir durch Mark und Bein. Ja, du musst es jetzt eben auch lernen, dachte ich mir, das Abschiednehmen, immer wieder, und man kann es nie glauben, nie fassen, es ist immer beschissen.

Am Abend saßen wir mit schweren Herzen in der Küche und stocherten im Essen herum und ich wunderte mich über mich selbst, darüber, wie sehr mich der Verlust von James traf. Es würde für ihn kaum eine Chance geben, den wilden Tieren im Wald zu entkommen, er würde einem Marder, Fuchs oder Dachs zum Opfer fallen. Seine Stunden waren gezählt. Es waren die Mädchen, die Phil und mich trösteten, die nicht verzweifeln wollten und versuchten, James' Flucht etwas Positives abzugewinnen.

»James ist vielleicht ein Wildhase, oder nicht?«, stellte Hannah in den Raum.

Phil nickte. »Nicht so ein fettes Zuchtkaninchen, er ist wild und klug.«

»Na, dann wird er es in der Wildnis vielleicht schaffen«, meinte ich.

»Meinst du, Mama? Weil er schneller ist als der Wind«, sagte Luisa.

Phil sah mich an, in seinen Augen leuchtete ein Hoffnungsschimmer. »Er wollte schon immer weg, ich habe es immer gespürt, jetzt hat er es geschafft und vielleicht ist das auch gut so. Er lebt jetzt im Wald und das heißt nicht, dass er sterben muss. Wenn ich es mir so überlege – ich bin auch ein Stück weit stolz auf James. Harry hätte sich das nie getraut. Und Potter auch nicht. Hätten auch keine Chance da draußen, die beiden.«

Die Mädchen nickten. Sie ließen ihre Kaninchen zwar nur ungern beleidigen, doch in dieser Situation widersprachen sie nicht. Sie spürten, wie wichtig es für Phil war, sich an dem Bild des wilden, freien James festzuhalten. Ich war stolz auf meine Kinder, darauf, wie sie sich mit dem Verlust von James arrangierten. Die Idee, dass er nun ein selbstbestimmtes Leben führen konnte, war tröstend. Auch für mich; schließlich war es doch sowieso total lächerlich, ein blödes Kaninchen zu betrauern, sagte ich mir.

Umso überraschter war ich, als ich im Morgengrauen ein braunes Fellknäuel auf dem ausrangierten Sommerstall sitzen sah. Warum sitzt Harry vor dem Stall, dachte ich schlaftrunken, wie hat er es da rausgeschafft? Ich rannte nach draußen und traute meinen Augen nicht, denn da saß nicht Harry, sondern – James. James lebte! Entgegen seiner Gewohnheit ließ er sich von mir auf den Arm nehmen und eine Weile hin und her wiegen. Er schien unverletzt und sehr froh, wieder zu Hause zu sein. Und so hütete er eine Woche sein Strohbett und es sollte noch weitere drei Wochen dauern, bis er es wagte, den Stall zu verlassen und das Außengehege zu betreten.

»Er muss schrecklichen Monstern begegnet sein«, erklärte uns Luisa James' neue Schüchternheit.

James hat sein Abenteuer wahrscheinlich längst vergessen. Doch bis heute zeigt er sich mir gegenüber dankbar und ich habe das Gefühl, dass der Vorfall ein zartes Band der Freundschaft zwischen uns beiden geknüpft hat. Sobald ich ins Gehege komme, hoppelt er herbei und stupst mich an. So, als würde er jeden Tag wieder Danke sagen. Ich werde nie erfahren, ob James wirklich dankbar ist oder nicht, nie wissen, was in dem kleinen Köpfchen vorgeht. Mache ich ihn am Ende nur zur Projektionsfläche meiner Gefühle? Sind Kaninchen nichts weiter als von ihren Instinkten getrieben? In unserer abendländischen Kultur galten Tiere über Jahrhunderte hinweg als dumpfe Kreaturen. Erst vor wenigen Jahrzehnten begann sich die Erkenntnis durchzusetzen, dass Tiere ein Gefühlsleben und eine eigene Persönlichkeit haben. Und so trat in Deutschland auch erst im Jahr 1990 ein Gesetz in Kraft, das bestimmte, dass Tiere nicht mit Sachen gleichzusetzen sind.

Was Tierhalter schon immer geahnt haben, bestätigen inzwischen zahlreiche Wissenschaftler, die sich die Tierwelt mit aufsehenerregenden Studien immer weiter erschließen: Tiere verfügen über eine ganze Klaviatur an Gefühlen und Denkleistungen. Doch längst sind nicht alle Fragen geklärt. Welches Bewusstsein haben Tiere, welches Zeitempfinden? Und es bleibt das Problem der Nuancierung. Gesteht man Affen ein Gefühlsleben zu, was ist dann mit Hasen, Vögeln, Insekten? Wie groß, wie menschenähnlich muss ein Lebewesen sein, damit ihm ein emotionales Erleben zugestanden wird? Je deutlicher es sich herauskristallisiert, dass Tiere von den Menschen weniger trennt als gedacht, desto fragwürdiger erscheinen die Bedingungen, unter denen Tiere heute teilweise zu leben haben. Die Massentierhaltung lässt sich mit dem, was wir heute über Tiere wissen, im Grunde nicht mehr vereinbaren. Als ich meinen Kindern Bilder von Legehennenbatterien zeigte, reagierten sie mit blankem Entsetzen. Niemals würden sie derart skrupellos mit ihren tierischen Freunden umgehen. Kinder zweifeln keine Sekunde daran, dass Tiere Gefühle und eine Sprache haben, und interpretieren tierische Verhaltensweisen völlig intuitiv. Ihre Interpretationen mögen teilweise naiv sein und sich mit wissenschaftlichen Erkenntnissen auch nicht immer decken, doch nicht selten liegen Kinder goldrichtig. Hannahs und Luisas leuchtendes Vorbild heißt Yakari. Der kleine Indianerjunge aus der gleichnamigen Zeichentrickserie versteht als Einziger seines Stammes die Sprache der Tiere und kann sich mit Eichhörnchen ebenso gut unterhalten wie mit Grizzlybären. Auch Luisa meint, die Sprache der Tiere zu verstehen, die der Hühner leichter als die der Kaninchen, was vor allem daran liegt, dass sich die sanften Mümmelmänner nur selten zu einer Lautäußerung hinreißen lassen. Doch die Körpersprache von Kaninchen kann sehr eindeutig sein. Als Harry, James und Potter mit vier Lebensmonaten die Pubertät erreicht hatten und in ihrem zweistöckigen Haus um die Vorherrschaft kämpften, war ihr wildes Gerangel vor allem für Phil verständlich.

Vielleicht weil Phil den Kampf um die Chefposition noch aus dem Kindergarten kannte und sich bereits im zarten Alter von drei Jahren mit seinen Freunden über die Frage gestritten hatte, wer zuerst eine Treppe runterlaufen und wer bei einem Spaziergang den anderen überholen durfte. Mit dieser Erfahrung konnte er das Verhalten der Kaninchen richtig einordnen. Sie jagten sich gegenseitig durchs Gehege, rissen sich Fell aus und immer wieder raste eines von ihnen in den zweiten Stock ihres Holzhauses und klopfte aggressiv und energisch mit einer Vorderpfote auf den Boden.

Während ich Angst hatte, dass sich die Kaninchen gegenseitig ernsthaft verletzen könnten, und die Tierärztin um einen schnellstmöglichen Kastrationstermin anflehte, sahen die Kinder den Kämpfen interessiert zu und ergriffen für ihr jeweiliges Kaninchen Partei. Phil war stolz, dass sich sein James offenbar am häufigsten als Chef behauptete und auch nach der Kastration das Sagen hatte. Von Anfang an hatte er etwas in James gesehen, das diesen als Anführer qualifizierte.

Mit wie viel Geduld und mit welch genauem Blick für Details Kinder ihre Tiere beobachten, ist einzigartig. Oft erzählen mir Phil, Hannah und Luisa, was sie gesehen haben, und gemeinsam gehen wir den Verhaltensweisen auf den Grund. So hatte beispielsweise Potter, Hannahs Kaninchen, von Beginn an Probleme, sich in die Gruppe einzufügen. Daran hat sich bis heute nichts geändert. Nach wie vor sitzt er oft allein herum oder wird von den anderen durch das Gehege gejagt. Die Mädchen hatten das Mobbing schnell erkannt und die anderen Kaninchen wegen ihres unsozialen Verhaltens zurechtgewiesen. Ob das einen Effekt hatte – Zweifel sind angebracht. Interessant ist der Grund für den sozialen Ausschluss: Potter leidet unter einer Zahnfehlstellung, welche Hannah und Luisa von Beginn an als eindeutige Ursache für die unglückliche Gruppendynamik ausmachten. Nur verstanden sie nicht die dahinterliegende

Motivation. Wir informierten uns bei Tierethnologen und erfuhren den Grund für das Mobbing: Herdentiere sind gezwungen, verletzte oder missgebildete Mitglieder aus der Gruppe zu verjagen, da diese für das Überleben der gesamten Gruppe ein hohes Risiko darstellen. In der freien Natur würde Potter verenden und damit Feinde anlocken und so bleibt Harry und James nichts anderes übrig, als immer wieder mit der Existenz des nicht perfekten Potters zu hadern.

Für Luisa eröffnete sich mit dem Umzug an den Wald eine neue Welt. Eine Welt voller wilder Tiere, die allesamt beobachtet werden konnten. Doch anders als Luisa war Phil im neuen Heim unglücklich. Er hatte Heimweh. Und tatsächlich, seine Lage hatte sich zunächst verschlechtert. Denn bis sein neues Zimmer fertig renoviert war, musste er sich mit seinen Schwestern ein Zimmer teilen. Um zumindest ein bisschen Privatsphäre zu haben, schlug Phil sein Lager im alten begehbaren Schrank des Mädchenzimmers auf. Dies bot ihm die Gelegenheit, sich mit dem Romanhelden Harry Potter zu vergleichen, der bei der berüchtigten Familie Dursley im Schrank schlafen musste. Außerdem war er in dem düsteren Schrank vor den Mädchen sicher, die sich nicht hineintrauten. Anstatt die Tiere aus dem Wald zu erkunden, verbrachte Phil jeden Tag viele Stunden im Schrank – gemeinsam mit seinem Laptop. Und ich hatte nicht das Gefühl, dass dies in irgendeiner Weise kontrolliert ablief. Natürlich informierte er mich auch nicht darüber, was er auf seinem Computer eigentlich machte. Surfte er auf YouTube? Oder hatte er sich doch heimlich ein Spiel heruntergeladen? Ich fand nie heraus, was an seinem Computer so wahnsinnig interessant war. Versuchte ich, mit ihm zu reden, reagierte er ausweichend und beschwichtigend, er hatte kein Interesse an einer ernsthaften Auseinandersetzung.

Für mich war diese Erfahrung schmerzhaft. War das Phils Ernst? Setzte ich hier meine Gesundheit aufs Spiel, um das

Gegenteil von dem zu bewirken, was ich eigentlich wollte? Ich spielte mit dem Gedanken, ihm den Computer einfach wegzunehmen, doch die Lösung erschien mir damals zu rigoros. Zudem hatte ich nicht die Nerven, mich mit Phil zu streiten. Mir fehlte die Kraft, ich hatte Phils wieder aufgeflammtem Interesse an seinem Computer nichts entgegenzusetzen. Er verdaddelte diesen Chaos-Sommer und mein Eindruck verstärkte sich, dass Kinder, die viel Zeit an ihren Computern verbringen, mit ihren reellen Umweltbedingungen hadern, dass ein hoher PC-Konsum Ausdruck von Frustration sein kann. Phil hatte Heimweh nach dem alten Haus am Feld, wenig Privatsphäre und war durch den Umbau in seiner Bewegungsfreiheit massiv eingeschränkt. Das Internet bot ihm die Möglichkeit, in virtuelle Welten zu entfliehen und sich dort besser zu fühlen als in der Realität. Ich hoffte auf die Zukunft, darauf, dass sich Phil in unserem neuen Zuhause so wohlfühlen würde, dass er die Flucht aus der Realität bald nicht mehr nötig hatte. Meine Gebete blieben nicht unbeantwortet. Der Himmel schickte Hilfe.

5

Der Wald in stürmischen Zeiten

Bevor Bäume fallen, wanken sie. Sie wanken und schwanken viele lange Sekunden hin und her. Dann fallen sie, immer schneller, die letzten Meter rasend schnell. Die Wucht des Aufschlags erschüttert den Boden und das Beben ist noch einige Hundert Meter weiter zu spüren. Bäume sterben ohne Widerstand, stolz und stoisch, ohne Abschiedsgruß, selbstverständlich irgendwie, so als hätten sie schon geahnt, dass sie irgendwann gehen müssen.

Phil, Luisa und Hannah saßen vor den Fenstern, als die letzten 18 Fichten fielen. Mit aufgerissenen Augen bezeugten sie das bizarre Schauspiel, lauschten den kreischenden Sägen der Waldarbeiter. »Idefix weint bei jedem Baum, der fällt«, gab Luisa zu bedenken und Hannah nickte ernst. Der kleine Hund aus den Zeichentrickabenteuern von Asterix und Obelix war in dieser Situation richtungsweisend dafür, wie sie das Fällen der Bäume bewerteten.

Luisa war mit ihren damals fünf Jahren noch mit Haut und Haaren in der magischen Phase verhaftet. Kinder in diesem Alter glauben an Elfen und Geister, an Hexen und Zauberer. Noch spannender an dieser Entwicklungsphase finde ich allerdings, wie ungeheuer wertfrei und unvoreingenommen die Kleinen ihre Umwelt erleben. Wachsen Bäume bis zu den Wolken, dann ist das eben so. Und fallen Bäume auf den Boden, dann fallen sie eben. Wäre eine Hexe vom Himmel geflogen, dann hätte Luisa sie ausgiebig begrüßt und begutachtet, aber sich keine weiteren Gedanken darüber gemacht.

Hannah war zwar schon eineinhalb Jahre älter als Luisa, aber nur minimal realistischer. Phil ließ sich hingegen von Idefix nicht mehr beeinflussen, dafür aber umso mehr von der ungeheuren Gewalt und der Wucht, mit der die 20 Meter hohen Stämme zu Boden knallten.

»Sie fällen jetzt die Bäume, die der Sturm beschädigt hat«, erklärte ich den Kindern, »und die Bäume, die ganz allein stehen. Ohne den Schutz der Gruppe sind sie verloren. Sie werden spätestens vom nächsten Sturm umgeworfen.« Die Kinder wussten, wovon ich sprach. Einige Wochen zuvor hatte Sturm Niklas getobt, und das würde niemand von uns so schnell vergessen. Wie so viele andere hatten auch wir uns am 31. März 2015 im Haus verbarrikadiert und gebetet, dass der Sturm uns verschonen möge, der mit 192 Stundenkilometern über Bayern hinwegfegte, Lastwagen umkippte, Dächer abdeckte und den Bahnverkehr lahmlegte. Wir waren erst kurz zuvor in unser Haus am Wald gezogen. Und es war am 31. März, als wir uns zum ersten Mal fragten, ob das so eine gute Idee gewesen war.

Bereits am Morgen flogen schwere Äste durch die Luft und so entschieden wir, das Haus an diesem Tag nicht zu verlassen. Nur Paul fuhr zur Arbeit, nicht ahnend, wie stark der Sturm im Laufe des Tages werden würde. Die Kaninchen wollten dennoch versorgt werden, daher rannte ich raus, vorsorglich in eine dicke Jacke gewickelt und mit einem Fahrradhelm auf dem Kopf. Die Türen unserer Gartenhütte knallten auf und zu, eine Bauarbeiterplane bauschte sich drohend auf, Eimer rollten in der Gegend herum. Mir wuchsen plötzlich 1 000 Arme, im Wettlauf mit dem aufbrausenden Sturm verstaute ich alles, was nicht niet- und nagelfest war. Die Kinder drückten ihre Nasen an die Fenster und starrten mich besorgt an.

»Ich komm gleich rein«, formte ich mit den Lippen. Ein Ast flog dicht an mir vorbei, gefährlich nah, ich duckte mich und rannte ins Haus zurück.

Den Rest des Tages bestaunten wir das Naturspektakel hinter verschlossenen Fenstern und tranken heißen Kakao. Die Wipfel der himmelhohen Fichten bogen sich, als wollten sie den Boden küssen, die kahlen Buchen ächzten. Zeitweise schien es, als würden die Wolken auf die Erde fallen, sie hüllten alles in wirbelnde Dunkelheit, wir sahen nichts mehr, hörten es nur noch krachen. Am Nachmittag tobte der Sturm wie ein wildes Tier, aus der Ferne heulten die Sirenen. Ich fühlte mich gefangen und ausgeliefert, zugleich beruhigte ich die Kinder, ohne selbst an meine Worte zu glauben.

»Wie hoch, meinst du, sind die Fichten?«, fragte ich Phil.

»129 Tausend Millionen Meter«, meinte Hannah.

Phil zuckte die Schultern. »Lässt sich schlecht schätzen.«

»Stürzen die Fichten auf unser Haus?«, fragte Luisa mit bangen Augen.

Sie hatte mal wieder den Nagel auf den Kopf getroffen. Genau diese Frage hatte ich mir in dieser Minute auch gestellt. Sicherheitshalber gingen wir in das Zimmer mit Fenstern nach Norden, denn der Sturm kam wie fast immer bei uns aus Südwesten. Im Norden standen nur Buchen, riesenhaft zwar, aber mit sehr viel tieferen Wurzeln als Fichten. Sie würden dem Sturm besser standhalten, hoffte ich. Paul konnte erst am späten Abend wieder zu uns kommen, auf den Straßen herrschte Chaos, entwurzelte und umgeknickte Bäume versperrten die Wege.

Am nächsten Morgen erwartete uns ein Bild der Verwüstung. Der Fichtenwald war umgeworfen. Die vordere Reihe der Fichten lag in unserem Garten, die Wipfel einen mageren Meter von unserer Hauswand entfernt. Der Holzzaun, der unseren Garten vom Wald abgegrenzt hatte, war zerstört, die Fichten hatten ihn unter sich begraben. Fassungslos riefen wir Hubertus an, der als Freund, Fast-Nachbar und studierter Forstwissenschaftler die Lage nüchtern beurteilen sollte. Paul und ich kannten ihn noch aus Studententagen und empfanden es als überaus glückliche Fügung, dass uns der Umzug in seine Nähe gebracht hatte.

Gemeinsam begutachteten wir schließlich die kreuz und quer liegenden Bäume; ineinander verkeilt, abgebrochen, in der Mitte auseinandergerissen, mit klaffenden Wunden. Anders als wir reagierte Hubertus gelassen auf die Verwüstung, klar, er hatte als forstlicher Gutachter im Laufe der Jahre schon ganz andere Waldschäden begutachtet. »Wiebke war schlimmer«, sagte er trocken und meinte damit Sturm Wiebke, einen Orkan, der in der Nacht vom 28. Februar auf den 1. März 1990 mit bis zu 200 Kilometern pro Stunde über Deutschland hinweggefegt war.

»Blödsinnig, diese Fichtenplantagen«, grummelte er dann, »das sind die Sünden aus den 50er- und 60er-Jahren, damals wollte man mit dem Wald viel Geld verdienen, für alle anderen Aspekte war man blind. Früher standen hier naturnahe Mischwälder aus Buchen und Eichen, für den Brotbaum – die Fichte – wurden sie aufgegeben. Eine Katastrophe. Ein Verbrechen an der Natur. Heute zahlen wir den Preis für diese Fehleinschätzung. Wobei das damals kein böser Wille war, die Förster wussten es einfach nicht besser.«

Hubertus hatte die seltene Gabe, Klartext zu sprechen, aber dabei nie verletzend oder persönlich zu werden.

Sturm Niklas war indessen weitergezogen, er interessierte sich nicht mehr für die Bäume, an denen er noch wenige Stunden zuvor wie ein Wahnsinniger gezerrt und gerüttelt hatte. 18 Fichten standen noch, mitgenommen und zerzaust wie Krieger, die eine Schlacht überlebt hatten. Hubertus maß sie mit einem Höhenmesser aus, um zu sehen, ob sie bei einem weiteren Sturm unserem Haus gefährlich werden könnten. Das Ergebnis fiel sehr knapp aus, sodass ich mich mit dem zuständigen Förster in Verbindung setzte. Er sicherte mir zu, die nahe am Haus stehenden umsturzgefährdeten Fichten zu fällen.

Anders als die Fichten hatten die Buchen erfolgreich Widerstand geleistet. »Buchen sind Herzwurzler«, erklärte Hubertus, »und haben damit einen sehr guten Halt in der Erde. Fichten hingegen sind Flachwurzler, wie du ja siehst.« In der Tat, die Fichten hatten beim Umfallen ihre flachen Wurzelteller mitgenommen, die jetzt senkrecht in die Luft ragten. »Die Monokulturen verschärfen das Problem«, seufzte Hubertus. »Hast du einen reinen Fichtenwald, schwingen beim Sturm die Kronen alle im gleichen Rhythmus. Es entsteht eine Wellenbewegung, die sich immer weiter aufschaukelt. Irgendwann brechen die Bäume dann ab oder werden mit dem Wurzelteller ausgehebelt. Pflanzt man dazwischen andere Bäume, wird dieser verheerende Effekt unterbunden.«

Trotz aller Zerstörung durch Niklas hatte der Sturm auch einige positive Effekte. Beispielsweise unseren verwüsteten Garten, der für einige Monate der mit Abstand interessanteste Naturspielplatz aller Zeiten war. Wochenlang spielten die Kinder mit den Baumstämmen, die überall herumlagen, balancierten darauf, brachen Äste ab und schnitzten daraus Marshmallow-Spieße oder Pfeile. Jedes Kind bekam ein Schweizer Taschenmesser in die Hand und drei Anweisungen: nur im Sitzen schnitzen, immer vom Körper wegschnitzen und drittens Abstand zum anderen Kind halten. Abgesehen davon ließen wir sie mit ihren Stöcken und Taschenmessern allein und vertrauten darauf, dass sie sich nicht verletzen würden.

Paul zersägte den Stamm unserer Kiefer, die leider auch umgeworfen worden war, in Holzscheiben. Wir wollten die Scheiben später als Brotzeitteller verwenden. Das duftende Holz mit den gleichmäßigen Jahresringen war uns für das Feuer zu schade. Klüger wäre es gewesen, den Stamm erst mal ein Jahr liegen zu lassen und abzuwarten, bis die Feuchtigkeit des Holzes entwichen war, dann wären die Scheiben nicht beim Trocknen gesprungen. Die Herstellung unserer Natur-Brotzeitteller gestaltete sich schwieriger als gedacht. Denn man darf die Holzscheiben auch nicht zu feucht lagern, sonst färbt die Moderfäule, eine von Pilzen verursachte Holzfäule, die Oberfläche in ein unansehnliches Schwarz. Bevor ich herausfand, dass in der Gartenhütte das perfekte Klima zum Trocknen der Holzscheiben herrschte, waren viele bereits gesprungen oder angefault. Die wenigen gelungenen Holzscheiben nutzen wir heute noch als Untersetzer und Brotzeitteller. Sie sorgen dafür, dass Sturm Niklas unvergessen bleibt.

Anders als der Garten war der Wald für lange Zeit Sperrgebiet. Viel zu gefährlich waren die ineinander verkeilten Bäume, die unter Spannung standen und zu lebensgefährlichen Katapulten mutieren konnten. Nur Phil durfte sich einmal zusammen mit Paul in das Sturmgebiet wagen. Es war Nachmittag, eine orangefarbene Sonne tauchte diesen wilden, zerstörten Ort in unwirkliches Licht. Die Mädchen und ich beobachteten Paul und Phil, die sich schemenhaft von der Sonne abhoben. Sie erklommen geknickte, schräg nach oben ragende Stämme und Wurzelteller, verharrten immer wieder und betrachteten offenbar gebannt die Landschaft.

Unser neuer Nachbar, der Wald, begrüßte uns auf bemerkenswerte Weise. Er zeigte uns seine Urgewalt, seine

Verletzlichkeit wie auch seinen Zauber, den er trotz der Zerstörung behalten hatte.

»Ich werde diesen Tag niemals vergessen«, sagte Phil, als sie aus dem Wald zurückkehrten. Allein dieser Satz machte so manchen Stress und Kummer erträglicher. Er zeigte mir, dass die Erlebnisse mit und in der Natur zumindest das Potenzial hatten, nachhaltige Erinnerungen zu schaffen. Erlebnisse, die Phils Kindheit prägten und an die er später gerne zurückdenken würde. Über seinen Laptop hatte sich mittlerweile eine dünne Staubschicht gelegt. Es schien mir, als hätte der Sturm nicht nur den Wald durcheinandergewirbelt, sondern auch Phil, ihn aus seinem Schrank-Kokon gerissen und gezeigt, wie spannend das reale Leben war. So viel spannender als alles Virtuelle.

Phil fand Sturm Niklas wahnsinnig aufregend, die Verwüstung und die damit zusammenhängende Frage, wie so etwas überhaupt passieren konnte. Er hatte Hubertus genau zugehört und dessen Schmerz über den Zustand des Waldes wahrgenommen. Auch das Waldbesitzer-Ehepaar, das nun immer wieder kam, um die Schäden zu begutachten, beobachtete er mit Interesse. Als sie davon sprachen, dass der Wald bereits verloren war, als damals die Süd- und die Westflanke fielen, verstand er die Kritik von Hubertus. Der Wald war für seine Besitzer nichts weiter als eine strategisch gepflanzte Baumplantage. Daher auch die militärisch anmutenden Begriffe Südflanke und Westflanke. Betrachtet man die Bäume, die in Reih und Glied im immer gleichen Abstand zueinander stehen, ist die Assoziation auch stimmig.

Waldbesitzer wissen natürlich, dass ihre waldbaulichen Monokulturen windanfällig sind, daher müssen sie darauf achten, welche Bäume sie fällen. Schützende, windfangende lässt man besser stehen. In dem Wald vor unserer Nase waren offenbar die falschen Bäume der Kreissäge zum Opfer gefallen, daher hatte sich der aus Südwesten heranrasende Sturm Niklas ungehindert eine Schneise der Zerstörung bahnen können. Unsere heutigen Wälder haben mit Urwäldern nichts mehr zu tun, unberührte Waldgebiete gibt es in Deutschlands Kulturlandschaft leider schon lange nicht mehr. Allerdings bemüht man sich heute vermehrt, Naturschutzgebiete auszuweisen und die Natur dort weitestgehend sich selbst zu überlassen.

Der Wald steht bei den Deutschen derzeit hoch im Kurs. Er erscheint nicht nur als eines der letzten Naturidylle in einer zunehmend vergifteten Umwelt, sondern verspricht Heilung. Verantwortlich dafür sind die sogenannten Terpene: Moleküle, die von Bäumen abgesondert werden und auf die unser Organismus positiv reagiert. Stress wird abgebaut, das Immunsystem gestärkt, Blutdruck und Zuckerwerte sinken, Killerzellen, die Krankheitserreger bekämpfen, werden aktiviert. Eine Vielzahl heilender Kräfte wird dem Wald und seinen Duftstoffen inzwischen zugeschrieben. In aller Munde ist daher seit einiger Zeit das sogenannte Waldbaden, also das bewusste Verweilen im Wald, ein Trend, der aus Japan stammt und dort *Shinrin-yoku* genannt wird. Zum Waldbaden gehören Entspannungsübungen ebenso wie das tiefe Einatmen der Waldluft oder das Umarmen eines Baumstamms.

Trotz all der positiven Eigenschaften, die dem Wald zugeschrieben werden, hatte dennoch lange Zeit niemand in unser neues Zuhause am Wald ziehen wollen. Zu dunkel, zu viel Laub, zu viel Wald, hieß es. Vielleicht ist das mit dem Wald ein bisschen so wie mit den Kochshows. Auch sie erfreuen sich seit vielen Jahren wachsender Beliebtheit. Kochen ist in aller Munde und trotzdem stehen immer weniger Leute am Kochtopf. Ob angesichts des Waldbaden-Booms nun auch tatsächlich die Horden in den Wald strömen und bewusst atmen oder ob sich der Boom auf das Lesen und Hören beschränkt, bleibt abzuwarten. Doch schon allein das Lesen über die Heilkraft des

Waldes weckt positive Gefühle und mag so dazu beitragen, dass Menschen sich glücklicher fühlen.

Da der Wald im öffentlichen Diskurs immer öfter eine Rolle spielt, wird er auch immer besser verstanden und seine lang unterschätzten Fähigkeiten werden seit einigen Jahren stärker gewürdigt. Wissenschaftler berichten von faszinierenden Entdeckungen, beispielsweise, dass Bäume als Verteidigungsstrategie Geruchsstoffe aussenden und damit Feindesfeinde anlocken oder dass sie über unterirdische Pilzverflechtungen miteinander kommunizieren.

Auch der Biologe Roman Zweifel aus der Schweiz hat sich der Kommunikation von Bäumen gewidmet. Mittels Sensoren konnte er erfassen, dass Bäume Ultraschallsignale abgeben. Ist das die Sprache der Bäume? Zweifel gelang es, die Signale in für den Menschen hörbare Knackgeräusche umzuwandeln. Auch wenn die Signale noch diffus erscheinen und keinesfalls entschlüsselt sind, ist damit doch die Hoffnung verknüpft, Bäume bald besser verstehen zu können. Was bedeuten die Signale? Welche Lebewesen nehmen diese wahr und wie reagieren sie darauf? In welcher Form empfinden Bäume Schmerz und Angst? Müssen wir Menschen darauf Rücksicht nehmen? Die Wissenschaft über die Bäume ist der Eintritt in eine bisher unterschätzte und unverstandene Welt. Und eröffnet gleichzeitig eine neue Diskussion über das Verhältnis des Menschen zur Natur.

Neben unserem Nachbarhaus wächst eine rund 100 Jahre alte, 15 Meter hohe Buche, die gerade und senkrecht steht, Förster würden sagen: im Lot. Sie ist imposant, trägt eine weit ausladende Krone und einmal im Jahr ein leuchtend rotes Herbstkleid. Ihr Stamm beschreibt auf rund fünf Metern Höhe eine ausweichende, in die Horizontale zeigende Kurve. Was hat die Buche zu diesem Ausweichmanöver veranlasst? Bei einem genauen Blick auf das danebenstehende Haus lässt sich der

Grund erahnen. Denn auf Höhe der Kurve steht der Dachfirst des Hauses hervor, der in Richtung des Stammes zeigt, wenn auch im Abstand von einigen Metern. Wäre die Buche ganz normal gewachsen, hätte sie den Dachfirst nicht berührt, doch offenbar war ihr die Nähe unangenehm. Spritzt an dieser Stelle vielleicht vermehrt Wasser? Oder gibt es hier einen Windkanal? Und könnte die Buche das tatsächlich wahrnehmen?

Bäume sind weitaus komplexere Lebewesen als lange Zeit gedacht. Und sie sind als Lebensraum zahlloser Tiere, als Schattenspender, als Luftfilteranlage, als Oase für uns Menschen von unschätzbarem Wert. Faszinierend an Bäumen ist auch das biblische Alter, das sie erreichen können, Zeitzeugen, die stumm bleiben. Manche Exemplare sind wirklich steinalt. Für den Titel »ältester Baum der Welt« gibt es verschiedene Anwärter. Häufig genannt wird eine Fichte in Schweden namens Old Nikko, benannt nach dem Hund ihres Entdeckers Leif Kullman. Das Wurzelsystem dieser Fichte existiert seit 9 550 Jahren, während sich der Stamm alle paar Hundert Jahre neu bildet. Ganz ähnlich verhält es sich mit der Klonkolonie Pando, einem berühmten Zitterpappel-Wald in den USA, der sich aus einem einzigen Wurzelsystem speist und dessen Stämme sich immer wieder neu bilden. Die Klonkolonie Pando steht im Nationalpark Fishlake in Utah; ihr Wurzelsystem wird auf 80 000 Jahre geschätzt.

Bezieht man in die Bezeichnung »ältester Baum« auch den Stamm mit ein und nicht nur das Wurzelsystem, scheint im Moment eine Kiefer der älteste Baum der Welt zu sein. Sie ist rund 5 000 Jahre alt und wächst vermutlich im Hochgebirge von Nevada. Im Vergleich dazu sind die zwei Buchen in unserem Garten mit ihren jeweils rund 150 Jahren geradezu jungfräulich. In Kinderaugen aber so uralt, dass sie sich die Zeitspanne kaum vorstellen können.

Vor einigen Monaten lernte Hannah in der Schule etwas über die Entwicklung der Zivilisation. Wie lebten Menschen vor 50, vor 100, vor 200 Jahren? Bilder aus diesen Zeiten erschienen ihr wie das Leben auf einem anderen Planeten, Lichtjahre entfernt. Es fiel ihr schwer, sich unter diesen großen Zeitspannen etwas vorzustellen. Als ich versuchte, ihr das zu vermitteln, fiel mein Blick auf unsere Buche. »Sieh, Hannah, unsere Buche dort hat vor rund 150 Jahren schon gelebt. Damals war sie ein winziges Pflänzchen.« Hannah kam aus dem Staunen nicht mehr heraus, eine abstrakte Zeitspanne von 150 Jahren machte plötzlich Sinn. Und wir überlegten uns, was die Buche schon alles miterlebt hatte: Jahrhundertsommer, Jahrhundertwinter, zwei Weltkriege. Hat ein Wolf unter ihr geheult? Einer der letzten Bären in Deutschland noch sein Fell an ihrer Rinde gerieben? Hannah sieht die Buchen seitdem mit anderen Augen. Was zuvor eben ein Baum war, ist heute für sie ein imposanter Zeitzeuge.

Der Respekt vor Naturgewalten war der vielleicht prägendste Effekt, den der Sturm auf die Kinder hatte. Auch heute, einige Jahre nach Niklas, verfolgen sie den Wetterbericht sehr aufmerksam. Kündigt sich ein Sturm an, ist das eine Nachricht, die familienintern besprochen wird. Müssen wir im Garten etwas befestigen, die Tiere früher als sonst in den Stall bringen? Sturm Niklas hat den Kindern sehr deutlich vor Augen geführt, wie sehr unser Leben von der Natur beeinflusst wird. Die artifizielle Trennung zwischen Natur und modernen Menschen ist hier zumindest ein Stück weit aufgehoben. Und ebendies ist eines der wirklich positiven Dinge am Landleben.

In den Jahren, in denen ich in der Stadt gelebt habe, spielte die Natur in meinem Leben kaum eine Rolle. Ich hatte keine Ahnung, wann und warum die Apfelernte gut oder schlecht war, ob es für die Pflanzen genug geregnet hatte oder ob im Wald gerade Borkenkäfer wüteten. Meine Wahrnehmung der Natur war auf die Parameter warm, kalt, Sonne, Regen reduziert.

Neben dem Leben in der Stadt gibt es noch weitere Faktoren, die dazu beitragen können, sich von der Natur zu entfernen. Dazu gehört natürlich das zunehmende Interesse der jungen Generation an virtuellen Welten. Daddeln ist auch in dieser Hinsicht problematisch. Denn wie sollen die jungen Menschen ein Gefühl für den Naturschutz bekommen, wenn sie die Natur gar nicht kennen? Wie sollen sie verstehen, dass es beim Umweltschutz nicht um den Erhalt pittoresker Landschaften geht, sondern um unsere Lebensgrundlage? Und wie sollen sie die Leidenschaft entwickeln, die notwendig ist, um sich als Erwachsene für die Natur einzusetzen?

Kürzlich fuhr ich übers Land, um Hannah von einem Bauernhof abzuholen, auf dem sie mit einer Freundin den Nachmittag verbracht hatte. Es war ein windiger, nasser Tag, tiefe dunkelgraue Regenwolken jagten über die weiten Felder und Wiesen. Was für ein grässliches Wetter, dachte ich, als mit einem Mal die Abendsonne unter der Wolkenschicht hervortauchte. Ein magischer Moment. Autos hielten an, im Nu glich die Landstraße einem Parkplatz. Niemand schien sich diesen Sonnenuntergang entgehen lassen zu wollen. Manche blieben in ihren Autos sitzen, andere stiegen aus, alle betrachteten mit dem gleichen entrückten Gesichtsausdruck, wie die untergehende Sonne das weitläufige Wolkenmassiv dunkelrot färbte. In diesen Minuten waren wir alle miteinander verbunden, all diejenigen, die sich vor der Kraft und der Schönheit der Natur verbeugten. Auch Hannah und ihre Freundin hatten das Lichtspektakel bestaunt, ebenso Luisa und Phil von zu Hause.

»Hast du den Sonnenuntergang gesehen?«, fragte mich Luisa und beschrieb mit wilden Gesten violette Wolkenberge.

Es braucht diese Momente, diese Demut vor der Kraft und Schönheit der Natur, um diese auch bewahren zu wollen.

6

Unheimliche Flugkünstler

Der Windwurf in unserem Fichtenwald gab dem zuständigen Forstamt die Möglichkeit, in die Aufforstung neue waldbauliche Erkenntnisse einfließen zu lassen und den alten Fehler der Monokultur nicht zu wiederholen. Es setzte nun auf die viel stabilere Variante eines Mischwalds aus Buchen, Tannen und Fichten. Zudem ließ der Förster ein paar Baumstämme stehen, deren Kronen gebrochen waren und die nun kahl und nackt in der Landschaft standen. So wie indianische Totempfähle an Verstorbene erinnern, so erinnern die Baumstämme jetzt an den Wald, der sie einst umgeben hat.

Laut Hubertus bedeuten Stürme für den Förster eine echte Herausforderung. Zum einen sind die Waldhüter gezwungen, das Windwurfholz zu entfernen, um eine Borkenkäferplage zu verhindern, zum anderen wissen sie von der Notwendigkeit, dem Wald einen Teil seiner Biomasse zu belassen. Sterben im Urwald Bäume ab oder fallen sie Stürmen zum Opfer, bleibt das Material dem Wald erhalten. Entnimmt man hingegen diese Biomasse, verarmt der Wald, wichtige Nährstoffe fehlen dem Boden, Pflanzen gedeihen nicht mehr, der Kreislauf des

Vergehens und Wachsens wird geschwächt oder unterbrochen. Zum anderen bieten beschädigte oder auch tote Bäume ebenso wie liegen gelassenes Unterholz zahlreichen Insekten, Vögeln und Pilzen Lebensräume. Spechte trommeln sich aus abgestorbenem Holz Insekten, Fledermäuse wiederum besiedeln alte Spechthöhlen, ebenso Fäulnishöhlen oder Spalten hinter abgelöster Borke. Käfer fressen Holzsubstrat, schaffen damit Gänge und kleine Höhlen, in die manche Wildbienenarten ihre Brut legen. Und liegen gelassenes Unterholz bietet Hasen, Fasanen und anderen Wildtieren zahlreiche Verstecke.

Zunächst wusste ich nicht, ob ich mich über die zukünftige Nachbarschaft der Waldbewohner freuen sollte, die im Windwurf neue Verstecke oder Beutetiere fanden, schließlich waren mir Füchse und Fledermäuse irgendwie unheimlich. Aber spannend war es allemal.

Viele Abende wachten die Kinder am offenen Fenster und lauschten gebannt dem wilden Geschrei, das aus dem Wald drang. Wir hatten keine Ahnung, welche Tiere da ihre Kämpfe ausfochten, aber es klang bedrohlich. Offenbar rauften sie um die neu gewonnenen Höhlen und Unterschlupfe. Während wir nun deutlich mehr Tiere im Unterholz wähnten, hatten sich die vielen Singvögel zurückgezogen. Klar, nun gab es erst einmal weniger Bäume, auf denen sie sich niederlassen konnten. Das kunterbunte Vogelgezwitscher, das uns zuvor oasengleich umgeben hatte, war mit einem Mal verstummt. Wir überlegten, wie wir die Vögel zurücklocken könnten, und wurden von dem Garten einer Nachbarin inspiriert.

Es war ein tief verschneiter Wintertag. Der Schnee lag so hoch, dass wir mit dem Auto nicht aus der Garage kamen. Also begleitete ich die Kinder zu Fuß zur Schule, eine halbe Stunde durch den Wald, ein echter Bullerbü-Schulweg. Wir liefen an einem Grundstück mit vielen alten Bäumen vorbei und staunten über das laute Gezwitscher, das so gar nicht zu der Jahreszeit passen wollte. Dann erst entdeckten wir die Vogelhäuschen und Futterstellen, die auf die Vögel der Umgebung offenbar eine magische Anziehung ausübten. Fröhlich zwitscherten die Spatzen aus den tief verschneiten Buchen.

»Wir wollen auch so einen Spatzenbaum«, bettelten die Mädchen. Ich willigte sofort ein, vielleicht würden wir auf diese Weise einige der Singvögel wieder in unsere Nähe locken können. Also kaufte ich Spatzenvillen, Singvogelpavillons, Nistkästen für Rotkehlchen und Starenhäuser. Doch wie bei allen Projekten, die sich mit Tieren befassen, musste ich schnell einsehen, dass auch das Projekt Spatzenbaum viel zeitraubender war als zunächst angenommen. Es war nicht damit getan, ein paar Vogelhäuser zu kaufen. Zunächst wollten Hannah und Luisa die Holzrohlinge bemalen und dekorieren. Irgendwann hatte ich dann auch Bastelutensilien wie Holzleim, Dachschindeln, Stroh, Tüll, Spitzendeckchen sowie Acrylfarben und Pinsel organisiert. Als wir uns an einem sonnigen Tag auf eine Bierbank setzten und ans Werk machten, gesellte sich auch Phil zu uns. Er bemalte das Eulenhaus in den Tarnfarben Grün, Braun und Schwarz und hatte danach mehr Farbe an den Kleidern als an seinem Haus. Luisa betupfte ihren runden Pavillon mit allen möglichen Farben, schließlich kam ein recht bräunliches Geschmiere heraus, das überhaupt nicht dem Bild in ihrem Kopf entsprach. Allein Hannahs Häuschen sah am Ende wirklich entzückend aus, zunächst grundierte sie alles in einem hellen Lila, dann verwischte sie die Farbe mit dezenten rosa Schlieren. Auch ich wollte ein Haus anmalen, hatte an ein Vogelhaus im Vintage-Stil gedacht, weiß getüncht mit Miniatur-Dachschindeln, handgeschlagen, in Biberschwanz-Optik. Doch es war dem üblichen Chaos geschuldet, dass ich meine schicke Shabby-Look-Villa nicht fertigstellen konnte.

Die Häuschen der Kinder hängten wir an die Äste unserer Buchen, doch die Vögel ignorierten sie. Wahrscheinlich hatten wir die Plätze nicht optimal gewählt. Denn je nach Vogelart muss man die richtige Höhe und die Wetterseite finden, es gilt, die Himmelsrichtung zu beachten und zu entscheiden, ob man es hängt oder stellt, fixiert oder schwingen lässt. Vor Wind und Regen sollte es geschützt sein, genauso wie vor Katzen und Mardern, und es sollte zur richtigen Jahreszeit befestigt und regelmäßig gereinigt werden. All das gilt es zu beachten, wenn man sich Singvögel in den Garten holen möchte.

Anstatt zwitschernder Goldkehlchen fanden Fledermäuse und große Raubvögel den Weg zu uns. Habichte, Raben und Eulen, die kamen, um unsere Kaninchen zu begutachten, und deren Rufe uns das Blut in den Adern gefrieren ließen. Das Waldkäuzchen, eine Eulenart, stellte sich bei uns vor, indem es sich nachts um drei auf einen Fenstervorsprung setzte und lauthals durchs Fenster heulte. Der Schreck fuhr mir in die Glieder, zunächst aufgrund des Lärmes und dann noch einmal, als mir einfiel, dass der Ruf des Waldkauzes als böses Omen gilt. Das Gefieder des Waldkauzes ist wie eine Baumrinde gefärbt, neben dem einseitigen Augenzwinkern beherrscht er auch einen unnachahmlichen Augenaufschlag. Doch da er ein nachtaktiver Jäger ist, bekommt man ihn selten zu Gesicht.

Sein Ruf aber ist bekannt, es ist dieses unheimliche Huhuhuhu-hu, das in kaum einem Gruselfilm fehlen darf, gerne auch als Untermalung einer Friedhofsszene oder als Ankündigung des Bösen. Tatsächlich ist dieses berühmt-berüchtigte Huhuhuhu-hu nichts anderes als der Balzruf des Waldkauzmännchens, der vom Weibchen mit einem Kuwitt-ähnlichen Ruf beantwortet wird. Und es ist ebendieses wechselseitige Huhuhuhu-hu – Kuwitt, das den aus dem Mittelalter überlieferten Todesmythos rund um den Waldkauz begründete. Zu jener Zeit glaubte man, dass der Ruf des Waldkauzes den baldigen Tod ankündigt. Das Kuwitt wurde als *Komm mit* gedeutet, als Einladung in das Reich der Toten.

Die Assoziation sollte sich im Laufe der Jahrhunderte noch weiter festigen und das hatte einen recht banalen Hintergrund: Früher war es üblich, dass Krankenzimmer während der Nachtwachen von Kerzen beleuchtet waren. Das Licht zog Nachtfalter an und sie wiederum lockten hungrige Jäger herbei: die Waldkäuze. Bei den Nachtwachen ertönte also nicht selten der Ruf eines Waldkauzpärchens. Und so entstand die unheimliche Verknüpfung zwischen Krankheit, Tod und dem Huhuhuhu-hu aus dem Schatten der Nacht. Der Ruf des Waldkauzes ist bis heute mystifiziert und mit Schrecken behaftet.

Fast noch unheimlicher erschienen mir als Waldneuling die Fledermäuse. Ich hatte die Flugkünstler als muffig, blutsaugend und tollwütig im Gedächtnis abgespeichert und war entsprechend entsetzt, als sich eines Tages eine Fledermaus in unser Haus verirrte und ich auf einmal einen kleinen Vampir in meinen Händen hielt. Es war in dem Winter, der auf Sturm Niklas folgte. Ein paar Fledermäuse hatten offenbar unseren Holzunterstand am Wald als Winterquartier beschlagnahmt und sich an das eine oder andere Holzscheit geheftet. Und so schleppte ich nichts ahnend ein Stück Brennholz ins Haus, an dem eine Fledermaus hing. Aus den Augenwinkeln sah ich einen dunklen Fleck, ich dachte zunächst an ein vermodertes Blatt und versuchte, es beiläufig vom Holz zu wischen. Doch das Blatt ließ sich nicht entfernen und fühlte sich auch nicht feucht und glatt an, sondern pelzig. Ich zuckte zurück und brachte das Holzscheit sofort wieder ins Freie. Erst dort wagte ich einen zweiten Blick und brauchte eine Weile, um zu verstehen, was ich da sah. Als ich das vermeintliche Blatt als Fledermaus erkannte, blieb mir fast das Herz stehen. Eiligst legte ich das Holzscheit zurück in den Holzunterstand. Schließlich wollte ich nicht riskieren, dass die Fledermaus aus ihrem Winterschlaf erwachte und dann ungnädig reagierte.

Meine Furcht war nicht ganz unbegründet. Forscher der Universität Bonn haben 5 000 Fledermäuse und Flughunde auf der ganzen Welt untersucht und ihre Ergebnisse 2012 in der Fachzeitschrift »Nature Communications« publiziert. Laut den Virologen können Fledermäuse gefährliche Viren übertragen. Bei den in Deutschland beheimateten Fledermäusen steht ein Tollwuterreger im Fokus. Doch die Gefahr, von einer Fledermaus gebissen oder gekratzt zu werden, ist äußerst gering, denn selbst tollwütige Fledermäuse würden Menschen niemals angreifen, so die Experten. Dennoch raten sie davon ab, Fledermäuse anzufassen, weil diese sich dann genötigt fühlen könnten, sich zu verteidigen. Lässt man die Tiere einfach in Ruhe, kann es zu keiner Übertragung von Krankheitserregern kommen. Ich hielt die Kinder also davon ab, den Holzunterstand auszuräumen, um die Fledermäuse aufzuspüren. Sie hätten die kleinen Vampire nur allzu gerne gesehen. Doch ihre Geduld wurde einige Monate später belohnt: Ein paar Fledermäuse hatten sich an einen Fenstervorsprung hinter einem Rollladen gehängt und flogen davon, als Phil das Fenster öffnete.

Fledermäuse gehören für Kinder zu den faszinierendsten Tieren überhaupt. Weil sie kopfüber schlafen, weil sie mit den Ohren sehen, mit den Händen fliegen und weil sie die geistigen Väter der Comicfigur Batman waren. Aufgrund ihrer Vielschichtigkeit sind sie für alle Altersgruppen interessant. Während sie für Luisa einfach nur putzige Mäuse mit Flügeln sind, kann sich Phil für ihre außergewöhnliche Art der Kommunikation begeistern. Denn Fledermäuse orientieren sich mit einem Echoortungssystem, sie senden für Menschen nicht hörbare Ultraschalltöne aus, die von Objekten in ihrer Umgebung zurückgeworfen werden. Anhand dieser Schallwellen nehmen die Fledermäuse blitzschnell ihre Umgebung wahr und orten Hindernisse, Feinde sowie mögliche Nahrungs- oder Wasserquellen.

Und natürlich sind Fledermäuse auch faszinierend, weil es blutsaugende Arten unter ihnen gibt. Die Vampirfledermäuse, die sich vom Blut anderer Säugetiere oder Vögel ernähren, leben allerdings nicht in Deutschland, sondern in Mittel- und Südamerika. Sie verfügen über ein ausgeprägtes Wärmeempfinden, mit dem sie das Blut in den Venen unter der Hautoberfläche aufspüren. Dann beißen oder kratzen sie ein Stückchen Haut ab und lecken das austretende Blut auf. Der Speichel der Fledermaus wirkt dabei sowohl betäubend als auch gerinnungshemmend, sodass sich die Wunde nicht verschließt. Die Fledermäuse gehen nachts auf Jagd und befallen ihre Opfer, wenn diese schlafen. Inwieweit der Vampirmythos mit den blutsaugenden Fledermäusen zusammenhängt, ist nicht eindeutig geklärt; wahrscheinlich ist der aus dem Balkanraum stammende Vampirmythos unabhängig von der Fledermaus entstanden. Dennoch ist beides im kollektiven Bewusstsein der Menschen miteinander verknüpft.

Für mich gibt es kaum eine Tierart, die so symptomatisch für den Umgang der Menschen mit der Natur ist. Der Mensch teilt die Tierwelt noch immer gerne in Gut und Böse ein, das liebe Rehkitz, Lamm, Kaninchen auf der einen Seite und die bösen Wölfe, Fledermäuse, Raubvögel auf der anderen.

Die Fledermäuse in unserem Garten haben mir die Chance gegeben, den Kindern zu vermitteln, dass die von Menschen erdachte Aufteilung in Gut und Böse mit der Tierwelt nichts zu tun hat. Alle Tiere wollen überleben, sich und ihre Art erhalten. Die einen trinken dafür Blut, die anderen fressen Insekten. Ist die deutsche Fledermaus netter als die amerikanische Vampirfledermaus, weil sie »nur« Insekten jagt? Wohl kaum.

Die Fledermäuse in unserem Garten haben den Kindern gezeigt, wie wichtig es ist, die Natur zu respektieren, ohne sie zu verklären – sie zu lieben, ohne sie zu verharmlosen. Die Kinder wissen, dass sie Fledermäuse niemals in die Hand nehmen sollen und zugleich vollkommen entspannt zusehen können, wenn die kleinen Nachtschwärmer in den Abendhimmel sausen.

Anders als in Südamerika werden die Fledermäuse in Deutschland zwar nicht gejagt, aber man nimmt ihnen immer mehr Lebensraum und entzieht ihnen durch den Einsatz von Insektiziden die Lebensgrundlage. Daher sind sie auch ohne Jagd vom Aussterben bedroht. Umso wichtiger, dass zumindest ein paar Fledermäuse in privaten Gärten ein Zuhause finden. Sie fühlen sich bei uns auch pudelwohl, da wir ihnen statt Pestizid-getränkter Hecken ein reichhaltiges Büfett an Insekten bieten können. In unserem Garten stehen diverse Komposthaufen und Regentonnen, über denen an Sommerabenden gleich einer Dunstglocke Insekten schwirren. Paul ist anders als die Fledermäuse nicht ganz so begeistert über unser Insektenparadies, da die Stechmücken ihn beziehungsweise sein Blut über alles lieben. Während sie mich größtenteils meiden, stürzen sie sich auf Paul, sobald er nur in ihre Nähe kommt.

Die Fledermäuse haben nur wenige Meter von unserem Haus entfernt einen Schlafplatz gefunden. Es ist eine Buche im Wald, die bis auf den Torso gefällt wurde. Sie litt unter Brandkrustenpilz und war deshalb stark umsturzgefährdet. Der morsche Stamm mit der zerklüfteten Rinde bietet heute zahlreichen Fledermäusen Unterschlupf. Sind wir in der Dämmerung noch draußen, huschen Fledermäuse an uns vorbei, schattengleich und dunkel und auch ein wenig gruselig.

7

Mümmelpension

»Hier am Wald stört es doch niemand, wenn ihr noch ein paar Kaninchen mehr habt. Und Platz habt ihr auch.« Ralf, ein Freund der Familie, stand in unserem Garten und sah sich prüfend um.

»Wir sehen uns die Kleinen erst mal an«, meinte ich zögerlich, »vielleicht gefallen sie uns ja gar nicht.« Ich hätte es besser wissen müssen.

Wenige Tage später standen Phil, Hannah, Luisa und ich vor Ralfs Gehege und bestaunten die hinreißenden kleinen Langohren. Alle neun in sanftem Maulwurfsgrau, die Stupsnasen in Weiß oder dunklem Braun.

Ralfs Kinder griffen beherzt nach drei der Babys und setzten sie uns auf den Arm. »Die da würdet ihr bekommen: Espresso, Lund, Motte.«

»Die Namen werden wir ändern müssen«, sagte Phil mit einem entschuldigenden Unterton. »Wir benennen unsere Tiere immer nach Filmfiguren oder Romanhelden.«

»Dann machen wir aus Lund doch Luke«, schlug Hannah vor, »der Luke aus Star Wars, und Motte wird zu Lea.«

»Und aus Espresso wird Jabba the Hutt?«, schlug ich vor. Doch die Kinder entschieden sich für den Namen Han Solo, Lukes Freund aus der Star-Wars-Saga.

Die Namensgebung bedeutet uns mehr, als einem Wesen einfach nur einen lustigen oder wohlklingenden Namen zu verleihen, es ist auch ein symbolischer Akt der Inbesitznahme, der Adoption, ein »Ab-jetzt-gehörst-du-zur-Familie-Statement«.

Ich war froh, dass Ralfs Kinder wegen der Umbenennung keinen Streit vom Zaun brachen. Sie murrten zwar, waren aber weise genug, das Wohl der Tierchen in den Mittelpunkt zu stellen. Ich könnte nicht langfristig ein Tier pflegen, ohne einen Namen für das Tier zu wählen, denn sonst hätte ich immer das Gefühl, mich um das Tier eines anderen, um eine Leihgabe zu kümmern. Ralfs Kindern war es wichtig zu wissen, dass ihre Babys bei uns in guten Händen waren und sie die kleinen Langohren jederzeit besuchen konnten.

Han Solo, Luke und Lea waren acht Wochen alt, als wir sie zu uns nahmen. Wie sie sich mit den anderen wohl verstehen würden? Es wurde schnell klar, dass Harry, James und Potter überhaupt keine Lust hatten, ihren Status als einzige Haustiere mit anderen zu teilen.

»Sie hassen sich! Ich habe es doch gleich gesagt.« In der Tat war Phil der Einzige gewesen, der sich gegen die Aufnahme der Babys ausgesprochen hatte. Er befürchtete, dass der besondere Charme der Dreiergruppe mit drei neuen Kaninchen verloren gehen könnte. Er wollte das Dream-Team Harry-James-Potter nicht aufs Spiel setzen.

»Wir müssen sie trennen«, schlug Hannah vor. »Die Alten kommen in das obere Stockwerk, die Kleinen nach unten.«

Wir ließen die zwei Kaninchengruppen einige Wochen lang getrennt voneinander in ihrer zweistöckigen Holzvilla schlafen und versuchten, sie tagsüber im Freilandgehege aneinander zu gewöhnen. Doch so richtig wollte das nicht gelingen. Denn entweder jagten sie sich gegenseitig oder sie veranstalteten exzessive Fresswettbewerbe. Harry, James und Potter hatten immer nur kleinste Portionen gemümmelt, unter dem neuen Konkurrenzdruck aber entwickelten sie auf einmal einen abnormen Appetit.

Ich konnte den Kaninchen lange Zeit nichts mehr abgewinnen und fand sie einfach nur noch nervtötend. Phil hatte mit allem recht gehabt, dachte ich mir so manches Mal, wir hätten es einfach bei unserer gemütlichen Dreiergruppe belassen sollen. »Früher hatten wir Harry, James und Potter – heute eine arbeitsintensive Mümmelpension«, schimpfte er.

Zudem hatte ich nicht das Gefühl, den Kaninchen einen Gefallen getan zu haben. Sie alle waren mit der Situation unglücklich und entsprechend streitlustig. Eines Tages, ich mistete gerade den Stall aus, kam Han Solo aus dem Nichts heraus auf mich zugeschossen und biss mir in den Finger. Waren die Kaninchen aggressiv, weil ich aggressiv war, und damit das Spiegelbild meiner Empfindungen? Am Verhalten von Tieren lässt sich sehr viel von dem ablesen, was in uns so brodelt. Dieser Spiegel, den sie uns vorhalten, zwingt uns Tierhalter immer wieder dazu, über unsere eigenen Gefühle nachzudenken.

Von anderen Tierhaltern hatte ich ähnliche Geschichten gehört. So hatte mir eine Freundin, im zweiten Monat schwanger, von der Co-Schwangerschaft ihrer Hündin erzählt. Ihre Hündin würde sich regelmäßig übergeben und hätte eine verhängnisvolle Lust auf Pralinen entwickelt. In einem unbeobachteten Moment hätte sie eine ganze Schachtel Pralinen verdrückt, die sie in der Notaufnahme einer Tierarztklinik wieder erbrechen musste. Hunde reagieren anders als Menschen sehr empfindlich auf das in der Schokolade beziehungsweise der Kakaobohne enthaltene Theobromin. Eine Tafel Bitterschokolade kann bei kleineren Hunden bereits zum Herz-Kreislauf-Versagen und damit zum Tod führen.

Einen ersten zögerlichen Waffenstillstand schlossen unsere sechs Kaninchen erst, als ihnen die fette Nachbarskatze einen Besuch abstattete. Eines Tages sprang sie schwups ins Gehege, die Kaninchen stoben blitzartig auseinander und rasten in den Stall. Luisa und ich kamen in diesem Moment zufällig am Gehege vorbei und verjagten die Katze mit einem wütenden Fauchen. Leichtfüßig sprang sie über den Zaun und rannte davon. Da Katzen kleine Kaninchen auch gerne mal fressen, schützten wir die Kaninchen, indem wir eine Voliere über das Gehege spannten. Offenbar befürchtete die Katze, sich im engmaschigen Netz zu verheddern, jedenfalls wagte sie keinen weiteren Sprung ins Gehege.

Hätte ich gewusst, wie heilsam sich der Katzenbesuch auf die Gruppendynamik auswirken würde, hätte ich schon früher eine Katze ins Gehege geschickt. Der gemeinsame Feind hatte sie zusammengeschweißt, jedenfalls lebten sie seitdem recht friedlich zusammen. Und James bekam die Gelegenheit, seine Führungsqualitäten zu demonstrieren. Wann immer die Katze neugierig ums Gehege strich, trommelte er mit einem Hinterlauf warnend auf den Boden.

Nichts scheint das Leben eines Kaninchens mehr zu bestimmen als Angst. Kaninchen können sogar vor Angst sterben. So mussten Freunde meiner Kinder kürzlich miterleben, wie ihr Kaninchen in ihren eigenen Händen starb, als eine Tierärztin aus der Vorderpfote Blut abnehmen wollte. Das Kaninchen hatte keine Möglichkeit zu flüchten und so versagte vor lauter Angst sein Herz.

Han Solo, Luke und Lea wuchsen und wuchsen und wurden deutlich größer als Harry, James und Potter. Doch zur Zufriedenheit von Phil änderte das neue Größenverhältnis nichts daran, dass James die Chefposition innehatte. Mit der Kastration von Luke und Han Solo warteten wir diesmal nicht so lange wie bei Harry, James und Potter, sondern wählten den frühestmöglichen Termin.

Hannah und Luisa verbrachten viele Stunden damit, den Kaninchen bei ihrem Zusammenwachsen zuzusehen, und es entging ihnen nicht die kleinste Kleinigkeit. Sie waren stets darüber im Bilde, wer wen gebissen hatte und wer mit wem geschmust hatte. Nur wenige Monate nach dem Einzug der neuen Kaninchen fiel den Mädchen auf, dass sich Lea anders benahm als die Kastraten. Sie riss sich das Fell aus, buddelte unterirdische Höhlen und okkupierte eine Schlafkiste, in die sie alles trug, was sie an Nestbaumaterial finden konnte. Harry, James, Potter, Han Solo und Luke standen stumm daneben und wunderten sich über das merkwürdige Treiben ihrer Freundin. Ebenso verdutzt reagierten sie auf Leas deutliche Aufforderungen zur Paarung. Dabei bestieg sie ihre Freunde von hinten, ganz so, als wolle sie ihnen demonstrieren, was zu tun sei. Doch die Kastraten verstanden nicht und starrten sie ratlos an, was Lea dazu veranlasste, sie wütend durch das Gehege zu jagen. Es war der Ruf der Natur, Lea wollte schwanger werden. Daher schlugen Hannah und Luisa vor, für Lea einen geeigneten Partner zu finden. Doch davon wollte ich die Finger lassen, denn sowohl bei der Schwangerschaft als auch beim Gebären könnte es bei der Häsin zu lebensbedrohlichen Komplikationen kommen.

Und selbst wenn ich bereit gewesen wäre, sie dem Risiko auszusetzen, hätte Lea ohnehin keine Chance gehabt, schwanger zu werden. Denn wie sich herausstellte, existierte weit und breit kein unkastriertes geschlechtsreifes Kaninchen, dessen Gene wir für fortpflanzungswürdig erachteten. Eine befreundete Familie besaß ein unkastriertes Kaninchen, doch das hatte, wie wir fanden, unvorteilhafte Schlappohren und es war aggressiv. Es biss in jede Hand, die sich ihm näherte, und ließ sich durch nichts und niemanden beruhigen. Vielleicht lag das an der Zucht, vielleicht hatten es aber auch die Kinder der Familie zu verantworten.

Viele Tierbesitzer raten davon ab, Kinder und Tiere unbeaufsichtigt miteinander spielen zu lassen. Es kann auf beiden Seiten zu Missverständnissen und Verletzungen kommen und das betrifft Pferde ebenso wie Hunde, Hamster und Kaninchen. Und obwohl ich diese Ansicht durchaus teile, kann man seine Kinder eben nicht 24 Stunden im Blick behalten, und so kam es auch bei uns zu Situationen, in denen Hannah und Luisa unbeaufsichtigt mit den Kaninchen spielten. Es war einfach Glück, dass Harry damals nicht abrutschte, als Luisa ihm die Welt vom Balkongeländer aus zeigen wollte, und Glück, dass ihn die Wollfäden nicht erwürgten, die ihm die Mädchen als Gassi-Leine um den Hals gebunden hatten.

Manchmal wehrten sich die Kaninchen auch und zwickten Hannah und Luisa in die Finger. Ich weiß von einem Familienvater, der das Kaninchen der Familie erschlug, nachdem es seine Tochter gebissen hatte. Das ist sicherlich das traurigste Ende eines Haustiers. Kaninchen können nicht sprechen, nicht bellen, nicht knurren; bedrängt man sie zu sehr, bleibt ihnen nichts anderes übrig, als ihre Zähne einzusetzen. Im Laufe der Jahre haben Hannah und Luisa gelernt, wie weit sie gehen können und wo die Schmerzgrenze der Kaninchen liegt. Heute werden sie von den Kaninchen nicht mehr gezwickt, es hat sich ein entspanntes Verhältnis entwickelt.

Dass selbst ein beaufsichtigtes Spiel zwischen Kind und Tier in einer Katastrophe münden kann, erfuhr neulich meine Freundin Mona. Ihre Tochter Sophie, stolze Besitzerin einer kleinen Kaninchenschar, hatte eine Freundin zu Besuch. Die Mädchen, beide sieben Jahre alt, standen im Außengehege und wollten mit den Kaninchen spielen. Mona wusste, dass die Freundin keine Erfahrung mit Tieren hatte, blieb also neben dem Gehege stehen, um notfalls eingreifen zu können. Die Freundin nahm eines der Kaninchen dann auch sehr ungeschickt auf den Arm, doch Mona entschied sich noch zur Zurückhaltung, um die Harmonie der spielenden Kinder nicht zu stören. Schon eine Sekunde später bereute sie ihre Entscheidung bitterlich. Das Kaninchen biss der Freundin unvermittelt in die Hand, das Kind erschrak und schleuderte das Kaninchen wütend davon. Das Tierchen knallte mit dem Hinterkopf auf eine Steinplatte und erlag wenige Stunden später seinen Verletzungen. Was für ein Drama. Der Nachmittag mündete in einem Tränenmeer.

Kann man aus dieser unglücklichen Geschichte irgendetwas Gutes ziehen? Ich denke, ja. Die Mädchen haben erfahren, wie schnell eine Situation entgleisen kann, wie schnell ein Unfall passiert, wie blitzartig ein Fehler das Leben verändern kann, wie folgenschwer, wie traurig. Das Leben des Kaninchens fand ein jähes Ende, ebenso die Freundschaft zwischen den beiden Mädchen. Sophie konnte über den Verlust des Kaninchens nicht hinwegkommen und ihrer Freundin nicht verzeihen.

Spielen Kinder draußen, kann immer etwas passieren. Sie können vom Baum fallen oder vom Fahrrad, sie können stolpern, einen Ast ins Auge bekommen. Mit einiger Sicherheit unbeschadet erleben Kinder den Nachmittag höchstens, wenn sie vor dem Fernseher oder dem PC sitzen. Was für eine Ironie. Denn langfristig gesehen ist es recht wahrscheinlich, dass Kinder vom Dauerdaddeln physische und psychische Schäden davontragen. Zudem verpassen sie in ihren virtuellen Spielen diesen zähen, jahrelangen Sozialisierungsprozess mit all seinen schrecklichen Momenten und Fehltritten und Katastrophen. Junge Menschen müssen Fehler machen, sie müssen scheitern, Mist bauen. Erst dadurch erleben sie einen Reifeprozess, in dem sich ihre Persönlichkeit formt. All das, dieses Suchen und Verlieren, das Lachen und Verzeihen, das Leiden, das funktioniert nur im realen Leben, niemals im virtuellen.

8

Kleine Jäger und Sammler

In dem Sommer, der auf Sturm Niklas folgte, kehrte meine Kraft langsam zurück. Das Höllenjahr lag hinter uns, der Umzug, der Umbau, der Sturm. Nachdem wir eine funktionierende Heizung im Haus hatten und Wasser, stellten Paul und ich alle weiteren Renovierungsarbeiten ad hoc ein. Wir konnten keine Handwerker mehr sehen und wollten keinen Baulärm mehr hören, daher ertrugen wir lieber den Anblick frei liegender Stromkabel. Oma Elli, der personifizierte Pragmatismus, hatte im Umzugschaos eine aufgeklappte Plastikbox über eine kaputte Außenlampe geklemmt. Die Box, in der einmal Tomaten lagerten, schützt die Glühbirne bis heute vor Regen und Schnee. Paul und ich hatten das Gefühl, genug Lebenszeit mit Abflussrohren und Isolierfolien verbracht zu haben, wir wollten den Sommer nutzen, um unsere Batterien wieder aufzuladen.

Und so taten wir das Naheliegende, wir begannen, durch den benachbarten Wald zu marschieren. Die gleichmäßige Bewegung in der duftenden Waldluft tat mir gut und ich spürte förmlich, wie sich mit jedem Schritt Stress abbaute, wie ich zurück ins Gleichgewicht fand. Ich brauchte kein Tai-Chi und auch kein Qigong, bei mir bewirkte das simple Gehen an der frischen Luft wahre Wunder. Gleichzeitig hatten wir einen anderen, einen neuen Blick auf die uns umgebenden Bäume. Waren sie krank, umsturzgefährdet oder krabbelten Borkenkäfer unter ihrer Rinde? Bis zu diesem Zeitpunkt hatte ich keine Ahnung, wie man Baumschäden erkennen konnte.

Im Wald lagen noch immer Hunderte umgestürzte Bäume herum. Die Förster hatten in den Monaten nach Sturm Niklas so viel zu tun, dass sie die Aufräumarbeiten nicht überall zeitnah bewältigen konnten. Das viele Holz vor unserer Haustür drohte zur Brutstätte des gefürchteten Borkenkäfers zu werden. Gesunde Bäume wehren sich gegen einen Borkenkäferbefall, indem sie vermehrt Harz produzieren. Die Käfer ersticken dann im klebrigen Harzfluss. Völlig ungehindert können sich die Käfer hingegen in die Stämme umgestürzter Bäume bohren und sich dort vermehren. Liegt im Wald viel Windwurfholz herum, nimmt die Käferpopulation oft explosionsartig zu, denn ein einziger Stamm bietet bis zu 30 000 Jungkäfern eine Brutstätte. Irgendwann ist der Bestand an hungrigen Käfern so groß, dass sich auch die gesunden Bäume nicht mehr wehren können. Sie sterben ab und mutieren ihrerseits zu Brutstätten. Auf diese Weise können ganze Wälder sterben. Hubertus untersuchte mit Phil etliche Male den Windwurf, um zu sehen, ob die Borkenkäfer schon zugeschlagen hatten. Sie sahen unter der Rinde der Fichten nach, denn dort würden sie die Käfer und auch ihr charakteristisches Gangsystem finden. Doch der Wald hatte Glück und eine Borkenkäferplage blieb aus.

In langen, heißen Sommern können Fichtenwälder ebenfalls von Borkenkäfern befallen werden. Haben die Bäume zu wenig Wasser, geraten sie unter Stress, können nicht genug Harz produzieren und sich gegen einen Befall kaum wehren. Der Klimawandel ist daher für die deutschen Fichtenplantagen eine echte Bedrohung. »In dem neu gepflanzten Wald ist der Fichtenanteil immer noch deutlich zu hoch«, kritisierte Hubertus die Aufforstung unseres Nachbarwalds, »die Sommer werden immer trockener und heißer, da werden es die Fichten schwer haben.«

Paul und ich marschierten so oft wie möglich durch den Wald und inspizierten mit unserem neu angeeigneten Fachwissen den Zustand der Bäume. Auf unseren Entdeckungsreisen hätten wir auch gerne Phil, Hannah und Luisa mit dabeigehabt. Aber sie wollten den Wald lieber ohne uns erkunden, mit den Eltern spazieren zu gehen fanden sie langweilig. Und so weckten wir ihre Sammelleidenschaft. Wenn sie dann wie die Landstreicher voll beladene Tüten hinter sich herschleiften, Tannenzapfen, Kastanien oder Stöcke im Gepäck, waren sie zufrieden. Besonders viel Spaß hatten sie daran, Material zu sammeln, das Paul und ich auch wirklich brauchen konnten und das uns ein Stück weit unabhängig vom Einkauf im Supermarkt machte. So sammelten sie im Frühjahr Körbe voller Tannenzapfen, die wir im darauffolgenden Winter als Kaminanzünder nutzten.

Die hübschen, runden Kiefernzapfen verwendeten Hannah und Luisa hingegen zum Basteln. Sie malten die Kiefernzapfen bunt an oder zauberten aus ihnen silberfarbenen Christbaumschmuck. Die Mädchen waren nicht weniger geschäftstüchtig als damals Phil mit seinen Goldnuggets und zogen mit ihren verzierten Zapfen durch die Straßen, um sie zum Verkauf anzubieten.

Im Herbst fanden die Kinder statt Tannenzapfen Maiskolben in Hülle und Fülle. »Der Bauer hat ganz viel Mais vergessen!«, rief Hannah begeistert aus, als wir an einem abgeernteten Maisfeld vorbeigingen. »Seht mal, am Boden liegen noch Maiskolben.« In der Tat, auf dem Feld lagen etliche Pflanzen, die der Pflug nur umgelegt, aber nicht erfasst hatte. Es wurde ein perfekter Nachmittag. Dunkelblauer Himmel, Stoppelfeld, ein weiter Blick und reiche Ernte, die viele Kaninchenmäuler stopfen würde. Hannah und Luisa rannten ausgelassen über das sonnige Feld, suchten und lachten und johlten – es war einer dieser Momente zum Durchatmen und Glücklichsein. Manche Kolben waren von den Mäusen schon angenagt, andere noch unversehrt, alle in leuchtendem Gelborange. Am Feldrand standen noch einige ganz kleine Pflanzen mit zarten jungen Maiskolben, vom Traktor missachtet, perfekt für unsere Kaninchen.

Zu Hause banden wir die Kolben zu Sträußen und Girlanden zusammen und dekorierten damit unsere Gartenhütte. Das sah hübsch aus und so schimmelten die Kolben nicht, wir konnten sie nach und nach an die Kaninchen verfüttern. Zwei Tage später gingen wir erneut zum Feld, um weitere Maiskolben zu holen, doch es war bereits alles weg. Von Wildschweinen, Mäusen oder anderen Sammlern geholt, nicht ein einziges Maiskörnchen war mehr zu finden.

Phil hatte anders als seine Schwestern mit seinen damals elf Jahren kein Interesse mehr an Bastelarbeiten. Er fand seine eigene Art, den Wald zu erleben. So versuchte er sich beispielsweise eine Zeit lang als Filmregisseur. Ihn faszinierte alles am Film, das Drehen, das Entwickeln des Skriptes, das Aussuchen der Schauspieler, das Schneiden des digitalisierten Filmstoffs. Beim Schneiden, auch unter dem Begriff Cutten bekannt, setzt man gefilmte Sequenzen zusammen und unterlegt sie mit verschiedenen Tonspuren, mixt Sounds aus dem Computer mit aufgezeichneten Gesprächen. Für das Schneiden gibt es verschiedene Programme, die Phil sich mithilfe seines Vaters herunterlud und allesamt ausprobierte. Diese Arbeit fesselte ihn Hunderte von Stunden an den Computer, doch da es augenscheinlich eine kreative Arbeit war, konnte ich ihm das nur schwerlich verbieten.

Und so war Phils Filmschneide-Phase auch für mich ein wichtiger Lernprozess, ein Sich-Zurechtfinden in der

Computerwelt, eine Reise. Ich lernte, genau hinzusehen und die PC-Aktivitäten zu differenzieren. Postete Phil auf Facebook irgendeinen Unsinn oder sah er sich auf YouTube ein hilfreiches Mathe-Tutorial an, ballerte er Emoticons ab oder lernte er eine Programmiersprache? Welche Computeraktivitäten waren kreativ und intelligent? Meine Befürchtung, dass Phil wieder vor dem PC versumpfen würde, blieb unbegründet. Er hatte am Daddeln das Interesse verloren. War das meiner Hartnäckigkeit geschuldet oder dem Wald?

Vielleicht hatte ich diese Entwicklung auch einem Erlebnis zu verdanken, das wir kurz zuvor in den Sommerferien an der nordafrikanischen Küste hatten. Phil, Hannah und Luisa sprangen ins Meer, bauten Sandburgen, all das, was Kinder am Strand eben so machen. Anders ein Junge, der offenbar auch aus Deutschland kam. Er hatte sich aus fünf Liegen und vielen Handtüchern ein großzügiges Schattenlager gebaut und in diesem kauerte er nun jeden Tag von morgens bis abends, den Blick stets auf sein Tablet gerichtet. Der Junge war an seiner Umgebung nicht interessiert. Flut, Ebbe, nichts konnte ihn aus seiner Höhle locken, er würdigte nicht einmal die vorbeiziehenden Karawanen eines Blickes, die gemächlich schlendernden Kamele, die sich vom Meer sonnengelb abhoben. Er sah auch nicht die Händler mit ihren bunten Turbanen und Tüchern, die wild und sonnenverbrannt auf ihren Pferden vorbeigaloppierten; das Trommeln der Hufe, die wehenden Mähnen, die Schönheit, die uns anderen den Atem raubte, blieben ihm verschlossen.

Keine Studie, keine mütterlichen Ratschläge, nichts machte auf Phil in all den Jahren derart viel Eindruck wie dieser Junge, der seine Realität im Tablet fand, während das Außen zur bedeutungsarmen Kulisse verkam. Alles, was ich die Jahre zuvor gepredigt hatte, ergab für Phil plötzlich einen Sinn.

Als Vorlage für Phils Drehbücher, als nie versiegende Inspirationsquelle, dienten bekannte Filme wie »Die drei ???«, »Sherlock Holmes« oder »Harry Potter«. Die düsteren Filmstoffe fanden im Wald ihr perfektes Setting. Phil und seine Freunde überlegten sich genau, wie sie die unheimlichen Aspekte des Waldes in Szene setzen konnten. Was empfinden wir am Wald überhaupt als unheimlich und was lässt sich in einem Film umsetzen? Liegt das Beklemmende darin, dass wir im Wald keine freie Sicht haben, dass es dunkel ist, dass sich hinter jedem Stamm jemand verstecken könnte? Ist es unheimlich, weil es knackt und knistert und wir höchstens vermuten können, woher die Geräusche kommen?

Werfen wir einen Blick in die Kinderliteratur, so ist schnell klar, dass die Angst vor dem Wald auch ein Stück weit kulturell geprägt ist. Kinder hören von Rotkäppchen, das im Wald auf den bösen Wolf trifft, von Hänsel und Gretel, die im Wald von den Eltern zurückgelassen werden und dann von der Hexe, die mitten im Wald lebt, gefangen genommen werden. Kinder kennen Ronja Räubertochter, die mit ihrer Räuberbande im Wald lebt, und natürlich den Verbotenen Wald aus den »Harry Potter«-Romanen. Viele Kinder lernen den Wald als Brutstätte des Bösen kennen, noch bevor sie selbst einen Schritt hineingewagt haben. Vielleicht übernehmen sie die Angst auch von den Erwachsenen, die sich teilweise vor dem Wald oder vor dem, was sie damit verbinden, ganz erheblich fürchten. Und die uns immer wieder fragen, ob wir so nah am Wald denn keine Angst hätten. »Nein«, sage ich dann immer, »wovor sollen wir denn Angst haben?« »Vor Landstreichern und Einbrechern«, lautet vielfach die Antwort.

Es wäre aber auch falsch zu behaupten, dass im Wald keinerlei Gefahr droht. Es wimmelt von Zecken und Wildschweinen, manchmal fällt ein Baum um und hin und wieder trifft man auch auf komische Menschen. Es gab eine Zeit, da schlich regelmäßig eine alte Frau durchs Unterholz, gebückt, verhüllt, angsteinflößend. Immer wieder blieb sie stehen und klopfte mit ihrem Stock auf einen der Fichtenstämme. Die Kinder assoziierten die Frau mit der Hexe aus »Hänsel und Gretel«, die jeden Tag Gretels Fingerdicke prüft, um zu sehen, ob das Mädchen fett genug zum Verspeisen ist. Wir fanden nie heraus, was es mit dieser kuriosen Klopfmethode auf sich hatte. Spielten die Kinder im Wald und erspähten die alte Frau, warnten sie sich gegenseitig mit einem Uhu-Ruf, den ihnen Paul beigebracht hatte.

Es war in erster Linie die Angst vor der alten Frau, die sie dazu zwang, ihren Gehörsinn zu schärfen und Geräusche zu orten. Wo knackte es, raschelte es? War es ein Mensch oder ein Tier? Und bald gefiel es ihnen, mit gespitzten Ohren durchs Gebüsch zu pirschen. Sie fanden es schick, so zu tun, als seien sie Indianer, leichtfüßig und scharfsinnig. Neben den Ohren wollten sie auch die Augen trainieren, damit sie irgendwann mal mit Röntgenblicken das Unterholz durchleuchten könnten.

Phil war der Meinung, dass ebendiese geschärften Sinne für einen Jagderfolg unabdingbar waren. Der Wald forderte ihn zum Jagen heraus wie damals das Feld. Der Jägersitz, den er von seinem Kinderzimmer aus sehen konnte, war ja auch verlockend. Oft streifte er allein durch den Wald, auf der Suche nach Hasen oder Rehen.

Eines Tages hatte er sich mit einem Freund zum Jagen verabredet. Sie rüsteten sich mit Pfeil und Bogen, einem Taschenmesser und einer Steinschleuder. Ebenfalls mit dabei war eine Gewehrlauf-Reinigungsschnur, welche die beiden Freunde in unserem Keller entdeckt hatten, eine knapp einen Meter lange Textilschnur mit eingearbeiteter, flexibler Drahtbürste, die an einer Seite mit einer Bleikugel beschwert war. Das Gewicht dient der leichteren Einfädelung in den Gewehrlauf, doch die Jungen assoziierten die Bleikugel mit dem schnalzenden Ende einer Peitsche. Und so lag für sie der Gedanke nahe, dass es sich um eine Fuchspeitsche handeln müsste, auch wenn sie nie zuvor von einer solchen Jagdwaffe gehört hatten. Sie schnappten sich also die vermeintliche Fuchspeitsche und gingen in den Wald. Sie trafen keinen Fuchs, den sie sich vom Leib halten mussten, und auch kein anderes Wildtier, das sie erlegen konnten, nur einen Vogel, der bereits tot war. Sie brachten den Vogel mit nach Hause, als Jagdtrophäe, und behaupteten, ihn mit ihren Steinschleudern erlegt zu haben.

Nachdem ihnen das niemand so recht glauben wollte, zogen sie sich auf den Jägersitz zurück und ruhten sich von den Strapazen der Jagd aus. Und zwischen Leberwurstbroten und Schokoriegeln kam ihnen dann die Idee, ihre Freundschaft auf recht archaische Weise zu besiegeln. Nach dem Vorbild von Winnetou und Old Shatterhand, die zumindest Phil in dieser Zeit glühend verehrte, schlossen sie Blutsbrüderschaft. Anders als ihre Helden ritzten sie sich nicht quer in die Unterarme, sondern nur in die Daumenballen – mit ihren Idolen gemeinsam hatten sie hingegen ein gewisses Pathos, das ihnen den Rest des Tages anhaftete.

9

Alles selbst machen?

Sollten Kinder heute noch lernen, wie man Kartoffeln pflanzt, welche Pflanzen im Wald essbar sind, wie man ein Feuer macht, Hühner hält, ein Tier ausnimmt – wie man autark leben kann? Viele mögen dieses Wissen für antiquiert halten. Und klar, Zweifel müssen erlaubt sein. Hat dieses Wissen heute, in Zeiten von 3-D-Druckern, Robotern und Drohnen, noch einen Wert?

Ich denke, ja. Und es gibt eine Reihe sehr guter Gründe dafür. Das Wissen über so scheinbar einfache Vorgänge, über die Grundlagen unserer Nahrung, erdet Kinder, bildet sie, schließt sie ein in den Kreislauf des Lebens, in das große Ganze. Das Wissen ist umso eindrucksvoller, wenn es zumindest teilweise aus praktischer Erfahrung stammt. Hennen legen Eier. Brauchen sie dafür einen Hahn? Unzählige Menschen haben mir diese Frage schon gestellt und sosehr ich mich immer über das Interesse freue, so deutlich zeigt es mir, wie wenig Wissen über die natürlichsten Vorgänge des Lebens besteht. Kinder, die mit Hühnern aufwachsen, lernen, dass Hennen auch ohne einen Hahn Eier legen, sie lernen, dass der Eisprung der Henne wenig anders ist als der Eisprung einer Frau; sie lernen, dass die Begattung durch den Hahn zur Befruchtung der Eizelle führen kann und daraus dann Küken entstehen. Wenn ich also die Frage nach der Entstehung des Eies beantworte, zucken manche zurück, ganz so, als sei es ihnen unangenehm, dass der Fortpflanzungsmechanismus des Huhnes dem des Menschen nicht unähnlich ist. Bindet man Kinder von klein auf in den natürlichen Kreislauf des Lebens ein, sind sie geerdet und verstehen sich selbst als das, was sie sind, nämlich ein Teil der Schöpfung.

Ein weiteres Argument dafür, mit Kindern dem Leben nachzuspüren, ist schlicht und einfach der Spaß an der Sache. So haben wir es uns zur Angewohnheit gemacht, aus unserem Weihnachtsbaum einen aromatischen Tannensud herzustellen. Da Tannennadeln ätherische Öle enthalten, sind sie als Badezusatz ausgezeichnet geeignet. Gewöhnlich lassen wir den Tannenbaum bis zu dem Feiertag Heilige Drei Könige stehen. Dann schmücken wir den Baum ab und tragen ihn an unsere Feuerstelle, zwicken die Äste ab und zersägen den Stamm. Aus den großen Ästen und dem Stamm entzünden wir ein Lagerfeuer, die kleinen Äste werfen wir in einen riesigen Topf mit Wasser, der an einem Dreizack über dem Feuer hängt. Das Tannenwasser lassen wir eine halbe Stunde köcheln und sieben dann die gelösten Nadeln und Ästchen heraus. Fertig ist der Tannensud, der im Badewasser immunstärkend und durchblutungsfördernd wirkt und außerdem herrlich nach Wald duftet. Unser Tannenfeuer ist besonders stimmungsvoll, wenn Schnee liegt. Der Duft verbrannter Tannennadeln und die goldenen Funken im Schnee – für manche mag das der vollendete Landleben-Kitsch sein, für mich ist es lebenswichtig. Die Zeit hält an, die Sekunden dehnen sich aus, der Gedankenfluss kommt zur Ruhe, für einige Momente ist alles gut und richtig, so, wie es ist. Zudem beschließt das Schneefeuer unser Weihnachtsfest. Es tröstet vor allem Hannah und Luisa, die jedes Jahr erneut traurig sind, wenn Weihnachten vorbei ist, und die schon wenige Monate später wieder beginnen werden, sich auf das kommende vorzubereiten.

Das Herstellen eigener Nahrungsmittel ähnelt ein wenig dem Bergsteigen. Natürlich kommt man auf den einen oder anderen Berg auch mit einer Gondel und kann auch auf diese Weise das Gipfelglück genießen, doch das Gefühl, den Berg aus eigener Kraft zu erklimmen, ist ein ganz anderes. Und so ist auch das selbst angebaute Gemüse dem gekauften weit überlegen: Es erfüllt Kinder noch viel mehr als Erwachsene mit Stolz und Freude.

Das Produzieren eigener Lebensmittel lehrt Kinder auch noch etwas anderes: die Wertigkeit von Lebensmitteln. Ein ganz einfaches Beispiel ist die Herstellung von Marmelade. Mit Hannah und Luisa gehe ich mehrere Male im Sommer auf die Felder der benachbarten Bauern, um Erdbeeren oder Himbeeren zu pflücken. Natürlich bereitetet das den beiden diebische Freude, da sie sich während des Pflückens mit Beeren vollstopfen und glauben, dass es niemand mitkriegt. Die Beeren verarbeiten wir zu Hause zu Marmelade: waschen, Strunk entfernen, Faules aussortieren, Beeren mit Zucker kochen, Gläser sterilisieren. Würde ich den Mädchen sagen, wie viel Arbeit und welche komplexe Produktionskette allein in einem Glas Marmelade steckt, würden sie es vermutlich nicht verstehen. An dieser Stelle sei erwähnt, dass wir den Produktionsprozess natürlich abkürzen, weil wir Beeren von fremden Feldern pflücken und uns damit den eigenen Anbau sparen.

Dass Nahrungsmittel oft weit unter ihrem Wert in den Supermarkt gelangen, zeigt sich vor allem an Fleischprodukten. So wollte einmal ein Freund der Familie eine Weihnachtsgans von uns großziehen lassen. Er wolle endlich mal wieder eine glückliche Gans essen und er würde dafür jeden Preis zahlen.

»Jeden Preis?«, fragte Phil. »Dann kannst du viel Geld verlangen.«

»Das war doch nur ein Scherz«, erklärte ich ihm, »mehr als 300 Euro zahlt kein Mensch dieser Welt für eine Gans. Und damit sind noch nicht einmal alle Kosten gedeckt: Kosten für ein paar Gänseküken, denn Gänse sind ja Herdentiere, Material und Arbeitszeit für den Aufbau von Stall und Gehege, Fressen, Vitamine, Einstreu, Tierarzt, Ferienbetreuung, Schlachten, natürlich auch die Arbeitszeit, jeden Tag eine halbe Stunde für die Grundversorgung muss man rechnen.«

Phil ließ nicht locker: »Für wie viel Geld würdest du es machen?«

»Allein ein vernünftiger, winterfester Stall kostet 1 000 Euro, das Gehege müsste bei uns so gebaut werden, dass Füchse und Hunde nicht einbrechen können, alles Weitere inklusive Arbeitslöhne würde also noch mal 2 000 Euro kosten. Der Preis wäre uferlos. Man muss also über einen langen Zeitraum sehr viele Gänse halten, damit man diese wie im Supermarkt für ein paar Euro verkaufen kann und daran auch noch etwas verdient.«

Die Rechnung hinkte, als Privathaushalt kann man sich nicht mit einem professionellen Landwirt vergleichen, dennoch zeigte es den Kindern, dass es viel Geld kostet und ein großer Aufwand nötig ist, bis ein Braten auf dem Teller liegt. Und es machte ihnen klar, dass mit Fleisch, das einem im Discounter für ein paar Cent hinterhergeworfen wird, etwas nicht stimmen kann. Die Produktion von Fleisch wie auch von Eiern lohnt sich finanziell nur in der Masse, aber es ist eben genau die Massenproduktion, die das Fleisch und die Eier am Ende wieder ungenießbar macht.

Neben diesen Überlegungen trieb mich noch etwas anderes dazu, die Versorgung der Familie ein Stück weit in die eigenen Hände zu nehmen. Im Laufe der Jahre hatte sich in mir ein Gefühl breitgemacht, das ich am besten mit Desillusionierung beschreiben kann. Mit der Zeit gewann ich immer stärker den Eindruck, dass der Wohlstand und der immerwährende Strom an Konsumgütern und Nahrung in diesem Land auf tönernen Füßen stehen. Im Jahr 2008 erwischte uns die globale Bankenkrise und plötzlich stand das Wirtschaftssystem, das zuvor als unzerstörbar galt, vor dem Zusammenbruch. Würden die Bankautomaten morgen noch Geld ausspucken? In der New Yorker Wall Street hing von einem Hochhaus das Protestschild »Jump! You Fuckers!«, ein Bild, das um die Welt ging und den sozialen Unfrieden in drei Wörter fasste, die Wut all derer, die sich von den Raubrittern des Turbokapitalismus betrogen fühlten. In der Krimkrise, die im Jahr 2014 begann, standen sich die NATO und Russland säbelrasselnd gegenüber. Am Ende fielen keine Bomben, es gab keine Versorgungsengpässe, die Bankschalter blieben offen, die Supermärkte ebenso. Aber es blieb ein Gefühl der Unsicherheit, der Gedanke, fremden Mächten in einer unübersichtlichen globalen Welt hilflos ausgeliefert zu sein.

Paul und ich diskutierten regelmäßig über die Krisen und die möglichen Folgen und natürlich gingen die Gespräche auch an den Kindern nicht spurlos vorbei. Sie schnappten den einen oder anderen Gesprächsfetzen auf und machten sich ihre ganz eigenen Gedanken. Da sie die Dimension und die Ernsthaftigkeit des Themas nicht erfassen konnten und ich es unterließ, sie darauf explizit hinzuweisen, fanden sie die Idee einer herannahenden Krise weniger beängstigend als vielmehr romantisch. Sie freuten sich darüber, dass der Wald sie eine Zeit lang mit dem Wertvollsten versorgen würde, mit Holz und Wildschweinen, mit Fichtentrieben, Bucheckern, Pilzen, Beeren und Haselnüssen. Holz sammeln stand an oberster Stelle, nicht nur für die Wärme, sondern auch, um ein Wildschwein grillen zu können. Sie machten sich auch Gedanken darüber, welches Kaninchen zuerst geschlachtet werden würde, wenn es um unser Überleben ginge. Luisa meinte, dass sie lieber verhungern würde, als Harry zu essen, Hannah und Phil sahen das in Bezug auf Potter und James ähnlich. Und so war schnell klar, dass im Ernstfall Han Solo, Lea und Luke als Braten herhalten müssten, auch wenn die Kinder sie innigst liebten. Aber Harry, James und Potter hatten eben die älteren Rechte, entschied Phil.

Ich ließ den Kindern diese Diskussionen und ihre Überlegungen, wie das Leben aussehen könnte, wenn die Heizung ausfiel und das Wasser wegblieb. Ich fand es eine gute Gelegenheit, sie auch mal eine gewisse Unsicherheit empfinden zu lassen. Sie sollten sich über das Glück, in einem Land zu leben, in dem in der Regel alles funktioniert, bewusst sein und gleichzeitig wissen, dass ihr Leben auch anders aussehen könnte.

Sicher ist es von Vorteil, wenn man sich auf die eine oder andere Weise schon mal damit auseinandergesetzt hat, dass Wohlstand, Versorgungssicherheit und Frieden nicht selbstverständlich sind, und sich dann in einer Krisensituation nicht mit verzweifeltem Gesicht an die erkaltete Zentralheizung klammert.

Viel schwieriger, als die Familie für das Autarksein zu begeistern, war es, das Projekt in sinnvolle Bahnen zu lenken. Denn die Aufteilung in Bäcker, Metzger, Imker, Gärtner, Landwirt macht ja durchaus Sinn. Wer sich den ganzen Tag mit seinem Sauerteig und seinen Samen beschäftigt, dem bleibt für anderes eben keine Zeit mehr. Und wer zweimal am Tag aus eigener Kraft zwei Erwachsene und drei dauerhungrige Kinder satt bekommen muss, hat allein mit der Produktion von Nahrungsmitteln einen Vollzeitjob. Wirklich autark zu sein würde in unserem Fall bedeuten, Milchkühe oder Ziegen zu halten, auf die Jagd zu gehen, die Nahrungsmittel entsprechend zu verarbeiten und zu konservieren sowie im großen Stil zu gärtnern. Für einen halbwegs vernünftigen Ertrag muss man 1 000 Quadratmeter bewirtschaften, wie der amerikanische Mini-Farming-Guru Brett L. Markham ausgerechnet hat, und das rund um die Uhr. Selten zuvor war mir so bewusst, wie abhängig wir von dem dauerverfügbaren Nahrungsstrom aus dem Supermarkt sind.

Wir einigten uns darauf, zumindest hin und wieder das passive Konsumieren, den Prozess des profanen Kaufens zu durchbrechen. In diesem Zusammenhang mussten wir uns mit zwei Fragen auseinandersetzen: Auf welchen Gebieten wollen wir uns selbst versorgen? Wie weit kann man den einzelnen Produktionsprozessen nachspüren? Kauft man also die Setzlinge beim Gärtner oder nutzt man selbst gewonnenes Saatgut? Verwendet man zum Kuchenbacken gekauftes Mehl oder selbst geschrotetes Korn? Gibt man Eier vom Biomarkt in den Teig oder Eier aus der eigenen Hühnerhaltung? Kocht man sein Apfelmus selbst, und wenn ja, hat man Äpfel aus dem eigenen Garten? Bis zu welchem Grad konnten wir uns selbst versorgen, ohne dass es uns über den Kopf wachsen würde? Und so trafen wir zunächst einmal zwei langfristige Entscheidungen. Zum einen entschieden wir uns für das Pflanzen zahlreicher Obstbäume, zum anderen für die Haltung eigener Hühner – auch wenn die Männer der Familie von den Hühnern zunächst nicht begeistert waren.

»Das ist viel zu viel Arbeit«, meinte Paul.

»Also ich will mit den Viechern nichts zu tun haben«, kommentierte Phil.

»Seid ihr verrückt geworden? Warum ausgerechnet Hühner?«, fragten unsere Freunde.

Mir wurde eine Telefonnummer in die Hand gedrückt. Es war die Nummer einer Bekannten, die sich mit Hühnern auskannte. »Ich weiß, es klingt so idyllisch«, sagte sie am Telefon, »Hühner im Gras, eigene Eier, hatte ich mir auch so schön vorgestellt, aber in Wirklichkeit ist es katastrophal. Lass die Finger davon.« Sie erzählte, wie sie sich die schönsten Hühner gekauft hatte, exotische Schönheiten mit seidigem Gefieder, aber leider auch empfindlich. Der Herbst sei gekommen und mit ihm der Matsch und der Gestank. Die Hühner wurden krank und der viele Mist und die Hütte waren voller Schlamm und Kot und dann seien sie alle gestorben, eines nach dem anderen habe die Grätsche gemacht. Am Schluss habe sie alles verbrannt, die Hütte, die Hühnerleiter, den Mist. Sie esse seitdem keine Eier mehr.

»Wir brauchen robuste deutsche Landhühner«, sagte ich zu Paul, »und im Herbst werden sie geschlachtet.«

»Und wenn sie stinken?«

»Wir stellen den Stall an den Waldrand, dann ist er weit genug weg«, schlug ich vor.

In der Hoffnung, dass sich das Thema durch den Fuchs schnell erledigen würde, willigte mein Mann schließlich ein. Wir kauften ein Hühnerstall-Set und erbauten aus den dünnen Pressspanplatten einen kleinen, windschiefen Stall. Da stand er dann, am Waldrand unter der alten Buche, und wartete. Der Herbstregen kam und prasselte auf das Pressspandach. Wir überzogen das Dach mit einer Bitumenplane, damit das Holz nicht faulte. Ein Marder nutzte den Stall offenbar als Urinal, weißliche Pfützen schwammen auf dem Kotbrett.

»Wir könnten den Stall den Mardern schenken, dann haben wir ihn jedenfalls nicht umsonst gekauft«, meinte Phil.

Schnee und dunkles Laub begruben den Stall unter sich und wir vergaßen für viele Wochen unseren Plan.

10

Smartphone in Kinderhand?

Winternacht. Das Sonnwendfeuer prasselte und die Funken stoben in den Himmel. Wir bogen unsere Köpfe in den Nacken und sahen ihnen nach. Weiter oben funkelten Millionen Sterne. Phil versuchte, seinen Schwestern Sternbilder zu zeigen, und die beiden hörten geduldig zu. Sie mochten es, wenn Phil ihnen etwas erklärte, viel mehr, als wenn ich das tat. Als die drei genug von den Sternbildern hatten, hielten sie lange Stöcke ins Feuer, bis die Spitzen glühten, und tanzten mit ihnen durch die dunkle Nacht. Phil zeichnete mit seinem Stock glutgelbe Kreise in den Himmel.

Daraufhin versuchten sich auch die Mädchen als Akrobatinnen und schleuderten möglichst kunstvoll ihre Glutfackeln durch die Luft. Sobald die Fackeln erloschen waren, rannten sie zum Feuer zurück, um die Spitze neu zu entzünden, atemlos, mit roten Wangen, ganz im Einklang mit sich und ihrem Spiel. Sie schrien, wetteiferten und atmeten kleine Eiswolken in die Winterluft.

Paul und ich standen am Lagerfeuer und warteten auf Freunde, über dem Feuer baumelte ein Kessel voller

Gulaschsuppe. Wenn das Wetter mitspielte, begrüßten wir die länger werdenden Tage traditionell mit Gulaschsuppe und Bier. Um das Feuer herum hatten wir Bierbänke aufgestellt sowie eine niedrige Kinderbank, die wir kurz zuvor aus dem Stamm einer Buche gezimmert hatten. So gemütlich die Bank war, so traurig war das Schicksal, das ihrer Entstehung vorausgegangen war.

Denn unsere älteste Buche, ein stolzer rund 14 Meter hoher Baum von geschätzten 150 Jahren, war in den letzten Jahren so sehr in Schieflage geraten, dass wir ihn kappen mussten. Der Baum hatte jahrzehntelang im Windschatten des Waldes gestanden, gut geschützt vor den starken Südwestwinden. Nachdem Sturm Niklas aber die breite Schneise in unseren Wald geschlagen hatte, war die große Buche dem Wind schutzlos ausgeliefert. Zudem ragte die Krone der Buche viel zu mächtig und ausladend empor, bedingt durch einen 20 Jahre zurückliegenden Fehlschnitt.

Ein unerfahrener Baumpfleger hatte damals die falschen Äste an den falschen Stellen geschnitten und damit das Kronenwachstum massiv angeregt. Die übergroße Krone, die den Wind einfing, wirkte auf den Baum wie ein Hebel. Ich konsultierte zwei Forstwissenschaftler und gemeinsam entschieden wir uns für eine ganz ungewöhnliche Methode, zu einem Schritt, der eigentlich als absolutes Tabu in der Branche gilt: Wir kappten den Baum in der Mitte und nahmen ihm seine Krone. Mir war klar, dass ich damit viel Kritik ernten würde. Und tatsächlich, kaum war die Buche gekappt, kamen alle möglichen selbst ernannten Baumspezialisten auf mich zu und teilten mir mit, dass es ein Verbrechen sei, die Buche auf diese Weise zu schneiden. Wie bei allen anderen Erfahrungen mit der Natur – den Sturmschäden, den Kaninchen, der effektivsten Schneckenabwehr – war auch der brachiale Schnitt der Buche ein Thema, bei dem viele Leute mitdiskutieren wollten. Ich wertete das als durchaus positives Zeichen, als Hinweis darauf, dass sich die Menschen für die Natur interessierten, auch wenn es mich in diesem Moment nervte.

Der zuständige Forstwirt zeigte sich nach getaner Arbeit erleichtert, da die Buche einen ausgeprägten faulen Kern hatte und damit noch weit umsturzgefährdeter war, als wir zunächst vermutet hatten. Mit dem Schnitt sicherten wir in erster Linie die Umgebung, denn bei aller Liebe zu Bäumen sollten sie keinesfalls zur tödlichen Gefahr werden. Schon im darauffolgenden Sommer verbuschte der noch immer acht Meter hohe Baum und packte auf die tief liegenden Äste alles an Blätterwerk, was er auf die Schnelle produzieren konnte. Mit dem dichten Laubwerk und der damit einhergehenden Fotosynthese sicherte der Baum sein Überleben. Er lebt bis heute, was einem Wunder gleicht, aber seine Jahre sind gezählt. Wir werden in den nächsten Jahren eine neue Buche pflanzen müssen, schon allein um den gurrenden Waldtaubenpärchen, die so gerne in der Buche ihre Sommer verbringen, ein neues Quartier zu schaffen.

Die Kinder durften den Vorgang aus Sicherheitsgründen nur durch ein Fenster beobachten. Zwei Baumpfleger ließen sich mit einer Hebebühne nach oben befördern und kappten den Baum Schritt für Schritt. Sie begannen mit der Krone, seilten die schweren Äste ab, der Stamm folgte scheibchenweise. Die Stücke, die zu schwer zum Abseilen waren, purzelten zu Boden und gruben sich tief in die weiche Erde hinein. Die Kinder waren von den Baumarbeiten beeindruckt, obwohl sie zu diesem Zeitpunkt ja schon Erfahrung mit dem Fällen von Bäumen hatten, vielleicht ist das ein Anblick, an den man sich nie gewöhnen kann. Es war auch dieser große Berg aus Ästen und Stammteilen, der uns gleichermaßen freute wie erschreckte. Die dicken Äste zersägten wir zu Brennholz, aus den Baumstämmen zimmerten wir einfache Hocker und eine Kinderbank.

Vor dieser Kinderbank stand ich nun, als Paul mit einer Nachricht in unsere heile Welt aus Feuer und Sternen platzte: Er wollte Phil zu Weihnachten ein Smartphone schenken. Ein Freund habe zudem gefragt, ob er Phil sein altes Tablet vermachen könne.

»Warum soll Phil seine Zeit mit diesem Mist verschwenden? Sieh dir die Kinder an, wie sie mit dem Feuer spielen, was ihnen alles einfällt, ihre Kreativität, warum sollen wir das zerstören?«

Paul sah mich verwundert an. »Das eine schließt doch das andere nicht aus. Phil ist jetzt elf Jahre alt.«

»Aber er hat doch schon einen Laptop und ein Handy. Wozu das alles jetzt noch mal?«

»Das Handy ist uralt, damit kann er nicht whatsappen.«

»Er soll auch gar nicht whatsappen. In den Nachrichten wird vor kriminellen Kettenbriefen gewarnt, die per WhatsApp rumgehen und die Kinder zu Selbstmorden aufrufen. Ich will diesen Dreck nicht in mein Haus lassen.«

»Aber Phil lässt sich doch nicht von schwachsinnigen Kettenbriefen einschüchtern. Das ist doch Unsinn. In seiner Klasse und im Sportverein nutzen alle WhatsApp, das erleichtert einfach die Kommunikation. Man kann sich doch nicht völlig isolieren. Du bist der einzige Mensch, der noch per SMS kommuniziert.«

Immer dieser Sozialzwang. Ich weiß nicht, wie oft ich von meinen Mitmenschen schon aufgefordert wurde, WhatsApp zu nutzen. »So kann man dir ja gar keine Bilder schicken«, motzt dann gerne die Digitalfraktion. WhatsApp mag seine Vorteile haben, doch allein die Tatsache, dass der Absender kontrollieren kann, ob ich seine Nachrichten gelesen habe oder wann ich online war, empfinde ich als Eingriff in meine Privatsphäre. Und ja, wenn man kundig ist, kann man diese Funktion, wenn auch nicht in Gruppenchats, so doch zumindest in Zweiergesprächen, ausschalten und sich somit der Kontrolle seines Chatpartners entziehen. Meine Freundin Julia hatte die berüchtigten blauen Häkchen deaktiviert und sich dabei gefühlt, als würde sie bei ihrem Telefon die Rufnummer unterdrücken. Und so hat es in der Gesellschaft des gläsernen Bürgers schon den Beigeschmack des Heimlichen, Verstohlenen, wenn man sich seine Freiheit zurückerobert.

Auch das Argument, dass WhatsApp kostenfrei ist, lockt mich nicht, zumal ich das für einen schlechten Witz halte. Es hat im Leben alles seinen Preis, auch wenn die Währung manchmal eine andere ist. Im Falle von WhatsApp sind dies persönliche Daten, die Privatsphäre, und ich bin nicht bereit, diesen Preis zu zahlen.

»Und wozu das Tablet?«, fragte ich Paul.

»Das ist doch super, so lernt er, mit diesen Geräten umzugehen.«

»Phil lernt in fünf Minuten, wie er diese Geräte bedient. Er braucht dafür nicht seine Kindheit zu vergeuden.«

»Aber er ist mit elf Jahren kein Kind mehr. Du kannst ihn nicht ewig in deinem Bauernhof-Kokon einsperren.«

Es hätte ein schöner Abend werden können. Der Sternenhimmel umarmte uns, die Kinder lachten, das erste Auto kam. Doch meine Laune war am Tiefpunkt. Paul hatte offenbar nichts von dem verstanden, was ich hier wollte, warum ich hier eine Mini-Farm aufbaute. Warum störte er jetzt mit diesem Elektromist meinen Traum? Hatten wir die Fronten nicht schon hundertmal geklärt? Musste immer wieder alles neu überdacht, neu diskutiert werden?

Eigentlich war doch alles gut. Phil hatte ein altes Handy, mit dem er tatsächlich nur telefonieren konnte, aber das war für ihn okay. Und er besaß einen Laptop, mit dem er, wie ich fand, halbwegs vernünftig umging. Er schrieb darauf Geschichten, schnitt ein paar selbst gedrehte Filme und hin und wieder surfte er auch im Internet oder schrieb E-Mails. Das gebrauchte Tablet eines Freundes würde daran wahrscheinlich nichts ändern. Aber ein Smartphone? Mit dem er jederzeit ins Internet kam, das so klein war, dass er es jederzeit verschwinden lassen konnte? Würde ich den Smartphone-Konsum noch kontrollieren können?

Ich fühlte mich plötzlich verloren, mein Traum vom Landleben erschien mir schal und abgestanden. Ich wurde von der Wirklichkeit überrannt, der digitale Sturm sollte nun auch meine Welt erobern. Kinder sollten von den digitalen Medien doch definitiv mehr wissen als ihre Großeltern. Und sie mussten ja auch irgendwie lernen, mit den Verlockungen umzugehen. Würden Phil, Hannah und Luisa später mal in der Lage sein, die Zukunft mitzugestalten, sich einen Platz in dieser zu erobern? Die Frage, wie digital die Kindheit heute aussehen soll, beherrschte den restlichen Abend.

»Warum machst du daraus so ein Drama?«, fragte einer der Gäste. »Du kannst ohnehin nicht verhindern, dass deine Kinder früher oder später das Zocken anfangen. Wo ist das Problem?«

»Sie werden damit ganz sicher nicht anfangen, dafür werde ich schon sorgen«, erwiderte ich. »Zocken frustriert Kinder, sie werden depressiv, degenerieren körperlich, verpassen ihre Kindheit und wertvolle Erfahrungen, verlieren ihre Kreativität, ihre Empathie, ihre Freunde. Sie hocken in der Bude, manche werden suchtkrank mit allen Problemen, die das mit sich bringt. Wir hatten früher Spaß, trafen uns im Jugendheim, sprangen in den See, feierten, egal, es war cool. Heute wird gezockt.«

Das sei eben eine zeitgemäße Art von Spaß, meinte daraufhin ein anderer Gast spöttisch. Tom, Mitte 50, kinderlos, zog seine Informationen über die Lebenswelt heutiger Kinder aus dem, was er hörte und las. Die lustigen Sachen aus seiner Jugend seien heute ohnehin nicht mehr möglich, meinte er mit einer Mischung aus Mitleid und Erleichterung darüber, dass er seine Kindheit in den 60ern und 70ern erlebt hatte. »Wir waren damals vogelfrei, die pure Freiheit, das echte Leben. Also ich möchte heute kein Kind sein. Die hocken doch heute nur noch im SUV ihrer Mütter oder im Kinderzimmer. Wie langweilig ist das denn?«

»Das höre ich immer wieder«, mischte sich meine Freundin Julia ein. »So würde ich das nicht sehen. Kindern geht es heute in vielerlei Hinsicht besser als früher. Sie haben zum Beispiel ein Recht auf gewaltfreie Erziehung, das ist übrigens erst seit dem Jahr 2000 so. Und ich beobachte, dass Kinder heute einen völlig anderen Stellenwert als früher haben, sie waren noch nie so erwünscht, so beschützt, wurden noch nie so gehört. Aber das muss nicht zwangsläufig einen goldenen Käfig bedeuten. Sie haben so viele Möglichkeiten, sich zu entfalten. Schade nur, wenn sie Eltern haben, die sie in einer Mischung aus Dummheit und Desinteresse vor dem Computer parken.«

Julia entfachte mit diesem provokanten Statement eine lebhafte Diskussion, die den restlichen Abend bestimmen sollte. Julia war als Lehrerin jeden Tag mit Kindern konfrontiert, die in ihrer Freizeit zu viel zockten, und entsprechend vehement in ihrer ablehnenden Haltung. Und so ging sie noch einen Schritt weiter: »Es geht doch darum, dass hier eine Elite Spiele für das Volk entwirft, um es dumm und klein zu halten und sich selbst die Taschen vollzustopfen«, warf sie in die Runde.

»So ist das aber auch bei Zigarettenherstellern und Drogenbaronen, es gibt immer Leute, die von der Sucht oder der Dummheit anderer profitieren«, meinte Paul.

»Das Schlimme ist doch, dass diese PC-Sucht so viele junge Leute betrifft«, mischte sich eine Freundin ein.

»Eigentlich müssten die Kids eine Demo veranstalten«, stimmte ich zu, »für ein Recht auf Kindheit!«

»Aber da geht dann keiner hin, weil sie lieber daddeln«, warf Tom ein.

Das einsetzende Gelächter täuschte nicht über unser Unbehagen hinweg, die offenkundige Unsicherheit, während wir um eine Antwort rangen – ja, die Herausforderungen unserer Zeit. Für wen war die digitale Revolution eigentlich gut? Für die wenigen, die klug damit umgingen, oder auch für die breite Masse?

Und während wir die Winterluft atmeten und die Kinder Marshmallows über die Glut hielten, sprachen wir noch über das Versuchsmodell einer Firma in Schweden, die ihren Mitarbeitern seit 2015 Mikrochips unter die Haut implantieren lässt. Auf den sogenannten RFID-Chip lassen sich persönliche Daten wie Name, Adresse, Geburtsdatum speichern sowie die Codes für die Kreditkarten, Zugtickets oder auch Zugangsberechtigungen zu Klubs. Dank des All-inclusive-Chips brauche man bald keine Karten mehr mit sich herumschleppen, es erleichtere den Alltag, so das Argument der Befürworter. Gleichzeitig bestehe die Hoffnung, künftig mittels eines Chips den Körper zu optimieren, denn dieser könne vielleicht auch mal Puls, Herzfrequenz, Blutzuckerspiegel und Ähnliches überwachen.

»Die Evolution geht weiter«, kommentierte Tom, »in nicht allzu ferner Zukunft wird die Masse gechippt, gescannt, überwacht sein, gehalten wie eine Horde Schweine. Einige wenige haben alle Infos, steuern, regieren – und irgendwann wird es so weit sein, dass die Menschen über ihre Chips gesteuert werden. Es sind dann keine Menschen mehr mit freiem Willen, sondern Cyborgs.«

»Das glaube ich auch«, meinte ich. »Ich frage mich allerdings, wie man so naiv sein kann und sich freiwillig chippen lässt. Verstehen die Leute nicht, welches Tor sie damit aufstoßen?«

»Irgendwann wird sich jeder freiwillig chippen lassen«, gab Paul zu bedenken, »weil er nur mit Chip einen Supermarkt betreten darf, ein Krankenhaus, eine Bank, ein Flugzeug. Kein Chip, kein Zugang. Willst du leben, wirst du einen Chip brauchen.«

»Ist das dein Ernst?« Ich sah Paul entgeistert an. Dass gerade er, der technikbejahende Optimist, das so sah, beunruhigte mich. Das zweite Mal an diesem Abend fühlte ich mich wie ein Dinosaurier. Wie weit war mein Lebensentwurf von der Realität entfernt? Wie wichtig war es für meine Kinder, über einen Komposthaufen Bescheid zu wissen, wenn sie eine Zukunft als Cyborgs vor sich hatten?

Ich hatte das Gefühl, dass da draußen eine Entwicklung im Gange war, die ich nicht aufhalten konnte, die meine Welt mit sich reißen würde, mich und alle anderen, die frei leben wollten. Ein digitaler Tsunami, der sich zusammenbraute, sich auftürmte und, wenn nicht uns, dann doch unsere Nachkommen unter sich begraben würde.

Als der Abend zu Ende war, saßen Paul und ich noch am Feuer und warteten, bis es niedergebrannt war. Die Kinder hatten wir ins Bett geschickt. Ich wollte am liebsten für den Rest meines Lebens dort sitzen bleiben, in die Flammen starren und mich wärmen. War es nicht immer das Feuer, das uns zusammenbrachte und zum Diskutieren einlud? War es nicht das, was uns am Ende weiterbrachte? Ein Abend wie aus der Zeit gefallen, digital unverseucht. Keine smarte App kommentierte den Fettanteil der Gulaschsuppe, keine smarte Alexa belauschte uns, kein smarter Chip maß den Alkoholpegel im Blut. Dafür Gespräche von Mensch zu Mensch, Freiheit, die Sterne und das Feuer. Glück.

Als Phil dann von Paul schließlich sein Smartphone bekam, zückte er es zunächst deutlich öfter, als mir lieb war. Die Möglichkeit, innerhalb einer Gruppe Nachrichten zu verschicken, die Möglichkeit, andere Kinder in den Chat zu holen und auch wieder rauszuwerfen, diese Spielregeln und gruppendynamischen Prozesse rund um WhatsApp fand er eine Zeit lang spannend. Erst 2018 wurde das Mindestalter für die Nutzung von WhatsApp von 13 auf 16 Jahre angehoben, eine Reglementierung, die zu einem Zeitpunkt kam, als schon jeder zweite Grundschüler whatsappte, und die zu dem alleinigen Ergebnis führte, dass es für die Kinder noch viel begehrenswerter war als zuvor.

In der Zeit, in der Phil WhatsApp für sich entdeckte, bekam er Kontakt zu einer Freundin, die er noch aus Grundschulzeiten kannte. Das Mädchen begann, ihm regelmäßig Nachrichten zu schicken, doch Phil war kein guter WhatsApp-Partner: Zerstreut und chaotisch, wie er eben war, hatte er sein Smartphone entweder verlegt oder vergessen oder nicht aufgeladen. Umso größer war dann der Nachrichtenstau mit über 3 000 Wortmeldungen aus der Offline-Warteschleife, die sein Handy regelmäßig zum Implodieren brachten. Er fragte sich, ob die anderen denn sonst nichts zu tun hatten, als WhatsApp-Nachrichten zu schreiben. Dies schloss auch seine WhatsApp-Freundin mit ein, die ihm zu jeder Tages- und Nachtzeit Nachrichten schrieb und offenbar sehr viel Zeit allein in ihrem Zimmer mit dem Smartphone verbrachte.

»Warum geht ihr nicht ins Kino oder ins Schwimmbad? Ist doch viel netter, als wenn jeder in seiner Bude hockt und Wortfetzen textet«, kommentierte ich in mütterlicher Ruppigkeit.

»Ich habe sie schon ein paarmal gefragt, aber sie hat keine Zeit«, meinte Phil.

»Ihr schreibt euch seit fünf Stunden Nachrichten, in dieser Zeit kann man bis nach Italien fahren.«

Phil zuckte mit den Schultern.

Ich gewann den Eindruck, dass das Mädchen die Freundschaft virtuell halten wollte. Sie wollte gar nicht ins Schwimmbad und sich normal unterhalten, ein Chat mit hin- und herfliegenden Gesprächsfetzen war ihr viel lieber, es bot ihr einen Interpretationsspielraum über das Kommunizierte, eine Art Deutungshoheit.

Und ebendieser vermeintliche Vorteil ist ein Problem bei den virtuellen Freundschaften. Sie haben mit der Realität herzlich wenig zu tun, geschrieben hat man vieles schnell, der andere bastelt seine eigene Geschichte daraus. Die Zwischentöne gehen verloren, die Mimik, all das, was eine Unterhaltung moduliert. Und irgendwann ist die Diskrepanz zwischen dem virtuellen Freund und dem tatsächlichen so groß, dass ein Aufeinandertreffen einem Kulturschock gleichkommen würde. Phil war zu sehr im realen Leben verhaftet, als dass er dem virtuellen Flirt etwas abgewinnen konnte. Er antwortete immer seltener und so verlief die erste Onlinebeziehung unspektakulär im Sand.

Für Alte oder Kranke mögen virtuelle Freundschaften Sinn ergeben, für alle, die immobil geworden sind, doch sollten Heranwachsende, die noch alles vor sich haben, nicht besser raus ins Leben und sich mit Menschen aus Fleisch und Blut beschäftigen?

Es sind gerade die Heranwachsenden, die in sozialen Medien ihre 1 000 Freunde feiern, deren Namen sie nicht einmal kennen. Vielleicht bin ich auch zu altmodisch, zu idealistisch, vielleicht hänge ich mich zu sehr an dem Wort Freund auf, vielleicht muss man die semantische Veränderung auch einfach passieren lassen und akzeptieren, dass das Wort Freund für viele nicht mehr bedeutet als »lose assoziiert«. Und nur weil jemand auf Instagram 100 000 »Freunde« hat, muss das nicht zwangsläufig heißen, dass er keine echten Freunde im realen Leben hat.

Oder doch? Wer sich zu reichlich aus der Bonbonniere voller Däumchen-hoch-Smiley-Küsschen-Buttons bedient und die Instagram-Accounts seiner Assoziierten checkt, hat schwerlich

Zeit, sich mit realen Freunden von Angesicht zu Angesicht auseinanderzusetzen. Aber genau das wird sich niemals ändern: Der Mensch braucht Freunde. Freunde, die einem die Hand halten, wenn das Leben unfair ist.

2017 veröffentlichte die Psychologieprofessorin Jean M. Twenge von der San Diego State University ihr Buch zur Generation iGen. Zu den iGens zählen all diejenigen, die zwischen 1995 und 2012 geboren wurden. Die deutsche Übersetzung erschien ein Jahr später unter dem Titel »Me, My Selfie and I«. Nach Auswertungen zahlreicher Studien zur Lebensweise amerikanischer Teenager ergab sich ein Bild der Jugend, das in vielen Aspekten von dem vorheriger Generationen stark abwich: Mehr amerikanische Jugendliche als je zuvor fühlten sich unnütz, unglücklich, isoliert und abgehängt. Die Rate an Depressionen und Suiziden hat sich bei den 12- bis 14-Jährigen seit 2007 stark erhöht. Twenge macht für diese erschreckenden Daten einen Trend verantwortlich, der sich in den Studien ebenfalls deutlich abzeichnet: die zunehmende Zeit, die heutige Teens mit ihren Smartphones und Social Media verbringen. Und so appelliert sie eindringlich an alle User, die digitalen Medien zeitlich nur sehr begrenzt zu nutzen.

11

Hühner, die niesen

Irgendwann war der Winter vorbei und blasses Gras streckte sich der Frühlingssonne entgegen.

»Welche willst du denn haben?«, fragte mich der Geflügelzüchter und deutete auf rund 1 000 Hühner, die in Dutzenden übereinandergestapelten Transportkäfigen gackerten.

Ich zuckte die Schultern. »Robuste Landhühner, bloß nichts Exotisches.«

Der Hühnerzüchter nickte und packte uns kurzerhand vier Hühner in einen Umzugskarton. Auf meine Frage, welche Rasse es denn sei, antwortete er: »Ein weißes, ein braunes, ein schwarzes und ein graues.« Vielleicht hatte er selbst keine Ahnung, was er da für Rassen verkaufte, vielleicht meinte er aber auch, ich könne mit dem Namen ohnehin nichts anfangen. Oder waren das namenlose Universalhühner? Für Hannah und Luisa war die Nennung der Farben ausreichend, daher entschied ich, nicht weiter nachzufragen, sondern dem Schicksal zu vertrauen.

Als wir mit den Hühnern nach Hause fuhren, ließ ich aus dem CD-Player sanfte Yogaklänge dudeln. Ab jetzt sollt ihr das schönste Hühnerleben der Welt haben, dachte ich mir und fuhr im Schritttempo um die Kurven.

Entsprechend entspannt gestalteten sich dann auch die ersten Stunden. Kaum zu Hause angekommen, spazierten die Hühner federleicht und interessiert gackernd durchs Gras. Bald suchten sie das Gelände nach Würmern und Insekten ab, pickten und scharrten und schienen sich sehr wohlzufühlen. Phil kam angerannt, fasziniert starrten wir die Hühner an. Mir fiel auf, wie energisch und selbstbewusst sie mit ihren Krallen scharrten. Heute weiß ich, dass sie damit nicht nur jede Grasnarbe vernichten, sondern ganze Thujenhecken ausgraben können. Und mir fiel auf, wie akribisch sie ihren Schnabel putzten, jede Seite wurde mehrfach durch das Gras gezogen.

»Krass«, meinte Phil, »so genau habe ich mir die nie angeschaut. Komische Viecher.«

»Woher wissen wir, dass es ihnen gut geht?«, wollte Hannah wissen.

Mit dieser Frage hatte sie einen wunden Punkt getroffen. Wusste ich genug über Hühner, um sie halten zu können? Klar, ich hatte viel gelesen, mit Bauern gesprochen. Aber was sollte ich machen, wenn ein Huhn wirklich krank wurde? Die Tierärzte, die ich bis dahin angerufen hatte, meinten, dass sie sich mit Hühnern nicht auskennen würden. Doch in diesem Moment war ich mir sicher, dass es den Hühnern gut ging. Sie wirkten fröhlich und aktiv, ihr Gefieder glänzte, ihre Augen waren klar und die Kämme leuchteten in kräftigem Rot.

Wir hatten nun Zeit, die Hühner untereinander aufzuteilen. Und obwohl Phil vor dem Hühnerkauf klargestellt hatte, dass er mit den Tieren nichts zu tun haben wolle, fand er es jetzt doch witzig, ein Huhn sein Eigen nennen zu dürfen. Luisa und Phil ließen Hannah bei der Auswahl freimütig den Vortritt. Schließlich gehörte ihr der Hase mit der Zahnfehlstellung und sie war damit in den Augen ihrer Geschwister schon genug gestraft. Aber welches war denn nun das beste? Ließ sich das an einem Nachmittag feststellen? Hannah war sich unsicher. Und so diskutierte sie in epischer Breite über jedes einzelne Huhn. Vielleicht würde sie auf diese Weise etwas über die Präferenzen ihrer Geschwister herausfinden.

Hannah beobachtete Phil und Luisa sehr genau, sie wusste natürlich, dass diese versuchen würden, sie hereinzulegen. Erst vor wenigen Tagen hatte ihr Bruder sie mit einem alten Tom-Sawyer-Trick aufs Kreuz gelegt. Er musste Grasschnitt zusammenrechen und hatte natürlich überhaupt keine Lust dazu. Als dann Hannah um die Ecke bog, rechte er plötzlich pfeifend vor sich hin. Ganz so wie Tom Sawyer, der augenscheinlich fröhlich einen Zaun strich. Hannah, die die Geschichte nicht kannte, beobachtete Phil neidisch, wollte dann auch rechen und so ging es eine Weile hin und her, bis dann tatsächlich Hannah diejenige war, die den schweren Rechen schwang. Anders als Tom Sawyers Freunde begriff Hannah allerdings sehr schnell, dass sie ein schlechtes Geschäft gemacht hatte. Sie entschied sich schließlich für das braune Huhn, Luisa für das weiße und Phil für das schwarze. Mir wurde das graue Huhn zugeteilt.

Eine Freundin von mir kam vorbei, wir tranken Holunderschorle, setzten uns ein wenig abseits und beobachteten die Kinder. Die drei saßen auf einem alten Biertisch, mit den Füßen baumelnd, plappernd. Wer darf das erste Ei tragen? Welches Huhn legt wohl die besten, größten, meisten Eier? Die Luft war erfüllt von schwirrenden und summenden Insekten und dem Kichern der Kinder. Wir ließen uns mitreißen von der kindlichen Unbeschwertheit, dem Leben im Hier und Jetzt. Warmes Licht fiel durch die Baumkrone der alten Buche. Die Hühner kletterten über Äste und Stöcke und Holzrinde und scharrten in der staubigen Erde. Besonders attraktiv fanden sie unsere Feuerstelle, die vom Lagerfeuer am Vorabend noch immer glühte. Der Geruch von trockenem Holz und Kohle stieg mir in die Nase. Es war ein Moment voller Glück und Wärme und Dankbarkeit. Und ich wusste, dass es einer dieser Augenblicke war, für die sich all die Arbeit lohnte.

Die Kinder suchten nach Namen für unsere neuen Mitbewohner und die Mädchen fanden ihre Inspiration in der Pippi-Langstrumpf-Welt: Das hübsche braune Huhn nannten sie Prusselise, das weiße Viktualia und das graue Efraimstochter. Für das schwarze bot sich der Name Schokominza an, aber Phil wählte den Namen M, angelehnt an die Geheimdienstchefin von James Bond. Das sei zumindest nicht so peinlich wie Schokominza. Ich trug Sandalen, meine Zehen guckten raus. Die Hühner meinten, es müsse sich um eine ganz besondere Delikatesse handeln, und versuchten immer wieder, meine Zehen zu picken.

»Welch Bullerbü-Idylle«, sagte meine Freundin.

Hörte ich da ein leichtes Unbehagen? Oder war es mein eigenes? War die Sonne zu golden, der Wind zu warm, der Himmel zu kobaltblau? Und mal wieder kamen mir Zweifel. War das hier eine Kindheit im Weichspülgang? Würden meine Kinder dem Leben da draußen trotzen können? Sollte man seine Kinder nicht eher mit den unangenehmen Seiten des Lebens konfrontieren, sie »abhärten«? Aber wie würde das Abhärten denn aussehen? Mir kam Astrid Lindgren in den Sinn. Sie hatte zeit ihres Lebens betont, wie wichtig es sei, eine schöne und erfüllte Kindheit zu erleben. Von einem großen Schatz an Erinnerungen könnten Erwachsene ihr Leben lang zehren.

Irgendwann ging dieser Nachmittag zu Ende. Die Sonne stand tief, aus dem Wald strömte kühle moosige Luft. Ich saugte die letzten Sonnenstrahlen auf und ahnte bereits, dass ich lange davon würde zehren müssen. Die Zeit war gekommen, die Hühner mussten jetzt in den Stall. Es war ein Fehler gewesen, sie an ihrem ersten Tag schon frei herumlaufen zu lassen. Denn Hühner gewöhnen sich am besten ein, wenn ihr neues

Zuhause zunächst einmal räumlich begrenzt ist. Aber da wir das in unserem ersten Hühnerjahr noch nicht wussten, standen wir jetzt vor der schwierigen Aufgabe, die Hühner in den Stall zu bringen. Natürlich verstanden die Hühner nicht, was wir von ihnen wollten, und sie konnten auch das Rudern unserer Arme nicht interpretieren und wurden zunehmend nervös. Bald rannten sie kopflos umher. Die Kinder verloren nun ihrerseits die Geduld und entschieden, die Hühner einzufangen. Doch das war schwieriger als gedacht, denn die Hühner rannten im rasanten Zickzack davon und versteckten sich unter stachligen Büschen. Und wenn sie dann mal an uns vorbeiflitzten, trauten wir uns nicht zuzugreifen. Zu groß war unsere Angst, sie dabei zu verletzen. Am Ende fing unsere kleine Luisa alle Hühner ein. Zunächst verfolgte sie Viktualia. Diese lief blitzschnell Richtung Wald, übersah dabei allerdings den Maschendrahtzaun. Der schmale Kopf schlüpfte durch, der Hals folgte, der Körper blieb hängen.

Luisa bewies sich an diesem ersten Nachmittag mit dem Federvieh als noch ungeübte, aber völlig unerschrockene Hühnerfängerin. Phil konnte nicht glauben, dass seine kleine Schwester etwas besser konnte als er, und so reagierte er verstimmt. »Hühner sind unfassbar dumm«, schimpfte er lauthals, als Viktualia mit empörtem Gackern im Maschendraht hing.

Inzwischen wissen wir, dass Hühner weitaus intelligenter sind, als man landläufig meint. Ihr Auge ist darauf trainiert, winzige schwirrende Insekten oder Körner in direkter Nähe zu fixieren. Schwer fällt es ihnen hingegen, auf die Distanz zu sehen oder Räume zu erfassen. Doch das macht sie noch lange nicht dumm, nur eben – speziell. Gerade in den letzten Jahren haben Biologen das Federvieh vermehrt unter die Lupe genommen und sind zu dem Schluss gekommen, dass Hühner weitaus intelligenter und auch charakterlich einzigartiger sind als bisher angenommen.

So wertete die US-Biologin Lori Marino in einer aufsehenerregenden Metastudie zahlreiche Publikationen von Verhaltensforschern aus und veröffentlichte das Ergebnis im Jahr 2017 im Fachblatt »Animal Cognition«. Hühner können den Wissenschaftlern zufolge einfache Rechenaufgaben lösen oder auch logische Schlussfolgerungen ziehen. Zudem würden Hühner individuelle Persönlichkeitsmerkmale aufweisen und seien keinesfalls austauschbar. Hähne seien beispielsweise unterschiedlich kühn, aktiv und wachsam, was sich wiederum auf ihren sozialen Rang auswirke.

Prusselise, Viktualia, Efraimstochter und M hatten in den ersten Wochen so schlimmes Heimweh, dass sie fast daran starben. Vielleicht kam bei unseren Hühnern auch der Kummer über den Dauerregen hinzu, der ab dem zweiten Tag einsetzte. Jedenfalls schlichen die Hühner schon am nächsten Tag äußerst miesepetrig aus ihrem Stall. Ohne uns zu beachten, marschierten sie schnurstracks ins nächste Gebüsch, drehten den Kopf nach hinten und steckten den Schnabel ins Gefieder. Sie tranken wenig und aßen nichts. So ging das viele Tage lang. Ich empfand das als Verrat. Wie konnten sie den sonnigen Nachmittag nur so schnell vergessen? Reglos standen sie da, in ihrer eigenen Welt versunken, in ihrem Schmerz vereint. Es regnete, es war kalt, die Hühner weinten und die Kinder auch.

»Mein Huhn muss ganz bestimmt sterben!«, brüllte Luisa.

Welcher Idiot hatte nur die Idee gehabt, Hühner zu kaufen?

Die Hühner waren zwei Wochen bei uns und der Himmel kotzte sich gerade mal wieder aus, als ich mit Eimer, Zeitung, Stroh und Regenschirm bewaffnet in den Garten ging, um den Hühnerstall auszumisten. Seufzend klemmte ich den Regenschirmgriff zwischen Schulter und Ohr und öffnete den Stall. Abgemagert standen die vier da und starrten mich ernst an. Efraimstochter nieste. Sämtliche Hühnerkrankheiten, über die ich in den letzten Wochen gelesen hatte, schwirrten mir durch den Kopf. Schlecht gelaunte Hühner sind okay, aber kranke? Irgendwie war das doch alles eine dumme Idee gewesen. Mein Blick fiel auf den Wald. Ich müsste nur das Türchen auflassen, eine kleine Nachlässigkeit, und schon, schwups, hätte der Fuchs oder der Marder das Problem gelöst. Oder ich könnte die Hühner gleich über den Zaun werfen. Vielleicht morgen, dachte ich mir und rief erst einmal den Familienrat zusammen.

Die viele Stunden dauernde Diskussion begann mit der Frage, ob wir dieses Leben mit den niesenden Hühnern wirklich wollten, und endete mit der Frage, wie nützlich ein Nutztier sein musste, damit es leben durfte. In der Landwirtschaft haben die Eier legenden Hennen ein sehr kurzes Leben, denn nach einem halben Jahr Legezeit sind sie erschöpft und ausgelaugt. Paul und Phil hatten die Hühner ohnehin nicht gewollt und versuchten, das Dilemma nach wirtschaftlichen Kriterien zu lösen. Die Männer entschieden sich gegen die Hühner, doch sie taten sich mit der entsprechenden Umsetzung schwer. Denn wohin nun mit dem Federvieh? Für Hannah und Luisa sah die Sache ganz anders aus. Sie liebten diese Hühner und waren bereit, bis zum Äußersten zu gehen, um sie zu beschützen. Im Kleiderschrank würden sie Prusselise verstecken, mit ihr ans andere Ende der Welt fliehen, alle möglichen Szenarien kamen auf den Tisch.

»Nutztier« definierten die Mädchen auf ihre ganz eigene Weise: »Die Kaninchen sind Nutztiere und die kranken Hühner sind es auch«, meinte Hannah. »Denn sie sind unsere Kuscheltiere und haben damit doch einen Nutzen, oder nicht?« Wie so oft konnten wir uns der zwingenden kindlichen Logik nicht entziehen und beschlossen schließlich, die Hühner zu behalten. Ich konsultierte den Züchter, der mir neuen Mut machte. Die Tiere seien sensibel und bräuchten Zeit, sich einzuleben. Ich solle versuchen, sie mit Vitaminen und Legemehl aufzupäppeln.

Unser Ehrgeiz war geweckt und so reichten wir den kleinen Patienten sämtliche Hühnerdelikatessen dieser Welt. Sie benahmen sich wie echte Gourmets und pickten mit herablassender Noblesse das Buttermilchgericht mit eingeweichtem Brot und Petersiliendeko, die Nudeln mit Kürbismus, die Erdbeeren und die Walnüsse. Auch wenn sie mit den Menüs nicht immer einverstanden waren, schienen sie immerhin die Bemühungen der Mädchen zu honorieren. Und so wurden sie endlich wieder fröhlicher. Nur das graue Huhn, Efraimstochter, blieb verschnupft. Eine Freundin mutmaßte psychosomatische Gründe. Da sich kein Kind für sie interessiert hatte, sei Efraimstochter eben dauerhaft verschnupft, im wahrsten Sinne des Wortes. Hannah und Luisa untersuchten jetzt mehrmals täglich die Hühner, zählten, wie oft welches Huhn nieste, inspizierten die Augen sowie die Durchblutung des Kammes. Sie taten all dies mit großer Selbstverständlichkeit und wachsender Autorität. Ich befürchtete zunächst, dass sie sich bei den Hühnern ansteckten, doch als ich sah, wie sehr sie an ihrer Aufgabe wuchsen, ließ ich sie gewähren. Es tat ihnen gut, sich um die Hühner zu kümmern und zu erleben, wie viel sie durch ihre Mühe bewirken konnten.

Die Hühner dankten es ihnen mit wachsender Zuneigung. Zwei Wochen später legten sie dann tatsächlich auch Eier. Die Kinder bestaunten die ersten Eier ungläubig. Sie konnten gar nicht fassen, dass die Eier, die sie bisher nur aus dem Supermarkt kannten, nun tatsächlich im Stroh lagen. Warm und sauber und so selbstverständlich. Und so wurden die ersten Eier gehandelt, als wären sie Goldtaler, und es wurde erbittert darüber gestritten, wer welches Ei in die Küche tragen durfte. Bei mir ließ die Begeisterung allerdings schnell nach, denn ich mochte die Eier plötzlich nicht mehr essen. Sie schmeckten ein wenig so, wie Hühnerkot roch. Und plötzlich roch für mich alles nach Hühnerkot: der Stall, die Hühner, die Eier. Vielleicht hatte ich zu oft den Hühnerstall ausgemistet, zu oft Kontakt mit dem Kotbrett gehabt.

»Haben die gekauften Eier eigentlich auch so sehr nach Hühnern geschmeckt?«, fragte ich meine Kinder.

»Nein«, sagte Phil.

»Ja«, sagte Hannah.

»Weiß nicht«, sagte Luisa.

Sie blieben unschlüssig und unsicher. Sie bemerkten meinen Widerwillen, versuchten, ihren eigenen Geschmack zu erforschen, stellten ihre eigene Wahrnehmung auf den Prüfstand. Doch sie kamen zu keinem abschließenden Ergebnis. In dieser ersten Phase des Eierlegens waren wir unsicher.

Ich holte Eier aus dem Supermarkt, um zu testen, ob diese auch nach dem Geruch von Hühnerkot schmeckten. Ich wusste plötzlich nicht mehr, wie Eier schmecken sollten, und vertraute den Supermarkt-Hühnern mehr als meinen eigenen. Zu meiner Beruhigung stellte ich fest, dass auch die Supermarkt-Eier diesen ganz speziellen Hühnergeschmack hatten, den ich zuvor einfach nicht wahrgenommen hatte.

Und ich kaufte auch Hühnerschenkel, wollte testen, ob uns das Fleisch noch schmeckte. Den Kindern schmeckte es erstaunlicherweise gut, ich fand es grauenhaft. Mir war vorher nicht klar gewesen, dass ein Huhn tatsächlich genau so schmeckt, wie es riecht. Ich esse bis heute kein Hühnerfleisch und bereite es – zum Bedauern der Kinder – auch nicht mehr zu.

Hat es auch seine Risiken, dem Produktionsprozess von Nahrung nachzuspüren? Ist es nicht doch besser, eine ästhetisch bedingte Distanz zu halten, das Essen hübsch verpackt im klimatisierten Supermarkt zu kaufen?

Als die Hühner ihre ersten Eier legten, hatten wir noch mit einem anderen Problem zu tun: mit Windeiern. Eines Tages sahen wir eines, es lag im Gras, weiß, wächsern, glibberig, wie eine geschälte Litschi. Ich hatte noch nie vorher ein Windei gesehen, aber es gab keinen Zweifel. Das hier war ein Ei ohne Schale. Hühner legen schalenlose Eier, wenn sie zu wenig Kalk aufnehmen, denn die Schale besteht zu 90 Prozent aus Kalk. Das kann passieren, wenn die Hühner von ihrem Halter zu wenig Mineralstoffe bekommen oder wenn ihr Organismus den Kalk nicht richtig verwerten kann. Ich stellte unseren Hühnern immer Muschelkalk in ausreichenden Mengen zur Verfügung – daran konnte es also nicht liegen. Die schlechtere Version, dass es an den Hühnern selbst lag und wir womöglich dauerhaft Litschi-Eier im Gras liegen hatten, verursachte uns Bauchschmerzen. Normalerweise legen Hühner ihre Eier in strohgepolsterte Legenester. Und damit auch alle mitkriegen, dass sie ein Ei gelegt haben, begleiten Hühner ihren Auszug aus dem Legenest mit einem lauten und triumphierenden Gegacker. Dass ein Huhn still und heimlich irgendwo im Gras ein Ei legt, ist eher untypisch.

Nun wollten wir zunächst einmal erfahren, welches Huhn für die Windeier verantwortlich war. Schnell kam heraus: Es war Viktualia. Für Luisa war das eine unangenehme Überraschung. Mit ihren sechs Jahren nahm sie das Versagen der Henne persönlich. Es ärgerte sie maßlos, dass ausgerechnet ihr Huhn Windeier legte. Aus Trotz überwand sie ihren eigenen Widerwillen und solidarisierte sich mit Viktualia. Fortan verstand sie jede Bemerkung über die Windeier als Kriegserklärung.

Ab diesem Zeitpunkt lagen regelmäßig zertretene oder ausgelaufene Windeier im Gras und manchmal auch im Legenest oder auf dem Kotbrett. Der Mischmasch an Ausscheidungen war gewöhnungsbedürftig. Zu allem Überfluss pickte Viktualia die zerflossenen Windeier auch noch auf. Das machte es für uns nicht einfacher, sie zu mögen.

Unsere Bewunderung galt der schönen M und ihrem pechschwarzen Gefieder, unser Mitleid der ewig niesenden Efraimstochter, unsere Liebe Prusselise. Und Viktualia? Sie war eine stattliche, vier Kilo schwere Henne und kein bisschen hübsch. Ihr Körper war plump und ungeschlacht, die Augen waren merkwürdig geschlitzt. Ihr eigentlich weißes Gefieder war immer schmutzig und im Gegensatz zu den anderen Hühnern unternahm sie nie etwas, um es zu säubern. Prusselise machte es ihr vor. Sie nahm Stroh in den Schnabel und putzte damit ihr Hinterteil. Viktualia futterte lieber. Sie schlang alles hinunter, was ihr vor den Schnabel kam. Nie zuvor hatte ich ein Huhn derart gierig picken sehen, sie machte nicht vor handtellergroßen Kröten halt und auch nicht vor Blindschleichen. Alles pickte sie in der Geschwindigkeit eines Presslufthammers. Gleichzeitig beobachtete sie permanent ihre Artgenossinnen und gönnte ihnen keinen Wurm. Kaum hatte eine Henne etwas im Schnabel, schnappte Viktualia es ihr weg. Sie erschien mir als Karikatur eines Pralinen schlemmenden Weibes, gierig, schadenfroh, durchtrieben. Auf eine geradezu groteske Art menschlich.

Beging ich mit diesem Vergleich den Fehler, das Tier zu vermenschlichen? Schrieb ich Viktualia Eigenschaften zu, mit denen Hühner nichts zu tun haben? Oder haben Tiere und Menschen mehr Eigenschaften gemeinsam, als uns lieb ist? Besteht der Fehler eher darin, Tiere für Eigenschaften und Verhaltensweisen zu verurteilen, die sie nicht kontrollieren können?

Hannah und Luisa verhielten sich auf geradezu buddhistische Art weise. Auch sie sahen Viktualias Verhalten kritisch. Doch sie verurteilten sie nicht dafür, sie kamen gar nicht auf die Idee, die Henne dafür verantwortlich zu machen. Hannah ging noch einen Schritt weiter. Sie meinte, Viktualia würde meine Abneigung spüren und das würde sie verunsichern. Konnte Hannah recht haben? Spiegelte dieses Huhn meine Empfindung? Von da an gab ich mir große Mühe, vor meinem inneren Auge ein neues Bild von Viktualia zu zeichnen. Und so behandelte ich sie eine Zeit lang betont respektvoll und freundlich. Und tatsächlich bewirkte das eine Veränderung, Viktualia entspannte sich und benahm sich mehr so, wie sich ein normales Huhn eben benimmt.

Und dann kam der Fipronil-Skandal. Im Juli 2017 wurde das Insektenschutzmittel Fipronil in den Eiern von sieben niederländischen Höfen entdeckt. Ein belgisches Unternehmen hatte ein als harmlos geltendes Hühnerstall-Reinigungsmittel mit Fipronil gepanscht. Manche Bauern, darunter auch Biobauern, dürften sich lange Zeit gefragt haben, warum das auf ätherischen Ölen basierende Mittel so hervorragend wirkte, doch sie behielten diese Frage leider für sich. Der Skandal weitete sich aus, auch Deutschland war betroffen. Ein auch für Menschen schädliches Gift war in die Lebensmittel gelangt.

Jeden Abend saßen wir mit großen Augen vor den Nachrichten und sahen dabei zu, wie Millionen Hühner notgeschlachtet und Milliarden Eier entsorgt wurden. So leid uns das tat, so sehr ermutigte uns der Skandal wiederum. Es war völlig egal, wie oft wir in Windeier traten, die Arbeit lohnte sich. Es vergingen unbeschwerte Sommerwochen, in denen wir uns an den Hühnern erfreuten und unsere Eier mit neu erwachter Wertschätzung betrachteten. Auch wenn mir die Eier zu dieser Zeit noch immer zu intensiv nach Huhn schmeckten, um sie als Frühstücksei zu genießen. So briet ich sie mit Speck in der Pfanne oder backte aus ihnen goldgelbe Pfannkuchen.

Vor allem Luisa war vollends im Glück, meist sahen wir sie lachend über die Wiesen rennen, unter beide Arme ein Huhn geklemmt. Die Hühner erwiderten ihre Liebe und es war vor allem die zarte Prusselise, die Luisa auf Schritt und Tritt folgte. Bildeten wir es uns ein oder konnte sich Prusselise im Takt der geträllerten Kinderlieder wiegen? Nie hätte ich für möglich gehalten, dass ein Huhn so bezaubernd sein könnte. Es war eine vollendete Idylle, die eines Tages jäh endete.

12

Hühner mit Namen schlachtet man nicht

Phil entdeckte ihn zuerst: einen Berg flauschiger braun-weißer Federn. Hannah, Luisa und ich rannten herbei, eine Art Urinstinkt ließ uns das Unglück sofort erahnen, wir murmelten *Prusselise* und das Herz tat uns weh. Unter dem Berg versteckt lag unser Zauberhuhn, die Augen zugedrückt, der Leib aufgeschlitzt.

Die anderen Hühner drückten sich verschreckt unter einen Busch, nur Viktualia ließ sich den Appetit nicht verderben und wanderte pickend über die Wiese. Wir tauschten Blicke und dachten in dieser Sekunde alle das Gleiche. Warum hatte das verfluchte Raubtier nicht Viktualia statt Prusselise nehmen können?

Warum ausgerechnet unser Zauberhuhn? Ich hasste das Leben dafür, dass ich die Uhr nicht zurückdrehen konnte. Wir hätten besser aufpassen müssen, sie niemals frei im Garten herumlaufen lassen dürfen. Hannah und Luisa sammelten tränenüberströmt die Federn auf und verschlossen sie in einem Glas.

Phil holte wortlos den Spaten und hob eine Grube aus. Wir betteten Prusselise auf ihren Federn und bedeckten sie mit Blumen und Erde und Tränen. Selbst tot wirkte sie noch glücklich und friedlich. Die Mädchen dekorierten das Grab mit angemalten Steinen, Phil mit einem Holzkreuz. Und dann stellte ich mich mit den Kindern an Prusselises Grab, murmelte das Vaterunser und kam mir dabei nicht einmal blöd vor. Dann rief ich Paul an und erwartete einen blöden Witz. Doch Paul sagte leise »schade« und sonst nichts. Um es ihrer Schwester ein wenig leichter zu machen, hoben Phil und Luisa die Mein-Huhn-dein-Huhn-Regel auf. Zumindest vorübergehend. Wir trauern alle gleich, sollte das heißen.

Lange beschäftigte uns die Frage, welchem Raubtier Prusselise eigentlich zum Opfer gefallen war. Wir zogen zunächst Fuchs, Marder und Raubvogel in Betracht. Die Tatsache, dass das Raubtier jede einzelne Feder ausgerupft hatte, verriet uns, dass der Räuber mit einem kräftigen Schnabel ausgerüstet sein musste. Unser Tierspuren-Buch bestätigte den Verdacht: Es musste ein Habicht gewesen sein.

Die Geschichte schlug auch in der Schule hohe Wellen. Und für einige Tage gab es auf dem Schulhof wenig andere Gesprächsthemen. Viele Kinder reagierten entsetzt auf Prusselises Tod. Diejenigen, die mich kannten, bekundeten in geradezu rührender Weise ihr Beileid. »Stimmt das mit Prusse?«, fragte mich eine Klassenkameradin von Hannah. Und als ich nickte, sagte sie mit grauem Gesicht: »Mein aufrichtiges Beileid.«

Zwei Mitschüler kamen sogar auf die Idee, Prusselise zu rächen. Sie standen vor unserer Tür, mit Spielzeuggewehren und entsprechender Munition bewaffnet, und wollten gemeinsam mit Phil, Hannah und Luisa den Mörder zur Strecke bringen. Damit rannten sie offene Türen ein, denn die Trauer meiner Kinder hatte sich inzwischen in Hass verwandelt. Hass auf den

Habicht, der Prusselise nicht einmal aufgefressen, sondern nur gerupft und dann liegen gelassen hatte. Welch sinnloser Tod, fand Luisa.

So liefen die fünf Kinder in den Wald, um den Habicht zu suchen. Nachdem sie eine ganze Zeit lang nicht heimkehrten, ging ich ihnen hinterher. Ich fand sie auf einem Jägerhochsitz, da saßen sie im Kreis und erzählten sich Gruselgeschichten. Der Habicht war schon wieder vergessen.

Prusselises Tod traf uns mehr, als wir zunächst ahnten, und die Freude an den Hühnern war erst einmal weg. Der Herbst kam, die Blätter fielen von den Bäumen, es war kalt und matschig und trostlos und wir wussten nicht mehr, was wir mit den Hühnern anfangen sollten.

Prusselises Grab war noch mit frischer Erde bedeckt, als wir uns über das Leben und Sterben von Viktualia, Efraimstochter und M Gedanken machten. Wir standen am Lagerfeuer, starrten in die tanzenden Flammen und atmeten Herbstluft. Wir wollten Prusselises Freundinnen nicht loswerden, aber wir waren auch nicht erpicht darauf, sie zu behalten.

»Was haltet ihr davon, wenn wir die Hühner schlachten?« Mein Vorschlag ließ die anderen aufhorchen. Endlich. Wir konnten die Entscheidung nicht weiter aufschieben. Die Nächte wurden länger und die dünnen Pressspanplatten hatten der Kälte der Nacht nichts mehr entgegenzusetzen. Wir mussten den Stall mit Styroporplatten isolieren, aber keiner von uns hatte sich bisher dazu aufgerafft.

»Die Kinder sollen ruhig zusehen, es schadet ihnen nicht, wenn sie wissen, was es bedeutet, Fleisch zu essen. Ich kenne Bücher, in denen das Hühnerschlachten erklärt ist. Zunächst hängt man das Huhn an seinen Füßen auf. Kennt ihr diese Verkehrskegel aus Plastik? Man kann ein Huhn hineinstecken, dann schlackert es nicht hin und her. Der Kopf schaut dabei aus der schmalen Öffnung. Steckt das Huhn also im Kegel, fixiert man ihn an einem Baum, sodass der Hühnerkopf nach unten hängt. Es macht Sinn, das Huhn vorher mit einem gezielten Schlag auf den Hinterkopf zu betäuben. Und dann schneidet man ihm den Kopf ab. Es muss noch eine Weile hängen bleiben, bis es ausgeblutet ist. Danach muss es abgebrüht und gerupft werden. Und ausnehmen nicht vergessen. «

Die Kinder sahen mich erstaunt an und überlegten, ob ich das alles ernst meinte. Ihre Zweifel waren berechtigt. Für mich gab es einen ganz entscheidenden Grund, warum ich die Hennen nicht töten wollte: weil sie mir vertrauten und es mir unmöglich war, dieses Vertrauen zu missbrauchen. Das Huhn auf den Arm zu nehmen und dieses nichts ahnende, gutgläubige Wesen zum Schafott zu schleppen war eine Maßnahme, zu der ich nur im äußersten Notfall greifen würde.

Außerdem ließen mich die Geschichten meiner Großmutter über das Hühnerschlachten vor diesem dunklen Teil der Hühnerhaltung zurückschrecken. Sie hatte mir erzählt, dass die Hühner, nachdem man ihnen den Kopf abgetrennt hatte, noch eine Weile durch den Garten rannten, als wäre nichts passiert. Medizinisch ist das erklärbar, Muskelkontraktionen erwecken den Anschein, dass das Tier noch lebt, das Nervensystem eines toten Tieres ist für kurze Zeit noch intakt. Doch trotz der naturwissenschaftlichen Erklärung erinnerten mich die kopflosen Hühner zu sehr an Untote aus einem Gruselfilm.

Es gibt zu diesem Thema eine sehr berühmte Geschichte aus Amerika, aus dem Bundesstaat Colorado, die unter Hobby-Hühnerhaltern gerne erzählt wird und sich laut etlicher Zeitungsberichte auch tatsächlich so zugetragen haben soll. Im Jahr 1954 schlug ein Farmer in Colorado seinem fünf Jahre alten Hahn namens Mike den Kopf ab. Mike sollte an diesem Tag als Brathähnchen dienen. Doch Mike hatte andere Pläne, er starb einfach nicht, lebte kopflos weiter, 18 lange Monate.

Ein Blutgerinnsel hatte wohl dafür gesorgt, dass Mike nicht verblutete, außerdem hatte der Farmer einen Teil des Stammhirns verfehlt, sodass dieses, in den Halsansatz gerutscht, noch immer funktionierte. Das Stammhirn sitzt bei Hühnern recht weit unten. Der Farmer hatte aber das Messer sehr weit oben, direkt unter dem Kopf angesetzt, weil er den Hals, die »Hühnerkragen-Delikatesse«, retten wollte. Der Organismus von Mike lief also weiter, der Farmer ernährte ihn mit Wasser und Körnern, die er über eine Pipette direkt in die Speiseröhre gab. Mike wurde berühmt und landete im Guinnessbuch der Rekorde.

»Dein Ernst?«, fragte Phil.

»Prusselise ist tot, die anderen Hühner sind mir nicht so wichtig.« Ich bluffte, doch die Kinder merkten es nicht.

»Also für mich wäre es okay, wenn wir sie schlachten«, sagte Phil.

»Das ist nichts für Kinder«, gab Paul zu bedenken. »Und die Mädchen werden mich den Rest ihres Lebens hassen, wenn ich Viktualia und Efraimstochter zu Suppenhühnern verarbeite.«

Die Mädchen sahen Paul fragend an. Sie waren nicht ganz so entschieden gegen meine kühne Idee, wie ich zunächst vermutet hatte. »Gut, dann schlachten wir sie eben«, rief Luisa trotzig.

Was auch immer sie zu dieser Aussage trieb, sie konnte es nicht ernst meinen. Und in dieser Sekunde wurde mir klar, dass Paul und ich die Entscheidung allein treffen mussten. Die Kinder waren damit überfordert.

»Es war ein Fehler, den Hühnern Namen zu geben«, fand Paul, »ab diesem Moment war doch klar, dass der Plan, sie im Herbst zu schlachten, nicht aufgehen würde.«

Tatsächlich war die Idee mit dem Schlachten nicht ganz neu. Wir hatten diesen Schritt schon vor dem Hühnerkauf in Erwägung gezogen. »Am besten, ihr verarbeitet die Hühner im Herbst zu Suppenhühnern und holt euch im darauffolgenden Frühjahr neue«, hatte uns ein anderer privater Hühnerhalter geraten. Denn im Winter kann aus einer sonnigen Hühneridylle wohl schnell eine nervige Angelegenheit werden. Die Hühner finden kein Gras, daher muss man permanent frisches Gemüse zufüttern. Und durch das mangelnde Licht legen sie keine Eier mehr und kommen in die Mauser, während der sie ihr Federkleid erneuern. Die Mauser geht immer mit Lichtmangel einher, die Hühner werden also ausgerechnet in der Jahreszeit nackt, in der sie ihre Federn am dringendsten bräuchten. Die Mauser kann auch mal drei Monate dauern und ist für die Hühner eine wirklich anstrengende Zeit, in der sie oft kränkeln. An Eierlegen ist dann nicht zu denken, erst nach der Mauser sind die Legeorgane wieder einsatzfähig.

Früher war in der kommerziellen Tierhaltung die Zwangsmauser noch die Regel. Durch tagelangen Lichtentzug sowie eine Reduktion von Futter und Wasser wurden Hennen gemeinsam in die Zwangsmauser geschickt, um sie für eine weitere Legeperiode fit zu kriegen. Heute ist diese Methode aus Tierschutzgründen nicht mehr erlaubt. Die Legehennen kommen im Alter von 1,5 Jahren nicht mehr in die Zwangsmauser, sondern in den Suppentopf.

Ein weiterer Aspekt, der dagegensprach, Hühner im Winter zu halten, war die dann mühsame Pflege des Geheges. Bei einer kleinen Hühnerschar wie der unseren kann man das Gehege im Prinzip sehr einfach sauber halten: Man sammelt einmal am Tag die walnussgroßen Kothaufen auf. Was bei Trockenheit nur wenige Minuten dauert, gestaltet sich bei Regen schwierig, da sich die Haufen im Nu mit der Erde vermischen. Die Vorstellung, nackte, frierende Hühner im stinkenden Matsch herumlaufen zu lassen, wahrscheinlich wieder niesend und vor sich hinsiechend, war mir zuwider. Die Diskussion am Feuer, wie es mit Viktualia, Efraimstochter und M weitergehen sollte, brachte uns zwar noch zu keinem Ergebnis, festigte aber immerhin die Erkenntnis, dass wir die Hühner nicht behalten wollten, aber auch nicht schlachten würden. Eines Tages kam Paul mit der Nachricht, dass eine Bäuerin unsere drei Hühner bei sich aufnehmen würde. Wir stimmten erleichtert zu. Auf dem Weg zum Bauernhof legte M noch ein Ei, Luisa verstand es als Abschiedsei und griff zu. Das Ei zerbrach.

13

Kniehohe Gummistiefel

Es war ein lauer Sommerabend, als aus dem Wald unheimliche Geräusche drangen. Lang gezogene, einsilbige Schreie, die heiser und bellend klangen und sich alle zwei Sekunden wiederholten. Nie zuvor hatte ich so etwas gehört. Was war das nur? Ein Hund, der sich im Unterholz verfangen hatte?

In dem Moment kam Paul nach Hause. »Ein Fuchs«, murmelte er, schnappte sich sein Nachtsichtfernrohr und stapfte kurz entschlossen in den Wald, begleitet von Phil, der mit einer Taschenlampe den Weg leuchtete. Sie suchten vergeblich. Das Tier blieb versteckt oder stand weiter weg als gedacht, offenbar hatte nur der Wald die Stimme weit getragen.

Tierstimmen voneinander zu unterscheiden ist gar nicht einfach. Füchse können beispielsweise sehr unterschiedliche Laute von sich geben, je nachdem ob sie spielen oder balzen oder sich warnen oder eine Füchsin ihre Jungen ruft. Zusätzlich unterscheidet sich der Ruf einer Füchsin sehr vom Ruf eines männlichen Fuchses, der Ruf eines Jungtiers sehr vom Ruf eines alten. Und dann hat auch noch jedes Tier seine individuelle Klangfarbe. Gleichzeitig kann der Ruf eines Fuchses dem Bellen beziehungsweise Schrecken eines Rehbocks sehr ähnlich sein. In meinen Ohren klingt der Schrei des Fuchses allerdings sehr viel heller und ängstlicher als der des Rehbocks. Rehe schrecken aus unterschiedlichen Gründen, weil sie sich gestört oder bedroht fühlen oder Artgenossen ihren Standort mitteilen möchten.

Es war in dem Sommer, in dem die Mädchen mit Prusselise über die Wiesen tanzten, als Phil und Paul ihr gemeinsames Hobby »Waldspuren« entdeckten. Es war Phil nicht unrecht, dass Hannah und Luisa im Hühnergehege abgetaucht waren, denn so hatte er seinen Vater auch mal ganz für sich allein, ohne dass die Mädchen dazwischenredeten oder Aufmerksamkeit einforderten. So unternahmen Paul und Phil gemeinsam eine Reihe von Ausflügen in den Wald oder in die Berge. Sie fanden das toll, schließlich sahen sie sich innerfamiliär einer weiblichen Übermacht gegenüber, was sie zu einer verschworenen Gemeinschaft machte. Und sie waren der Meinung, dass es neben der Jagd noch viele andere Gesprächsthemen gab, die Frauen ohnehin nicht verstünden, mich eingeschlossen, und wenn ich ihnen dabei zuhörte, wie sie sich über physikalische Gesetzmäßigkeiten eines Benzinmotors im Vergleich zu einem Dieselgetriebe austauschten, dann war ich über diese Art der Ausgrenzung nicht unglücklich.

Die Ausflüge in die Natur boten Paul auch die Gelegenheit, sein Jägerwissen einzubringen, das er so viele Jahre ungenutzt mit sich herumgetragen hatte. Und Phil nahm das Wissen gerne an, vielleicht weil er sich damit einen Vater-Sohn-Kokon schuf, eine abgeschirmte Welt, in der die Mädchen erst einmal nicht mitreden konnten. Vielleicht auch weil diese Welt des Jagens nichts mit dem Alltag zu tun hatte, nichts mit Schule, Zensuren, Leistung. Gleichzeitig faszinierten ihn die Waidmannsthemen. Mit 16 Jahren wollte er seinen Jagdschein machen, so viel stand für ihn fest. Alles, was er jetzt schon lernen konnte, wäre ihm dabei später hilfreich. Wie funktioniert eine Treibjagd, wie eine

Ansitzjagd? An welchen Merkmalen erkennt man das Alter eines Rehbocks?

Oder die Düfte des Waldes. Denn auch sie gehören zum Spurenlesen dazu. Relativ eindeutig lässt sich beispielsweise der intensive Wildtiergeruch eines Fuchses erkennen. Dafür sind Sekrete verantwortlich, die der Fuchs aus verschiedenen Drüsen an seinem Hinterteil absondert, um damit sein Revier zu markieren. Auch Wildschweine hinterlassen relativ kräftige Duftspuren, viel schwieriger wird es hingegen schon bei Rehen.

Natürlich ist es ganz und gar unmöglich, die vielen Tausend Düfte zu identifizieren, die im Wald auf einen einströmen, doch man kann lernen, diese bewusst wahrzunehmen. Die Gerüche im Wald hängen sehr von der jeweiligen Jahreszeit ab, davon, was blüht, wie feucht die Erde ist, wie heiß die Luft. Hat man im Frühjahr die teils honigsüßen, teils stechenden Gerüche blühender Kräuter in der Nase, liegt in der schweren, gewittrigen Juliluft oftmals der Duft von Verwesung und reifen Beeren. Im Spätsommer dann das harzige Aroma von sonnengewärmten Fichtenstämmen und trockenem Waldboden, während im Herbst der Duft von Moos und Pilzen überwiegt, würzig, erdig, »wurzelig«. Paul war es wichtig, Phil auf ebendiese Eindrücke aufmerksam zu machen. Sein Wissen und seine Erfahrungen an Phil weiterzugeben war für ihn ein wichtiger Aspekt seiner Vaterrolle.

Dass Paul es mit seinem neuen Hobby wirklich ernst meinte, erkannten wir daran, dass er sich kniehohe Gummistiefel kaufte. Mit diesen bekleidet, marschierte er gemeinsam mit Phil in den Wald, auf der Suche nach Wildwechseln, Gewöllen oder Trittsiegeln. Geht es ums Spurenlesen, denkt jeder sofort an Fußabdrücke im Schnee. Doch auch im Sommer kann Tieren nachgespürt werden. Sie hinterlassen Federn, Fell, Kot, man sieht ihre Höhlen und anderen Behausungen oder auch ihre Trampelpfade, genannt Wildwechsel. Um die Straßen der

Wildtiere zu erkennen, braucht man ein geschultes Auge. Denn das Dickicht ist nur etwas gelichtet, das Gras verstrichen, einzelne Blätter abgebrochen.

Einen kleinen Wildwechsel konnten wir auch an unserer Grenze zum Wald erkennen. Ein Tier hatte sich unter dem Zaun hindurch einen breiten Gang gebuddelt. Paul tippte auf einen Dachs und fühlte sich durch die weißen Fellreste am Zaundraht bestätigt. Wir positionierten sofort unsere Wildkamera, doch offenbar irritierte diese den Dachs so sehr, dass er sich nicht mehr blicken ließ. Weniger schüchtern reagierten Katzen und Marder, von denen die Kamera zahllose Bilder schoss.

Ein anderes Mal entdeckten Phil und Paul am Waldrand Gewölle; das sind die unverdaulichen Reste von Beutetieren wie Haare und Federn, die manche Vogelarten wie Waldkäuze oder auch Krähen auswürgen. So ein Speiballen gibt sehr deutliche Hinweise darauf, was der Vogel zuvor gefressen hat. Paul und Phil zerlegten einige Gewölle und fanden darin alles Mögliche: knöcherne Überreste von Mäusen, Igelstacheln sowie kleine Federn und Fellreste.

Weniger detailgenaue Detektivarbeit war notwendig, um festzustellen, wer ein Gebiet am Waldrand zerwühlt hatte. Für Phil und Paul war bald klar: Wildschweine hatten sich hier in Schlammpfützen gesuhlt und die benachbarten Bäume auch gleich mit eingesaut. Nur wenige Tage nachdem sie die Spuren entdeckt hatten, trafen Paul und ich auf vermutlich ebendiese Schweinehorde. Wir gingen im Wald spazieren, als plötzlich ungefähr 200 Meter von uns entfernt ein Wildschwein auftauchte. Es stand am Wegesrand, grunzte aufgeregt und stieß den Kopf immerzu angriffslustig nach vorne. Vorsichtshalber klaubten wir vom Boden lange Stöcke auf, liefen dann aber ruhig weiter. Doch das Wildschwein hatte nicht die Absicht, uns vorbeiziehen zu lassen, und stellte sich uns in den Weg. Paul zögerte nicht lange. Er schwang seinen Stock, rannte auf das Schwein zu und brüllte. Das Wildschwein machte prompt kehrt und rannte davon.

Nicht immer lässt sich ein Wildschwein auf diese Weise vertreiben. Immer wieder berichten die Zeitungen von Wildschweinhorden, die Wanderer in Wäldern attackieren. Im Jahr 2017 drangen Wildschweine bis in die Innenstadt von Heide in Schleswig-Holstein vor, fielen Passanten an und verletzten einige schwer.

Besonders gefährdet sind Jäger, wenn sie unvermittelt auf eine Wildschweinmama – eine Bache – stoßen, die sich bedroht fühlt und ihre Jungen verteidigen will. Zu tödlichen Zwischenfällen kann es ebenso bei der Nachsuche kommen, also beim Verfolgen des angeschossenen Wildschweins. Eine Nachsuche ist notwendig, wenn ein Jäger ein Wildschwein nicht exakt trifft, sondern nur verletzt. Das ist nicht so selten, denn man muss ein Wildschwein ins Herz treffen, um es zu töten. Vor allem die bis zu 180 Kilo schweren männlichen Schweine – die Keiler – zeigen sich extrem widerstandsfähig. Flieht ein angeschossener Keiler, muss der Jäger die Blutspur verfolgen. Das kann zu brenzligen Situationen führen, da der Keiler nun buchstäblich bis aufs Blut gereizt ist und er zudem sehr genau weiß, wer sein Feind ist.

Es passiert immer wieder, dass das verschwunden geglaubte Wildschwein urplötzlich aus dem Unterholz rast und den Jäger umrennt. Danach rammt es mit untrüglichem Instinkt seine Hauer in die Oberschenkelarterie des Jägers, sodass dieser binnen Sekunden verblutet. Daher trägt Paul auf der Wildschweinjagd immer eine Kurzwaffe bei sich, also einen Revolver oder eine Pistole, die auf kurze Distanz schnell einsetzbar ist.

Das Lesen von Tierspuren ist nicht nur spannend, sondern kann auch lebensrettend sein. Das zeigt sich beim gefährlichen Fuchsbandwurm, einem Parasiten, der in erster Linie zwischen Nagetieren und Füchsen zirkuliert. In seltenen Fällen befällt er auch den menschlichen Organismus. Wird das Immunsystem nicht mit dem Parasiten fertig, können sich seine Larven im Gewebe der Leber einnisten und diese zersetzen. Bis sich wahrnehmbare Symptome wie Oberbauchschmerzen und Gelbsucht entwickeln, können allerdings 20 Jahre vergehen. In einem derart fortgeschrittenen Stadium erkannt, ist es für eine Therapie dann oft zu spät.

Der Bandwurm ist so klein, dass man ihn mit bloßem Auge nicht erkennen kann, dafür aber seinen Wirt, den Fuchs. Ein erkrankter Fuchs trägt die Bandwürmer in seinem Darm und scheidet mit dem Kot regelmäßig dessen Eier aus. Somit ist vor allem der Fuchskot eine gefährliche Infektionsquelle. Nun sind nicht alle Füchse vom Fuchsbandwurm betroffen, die Befallsrate schwankt je nach Region. In unserer Gegend ist ungefähr jeder dritte Fuchs betroffen, deshalb haben Paul und ich den Kindern auch eingetrichtert, um tote Füchse wie auch um den Kot von Wildtieren, die »Losungen«, einen weiten Bogen zu machen. Fuchskot lässt sich von anderen Losungen gut unterscheiden, da er oft auf erhöhten Stellen wie Baumstümpfen liegt. Auch der Fuchs selbst zeigt sich dem aufmerksamen Waldbesucher auf verschiedene Weise. Seine Pfoten hinterlassen ovale Trittsiegel, die wie an einer Schnur hintereinander aufgereiht sind. Der Begriff des Schnürens bezeichnet so auch die typische Gangart des Fuchses, ein gleichmäßiges Traben. Auch die Fuchsbauten sind gut zu erkennen, es sind Erdhöhlen mit gut sichtbaren Eingangslöchern.

Doch was nützt dieses Wissen, wenn der Fuchs in den eigenen Garten marschiert, wenn sich nicht nur ein Fuchs, sondern eine ganze Fuchsfamilie bei uns wie zu Hause fühlt und offenbar jede Nacht erneut prüft, ob auch wirklich alle Ställe gut verschlossen sind. Zahllose Male lichtete unsere Wildkamera die ungebetenen Gäste ab und ebenso oft fand ich entsprechende Hinterlassenschaften im Garten. Mit einer Schaufel hebe ich die Haufen auf und werfe sie in den Wald. Ob diese Vorsichtsmaßnahme ausreicht, damit wir uns nicht mit dem Parasiten infizieren? Als Hundebesitzer gehören wir ohnehin zur Risikogruppe für eine Ansteckung mit dem Fuchsbandwurm. Laut dem Bayerischen Landesamt für Gesundheit und Lebensmittelsicherheit gilt eine Ansteckung über seinen Hund oder seine Katze als durchaus möglich. Die Haustiere können dann eine Infektionsquelle sein, wenn sie Mäuse fressen, sich im Wald herumtreiben, an fremdem Kot herumschnüffeln, diesen fressen oder sich darin wälzen. Aus diesem Grund halten wir in der Familie ein paar Hygieneregeln ein. Dies beginnt bei der regelmäßigen Entwurmung des Hundes und endet damit, dass wir uns oft und gründlich die Hände waschen. Ich kenne auch genügend Hundehalter, die sich mit ihren Vierbeinern Bett und Käsebrot teilen. Und neulich erlebte ich eine Frau, die sich von ihrem Hund das Gesicht ablecken ließ, ungeachtet der Tatsache, dass dieser zuvor Katzenkot gefressen hatte. Wie nah sollte der Kontakt zu Tieren sein? Was ist übervorsichtig? Was ist naiv?

Weniger Gedanken um den richtigen Umgang mussten wir uns bei den zauberhaftesten aller Waldbewohner, den Rehen, machen – diese anmutigen Wesen, die, aus einiger Entfernung betrachtet, durch den Wald zu schweben scheinen. Auch wenn die Rehe im deutschen Wald zahlreich vorkommen, zeigen sie sich uns Menschen nur selten. Und so ist es immer etwas Besonderes, eines zu entdecken. In so mancher Morgendämmerung kommen sie an unseren Zaun. Scheu blicken sie dann zu uns, bevor sie sich umdrehen und mit hohen Sprüngen zurück in den Wald verschwinden. Jedes Mal wieder zaubern sie einen entrückten Glanz auf unsere Gesichter.

Als der Förster nach Sturm Niklas Baumsetzlinge in unseren benachbarten Wald pflanzte, kamen die Rehe häufiger als zuvor in unsere Nähe. Schließlich gehören die Knospen junger Tannentriebe zu ihren Leibspeisen. Und es ist der Trieb an der Tannenspitze, über den die Tanne in die Höhe wächst und den die Rehe auch am liebsten knabbern. Der Führungstrieb enthält am meisten Zucker, was den Schleckermäulchen des Waldes nicht verborgen bleibt. Ist er abgebrochen, wächst die Tanne nicht mehr in die Höhe, sondern verbuscht. Und genau das ist der Grund, warum die Förster auf die Rehe weniger eine romantische als eine nüchterne Sicht haben: Rehe können an jungen Bäumen verheerende Schäden anrichten. Laut Hubertus ist der Wildbestand dann in einer guten Balance, wenn die Tannensetzlinge ohne schützenden Zaun aufwachsen können.

Der Wald birgt einen reichen Vorrat an Themen, ist ein nie versiegender Quell der Inspiration. Meist waren es die spontanen Spaziergänge im Wald, bei denen ich plötzlich einen Habicht vor mir sitzen sah, beobachtete, wie ein Rüttelfalke eine Lichtung überflog oder Rehe davongaloppierten.

Weht der Wind aus der Richtung des Tieres, ist dessen Witterung erschwert und es kommt dem Menschen auch mal unvorsichtig nahe. Paul und Phil versuchten bei ihren Streifzügen durch den Wald, dieser Logik zu folgen und in Windrichtung auf verdächtige Geräusche zu horchen. Es ist fraglich, ob sie am Ende mehr Tiere als ich zu Gesicht bekamen, Spaß machte es ihnen allemal.

14

Die Sache mit dem Habicht

Schon kurz nachdem wir Efraimstochter, M und Viktualia an die Bäuerin verschenkt hatten, bereuten wir es. Es war so still ohne die Hühner. Niemand scharrte im Kartoffelbeet, keine Viktualia pickte sich im Presslufthammer-Modus durch den Garten und keiner gackerte.

Hühner können sehr laut und aufgeregt gackern, vor allem wenn sie sich streiten. Der hohe Lärmpegel kann bei Hühnerhaltern sowie deren Nachbarn zu erheblichem Stress führen. Nicht alle Hühner gackern gleich viel, es gibt ausgesprochen ruhige und friedliche Hühner, aber eben auch welche, die ununterbrochen lärmen. Eine befreundete Hühnerhalterin hat zwei ihrer Hennen neulich auf einen einsamen Hof verbannt, da diese zu laut gegackert hatten. Es waren Grünleger-Hennen, eine Rasse, die hübsche grüne Eier legt.

»Meinst du, es liegt an der Rasse?«, wollte die Freundin von mir wissen. Auf diese Frage habe ich bisher noch keine endgültige Antwort gefunden. In Hühnerratgebern werden zwar oft besonders ruhige oder pflegeleichte Rassen empfohlen, es scheint also durchaus Unterschiede zu geben. Der Lärmpegel von Hühnern hängt aber von vielen anderen Faktoren ab, wie Nahrungs- und Platzangebot, insofern sind die rassebedingten Unterschiede wohl eher richtungsweisend als allgemeingültig. Immer zuzutreffen scheint hingegen die Regel, dass ein Hahn in eine gackernde Herde eine gewisse Ruhe reinbringt. Aber er kann eben wiederum durch sein Krähen ganz schön nerven.

Nachdem es im Garten also für unsere Verhältnisse geradezu totenstill geworden war, bestellte ich im März beim Hühnerzüchter sechs neue Hühner. Diesmal war ich schlauer als im Jahr zuvor, ich hatte im Vorfeld die Vor- und Nachteile verschiedener Hühnerrassen recherchiert und mich daraufhin für Zwerg-Welsumer entschieden. Das sind robuste kleine Landhühner, die optisch an das Italienerhuhn erinnern, die Rasse, die Paul eigentlich bevorzugte. Den Italienerhahn kennt jeder, er ist der Prototyp des Bauernhof-Hahns, orangehalsig, rotbraun gefiedert und mit schwarz-metallgrün schimmernden Schwanzfedern ausgestattet. Doch so schön der männliche Zwerg-Welsumer ist, verzichteten wir auch diesmal auf einen Hahn. Sein Krähen, das einen ab vier Uhr morgens aus dem Bett reißt, erschien vor allem Paul als inakzeptabel.

Den Welsumerhennen gaben wir alte deutsche Namen. Berta, Waltraut, Hildegard, Agathe und Renate. Für das sechste Huhn wollte sich einfach kein Name finden lassen und so hieß sie für den Rest ihrer Tage die Namenlose. Für mich spielten die Namen keine Rolle mehr, da ich die Hennen ohnehin nicht voneinander unterscheiden konnte. Hannah und Luisa gelang die Unterscheidung hingegen problemlos, sie erkannten winzige Unterschiede in der Form der Kämme, der Ohrscheiben und der Tönung der Unterschenkel, genannt Ständer. Damit auch wir anderen diese Unterschiede lernten, fertigten die Mädchen Zeichnungen der Hühner an und beschrifteten die jeweils entscheidenden Details.

Und dann hatten sie doch wieder ein Lieblingshuhn auserkoren, und zwar Agathe. Ich war nicht daran interessiert, die Hühner voneinander unterscheiden zu können, und wollte auch kein Lieblingshuhn haben. Der Tod eines beliebigen Huhnes lässt sich sehr viel besser verkraften als der Tod des Lieblingshuhns. Doch manchmal lassen sich gewisse Sympathien auch nicht verhindern. Und so hatte schon bald nach dem Einzug eine der Zwerg-Welsumer-Damen einen Narren an mir gefressen. »Sieh mal, Mama, die kleine Hilde läuft dir schon wieder hinterher. Sie mag dich.« Ich wollte das gar nicht hören, aber es war schon zu spät. Ich hatte Hildegard in mein Herz geschlossen.

Die zweite Hühnergeneration zeigte sich in jeder Beziehung entspannter als die erste. Und das lag vor allem daran, dass wir an die Sache viel professioneller herangingen als beim ersten Mal. Zuerst holten wir das Hühnerhaus aus dem immerfeuchten Schattenplatz am Wald an einen trockenen Platz und stellten die Sockel auf Betonplatten. Auf diese Weise hatten die Hühner einen Unterschlupf, der auch bei Regen trocken blieb.

Zusätzlich schufen wir ihnen einen schönen Auslauf, einen – wie wir dachten – sicheren Ort, eingezäunt, zwischen warmer Hauswand und Holzunterstand. Ganz entscheidend war auch, dass wir die Hühner sachkundig eingewöhnten. Das funktioniert, indem man sie für einige Tage in ihrem Stall einsperrt. So haben sie die Chance, sich in der neuen Umgebung einzuleben. Die Welsumer fühlten sich ab dem ersten Tag wohl bei uns, von Heimweh keine Spur. Und wir schworen uns, die Hühner dieses Mal nicht mehr zu verschenken, sondern sie im Herbst und Winter bei uns zu behalten.

Es dauerte ein halbes Jahr, bis der Habicht wiederkam, und dieses Mal erwischte ich ihn in flagranti. Die Kinder waren in der Schule, ich ging zu den Hühnern, mit einer Schüssel Küchenabfälle in der Hand. Als ich um die Ecke bog, merkte ich sofort, dass etwas nicht stimmte. Zuerst sah ich die Hühner gar nicht, dann fand ich sie. Stumm drückten sie sich unter ihren Stall. Ich sah mich suchend um und erstarrte, als ich mit einem Mal in ein hellwaches Habichtaugenpaar blickte. Es dauerte ein paar Sekunden, bis ich verstand, bis die bittere Erkenntnis in mein Bewusstsein sickerte. Da saß er, nur wenige Meter entfernt, seine Krallen in eines unserer Hühner gebohrt. Ganz still und stumm. Sollte ich versuchen, ihn zu fangen, anzugreifen, das Huhn zu retten? Welches der Hühner hatte er in seinen Krallen? Hoffentlich nicht Agathe. Ein ernst zu nehmender Gegner, dachte sich offenbar der Habicht, breitete seine Flügel aus und erhob sich. Das Huhn schleifte er noch kurz mit, doch es schien ihm zu schwer, und so ließ er es fallen. Leblos plumpste es aus einem Meter Höhe zu Boden. Ich rannte zum Huhn – und wieder das gleiche Bild: geschlossene Augen, ein aufgeschlitzter Leib, viele weiche Federn. Ich hatte den Impuls, meine Kinder vor dem Anblick zu schützen, also holte ich die Mistgabel und trug das Huhn in den Wald.

Die Mädchen ahnten bereits am Schultor, was los war.

»Was ist passiert?«, fragte mich Hannah atemlos. »Die Hühner?«

»Ja, der Habicht war da, ein Huhn weniger.«

»Welches?«, wollte Luisa wissen. »Bitte nicht Agathe!«

»Keine Ahnung, welches. Ich kann sie nicht voneinander unterscheiden.«

Zu Hause angekommen, stürzten die Mädchen zum Hühnergehege und untersuchten die übrig gebliebenen Hennen. Ihre Furcht wandelte sich in schreckliche Gewissheit. Agathe fehlte. Und wieder schrien und weinten und tobten die Mädchen und ich fragte mich, ob das noch Zufall oder schon so etwas wie Schicksal war. Warum musste der Habicht immer das liebste Huhn reißen? Lag es daran, dass die besonders zutraulichen Hennen auch die leichteste Beute waren?

Nach einer halben Stunde waren die Tränen geweint und ich stellte fest, dass die Trauerphase damit deutlich kürzer ausfiel als bei Prusselises Tod. Der Schock war schon mal durchexerziert, die Bestürzung darüber, einen kleinen gefiederten Freund für immer verloren zu haben, auch.

Nun wollten Hannah und Luisa die tote Agathe aus dem Wald zurückholen und anständig begraben. Doch ich wollte aus meinem Garten keinen Hühnerfriedhof machen und Phil hatte keine Lust, eine Grube auszuheben. Die Mädchen widersprachen, aber sie taten es nicht energisch genug, und so entschieden Phil und ich, das tote Huhn nur einfach tiefer in den Wald zu bringen, damit wir mit dem Kadaver keine Füchse anlockten. Phil marschierte auf einem kleinen Trampelpfad vor mir her, auf der Mistgabel trug er Agathe. Ihr Kopf schlackerte hin und her und ich fragte mich, ob es eine gute Idee war, meinen Sohn das Huhn tragen zu lassen. Schmeißfliegen verfolgten uns. Ich wollte Phil die Mistgabel abnehmen, aber er fand, das sei Männerarbeit.

Der zweite Besuch des Habichts führte wieder zu Kummer und Schmerz, doch er bescherte uns auch eine Reihe philosophischer Gesprächsthemen. Eine der Diskussionen drehte sich um den Habicht. Während ihm Hannah und Luisa die Pest an den Hals wünschten, hatte sich bei Phil die Stimmung gedreht. Er ergriff dieses Mal Partei für den Raubvogel und erklärte seinen Schwestern, dass dieser nur jage, um sein eigenes Überleben zu sichern oder um seine Jungen zu ernähren. Er ging noch einen Schritt weiter und warf mir vor, den Habicht um seine wohlverdiente Beute gebracht zu haben. Auch Paul zeigte Verständnis für den Habicht und so waren sich die Männer im Haus darüber einig, was für ein unglaublich geschickter und furchtloser Jäger der Habicht sei. Diese neue Sichtweise irritierte die Mädchen.

Ohne Öl ins Feuer gießen zu wollen, berichtete ich der Familie von einem Artikel, den ich kurz zuvor in einem

Wissenschaftsmagazin gelesen hatte. Forscher berichteten darin, dass Hühner ihre Artgenossen nicht immer vor Gefahren wie einem Habicht warnen würden. Ein Alarmruf sei riskant, schließlich könne der Habicht den Warnenden auf diese Weise entdecken. Daher wäge der Hahn sehr genau ab. Für seine Weibchen stieße er einen Alarmruf aus – für seine Rivalen hingegen nicht. Und manch gerissener Hahn ginge sogar noch weiter: Würde er sich selbst in Sicherheit wägen, während sein Rivale auf dem offenen Feld stünde, würde er lauthals krähen, um den Habicht anzulocken.

Zwischen dem ersten und dem zweiten Habichtbesuch hatte sich in unserer Wahrnehmung eindeutig etwas geändert. Die Mär vom bösen Habicht auf der einen Seite und dem Huhn als dem unschuldigen Opfer auf der anderen hielt bei der Diskussion um Agathes Tod nicht mehr stand. Wir waren alle ein bisschen klüger geworden und verstanden die Gesetze der Natur ein wenig besser. Fressen und gefressen werden. Hühner fressen Regenwürmer, Habichte fressen Hühner. Hannah und Luisa begannen zu begreifen.

Bei allem Verständnis für den Habicht beschlossen wir dennoch, die Hühner in Zukunft besser zu schützen. Eine Vogelscheuche sollte es richten. Wir nahmen eine zwei Meter und eine drei Meter lange Holzlatte und zimmerten diese mit langen Nägeln zu einem Kreuz zusammen. Paul rammte das Kreuz mit einem Gummihammer einen halben Meter in die Erde. Aus unserem Altkleidersack nahmen wir ein paar alte Klamotten und befestigten sie mit Kokosstricken am Kreuz. Hemd, Sakko und Hose stopften wir mit Stroh aus und banden die Öffnungen mit Bindfäden zusammen. Als Kopf verwendeten wir einen Eimer, den wir mit einem großen weißen Laken umwickelten. Phil malte auf das Laken noch ein riesiges rotes Auge, in der Hoffnung, dass es den Habicht beeindrucken würde. Die nach unten hängende Stoffbahn zerschnitten wir in

Streifen, sodass es aussah, als hätte die Vogelscheuche hüftlanges Haar.

Es kostete uns zwei lange Nachmittage, bis die Vogelscheuche endlich stand. Am nächsten Tag musste ich über das Wochenende verreisen, sodass ich die Vogelscheuche gleich wieder vergaß. Umso intensiver war unser Wiedersehen. Nachdem ich die Kinder in die Schule gebracht hatte, machte ich mich auf den Weg, um die Hühner und die Kaninchen zu versorgen. Mit Eimern, Brot, Wasser, Stroh und Muschelschrot marschierte ich gedankenverloren zu den Ställen, bog um die Ecke und prallte vor dem dunklen Ungetüm zurück wie vor einer unsichtbaren Wand.

Während ich mich fast zu Tode erschrocken hatte, interessierte sich der Habicht nicht im Geringsten für die Vogelscheuche. Nur wenige Tage später, ich war gerade im Haus, hörte ich draußen die Hühner schreien. Ich riss das Fenster auf und sah, wie sich in diesem Moment ein riesiger Raubvogel mit schweren Flügelschlägen in die Luft erhob. Direkt vor meiner Nase, zum Greifen nah. Unter dem Fenster lag der übliche Federberg. Wut stieg in mir hoch. Wie gerne hätte ich dem Habicht einen Knüppel hinterhergeschleudert. Wie sich später herausstellte, hatte es dieses Mal »nur« die Namenlose erwischt, sodass sich die Trauer in Grenzen hielt. Es war trotzdem schade um das schöne Huhn und ebenso für die Herde, deren Gruppengefüge nun zum zweiten Mal durcheinandergewirbelt war.

Zudem bedeutete der Tod der Namenlosen einen wirtschaftlichen Verlust. Ein Huhn kostet zwar nur rund zehn Euro, doch ist der Habicht erst einmal auf den Geschmack gekommen, kommt er immer wieder. Aus diesem Grund begannen die Kinder, sich um ihre Kaninchen zu sorgen. Denn der Habicht hatte bestimmt auch nichts gegen ein fettes Langohr einzuwenden.

Wir mussten also weiter aufrüsten und so wurde aus dem Hühner- und Kaninchengehege langsam Fort Knox. Paul kaufte riesige reißfeste Netze und überspannte damit das gesamte Kleintierareal. Zusätzlich banden wir Dutzende blinkende CD-Rohlinge in die Netze und umgebenden Büsche sowie in die Stoffhaare unserer Vogelscheuche.

Fort Knox war also in Betrieb. Eines Tages dann, die Hühner pickten friedlich im Gehege, über ihnen das schützende Fußballnetz, daneben die Vogelscheuche mit dem blinkenden Wallehaar, wenige Meter entfernt Phil, der mit Hammer und Akkuschrauber sein Fußballtor reparierte, stürzte ein Habicht zu Boden und versuchte, die Hühner seitlich durch den Zaun hindurch zu attackieren. Offenbar fand er den Zaun weniger abschreckend als das in der Luft gespannte Fußballnetz. Phil schnellte empor und rannte mit wütendem Gebrüll und schwingendem Akkuschrauber auf den Habicht zu. Widerwillig schwang sich der Räuber mit schweren Flügelschlägen zurück in die Luft. Phils Abwehr hatte ihn offenbar beeindruckt. Viele Monate kam er nicht wieder.

Als zusätzliche Vorsichtsmaßnahme lernten wir, den Habichtruf zu erkennen, einen fernen, lang gezogenen metallischen Schrei. Hören die Mädchen den Habicht, sind sie inzwischen sofort alarmiert und suchen mit ihren Blicken den Himmel ab. Doch das ist eher eine gefühlte als eine tatsächliche Sicherheit, denn ich habe es bisher nicht erlebt, dass der Habicht schreit und sich dann auf ein Huhn stürzt. Er sitzt eher still in einer Baumkrone und taxiert sein Opfer, bevor er sich aus der Deckung wagt.

Als Phil von seiner Begegnung mit dem Habicht berichtete und seine Schwestern ihm mit leuchtenden Augen zuhörten, fiel mir auf, wie sehr uns die Begegnung mit der Natur in Beschlag nahm und wie gut uns das tat. Viele familieninterne Probleme drehen sich neben den üblichen Streitpunkten wie

Hausaufgaben und aufräumen um Auseinandersetzungen unter den Geschwistern.

Meiner Meinung nach liegt die Beziehung der Geschwister untereinander in der Verantwortung der Eltern, ebenso wie auch Eltern allein verantwortlich für das Eltern-Kind-Verhältnis sind. Es wird bei den wenigsten Geschwistern ausreichen, sie zu einem vernünftigen Umgang zu ermahnen. Eltern haben viel mehr Möglichkeiten, das geschwisterliche Verhältnis in gute Bahnen zu lenken. Kann es beispielsweise helfen, Kindern eine gemeinsame Aufgabe zu übertragen?

Spreche ich mit der bald 80-jährigen Oma Elli über ihre Kindheit, so redet sie sehr liebevoll von ihrer Schwester. Sie mussten beide zu Hause viel arbeiten und ihrer Mutter zur Hand gehen, auf dem Hof und im Haus. Die gemeinsamen Aufgaben boten den Mädchen Gelegenheit, eine tiefe Beziehung zueinander aufzubauen. Natürlich sind gemeinsame Erlebnisse kein Garant für eine funktionierende Geschwisterbeziehung, aber sie bieten zumindest die Chance für eine lebenslange Freundschaft.

Im Alltag heutiger Familien dürfte für gemeinsame Aktivitäten der Geschwister kaum noch Zeit sein. Kinder sind heute viel beschäftigt, mit ihren WhatsApp-Chats, mit Hausaufgaben und natürlich mit den ganz persönlichen Hobbys. Viele Geschwisterkinder, die ich kenne, wachsen separiert auf, als Fremde, und sie bleiben dies ihr Leben lang. Sie kommen nicht einmal auf die Idee, wie schön es wäre, den Bruder als besten Freund zu gewinnen.

15

Aus der Erde das Beste

Als ich klein war, schien es mir, als wären alle Erwachsenen ständig auf Diät, vor allem die Frauen. Und blickte man in die Boulevardpresse, so bestätigte sich dieser Eindruck. Das Körpergewicht war für Frauen in den 1980er-Jahren ein beherrschendes Thema. Auch heute nehmen Körperbilder in der Öffentlichkeit ihren Raum ein, doch sie werden differenzierter diskutiert als damals. Es geht nicht mehr nur noch ums Dünnsein – Gesundheit ist das neue Postulat.

Parallel dazu sieht man in Lebensmitteln heute mehr als die Summe ihrer Kalorien. Nahrung gilt nicht mehr allein als potenziell fett machendes Übel, sondern vielmehr als präventive Medizin oder auch als lebensverlängerndes Therapeutikum. Die Heilkräfte von Chili, Kurkuma und Ingwer werden gefeiert, mit der richtigen Ernährung könne man Krankheitsrisiken deutlich reduzieren, so die einhellige Meinung der Experten. Die Ernährungsmythen aus der Vergangenheit sind längst aufgedeckt. Einseitige Diäten, FdH, Lightprodukte und die Verteufelung von Fett – alles kalter Kaffee.

Gleichzeitig weisen die Experten auf die große Heilkraft einheimischer Gewächse hin und empfehlen den Verzehr von Sanddorn, Kraut und Zwiebeln, in Zeiten von mexikanischen Chiasamen längst vergessene Vitaminbomben. Und so feiern deutsche Gewächse ein Comeback. Löwenzahn wird heutzutage zu einem sündhaft teuren Preis im Biosupermarkt verkauft, ebenso Bärlauch und getrocknete Brennnesseln. Und während Sauerkraut über Jahrzehnte hinweg den Sex-Appeal einer evangelischen Paartanz-Woche hatte, darf das mit Vitamin C und K vollgestopfte Kraut inzwischen in keinem Hipster-Haushalt mehr fehlen.

Doch sieht man sich die Zahlen der Deutschen Gesellschaft für Ernährung an, zeigt sich, dass der Trend zur gesunden Ernährung bisher nur Teile der deutschen Gesellschaft erreicht hat. Das weitverbreitete mediale Wissen führt offenbar nicht automatisch auch zu seiner Anwendung. Laut dem 13. Ernährungsbericht von 2017 sind 59 Prozent aller Männer und 37 Prozent aller Frauen in Deutschland übergewichtig. Und reden wir von Übergewicht, so ist damit eine deutliche Abweichung vom Normalgewicht mit massiven gesundheitlichen Risiken gemeint.

Es war mir wichtig, meinen Kindern ein prinzipielles Verständnis von Nahrung mit auf den Weg zu geben. Was nährt mich? Was schmeckt? Was tut mir gut? Damit sie ein Stück weit unabhängig von den Körperbildern und Ernährungstrends sind, die sich stetig wandeln. Haben Kinder ihr eigenes Obst und Gemüse und vielleicht ein paar Kräuter im Garten, können sie sich in aller Ruhe damit auseinandersetzen. Sie können es betasten und fühlen und schmecken und zu verschiedenen Gerichten probieren, lernen, wie eine Tomate schmeckt, bevor sie zu Ketchup verarbeitet wird.

Natürlich mögen die Kinder den selbst angebauten Salat auch tausendmal lieber als den gekauften. Es ist der Stolz auf das selbst Geschaffene, der den Salat so schmackhaft macht – ein Phänomen, das vielleicht nicht jeder Blindverkostung standhält. Luisa, die niemals freiwillig Gemüse essen würde, macht bei ihrem eigenen Salat eine Ausnahme. Die wenigen Male, die wir es geschafft haben, einen Salat mit Karotten, Paprika, Zwiebeln, Sauerampfer, Tomaten und Kräutern komplett aus dem eigenen Garten zu zaubern, feierten die Kinder wie ein zweites Weihnachtsfest und sie stritten erbittert um jedes Salatblättchen. Gleichzeitig lieben die Kinder die Idee, dass ihr selbst angepflanztes Gemüse der gekauften Ware qualitativ überlegen ist. Es ist taufrisch und hat einen entsprechend höheren Nährwert, im Gegensatz zu der Supermarktware, die unreif geerntet, gelagert, begast, verpackt wurde. Im Idealfall ist das Gemüse aus dem eigenen Garten auch frei von Pestiziden, sodass man den Giftcocktail, der uns bei konventioneller Ware zugemutet wird, reduzieren kann.

Sprechen wir von den gesundheitlichen Vorteilen des Selbstanbaus, so sind allen voran Kräuter zu nennen. Sie sind oft heilend, und dies auf sehr schonende Weise. Hat Phil Halsweh, ist es für ihn selbstverständlich, sich am Salbeibusch zu bedienen und aus den aromatischen Blättern einen Tee zu kochen. Hat er Husten, überkocht er eine Handvoll Thymiankraut. Alle drei Kinder experimentieren mit den Kräutern und mixen sich im Sommer Drinks damit. Besonders beliebt ist bei uns die Thymian-Limone-Mango-Kombi oder Basilikum mit Zitronenmelisse. Minze gehört auch zu unseren Standardkräutern, jedoch bleibt sie meist links liegen, weil ihr Kaugummigeschmack eben doch nur selten passt. Herrlich erfrischend ist allerdings ein aus frischen Minzblättern zubereiteter Tee.

Die Heilkräfte der Naturmittel erscheinen den Kindern umso größer, wenn sie aus dem eigenen Garten kommen. So wundervoll der Genuss selbst angebauter Nahrungsmittel ist, so zeitraubend und schwierig ist das Gärtnern. Nachdem wir zwei Jahre vor uns hin gegärtnert hatten, musste ich mich im Frühjahr 2018 fragen, ob wir das Projekt wirklich weiterführen sollten.

Unser Versuch, so viel Obst und Gemüse wie möglich anzubauen, war nicht ganz so erfolgreich verlaufen, wie ich es mir erträumt hatte. Die Zucchini bekam Mehltau, das Apfelbäumchen Läuse, die Tomaten faulten, der Salat schoss in den Himmel, die Möhren blieben winzig. Über das wenige Gelungene freuten sich die Vögel und die Hühner, die Schnecken und die Wühlmäuse. Neben den üblichen Streitpunkten – wer mistet heute welchen Stall aus, wer fängt die Hühner ein, wer stutzt die Flügel, wer repariert den Zaun – war das Wässern, Umtopfen und Schneiden der Pflanzen eine weitere zeitfressende Aufgabe, die sich kaum noch bewerkstelligen ließ. Der Zeitmangel, die Fressfeinde, fliegende Fußbälle, die autonom vor sich hin wurstelnden Kinder – all diese Faktoren erstickten meinen perfektionistischen Anspruch an ein üppiges Gemüsebeet bereits im Keim. Zudem waren die Sommer so heiß, dass wir mit dem Gießen nicht mehr hinterherkamen. Und manchmal ernteten wir etwas, ließen es dann aber in der Küche vergammeln.

Einmal zum Beispiel lag eine fußballgroße Zucchini aus dem Garten wochenlang im Gemüsefach, bis ich sie angefault auf den Kompost werfen musste. Oder unsere ersten Birnen. Die ersten beiden Früchte unseres blutjungen Birnbaums erschienen uns zu kostbar, um sie zu pflücken. Als wir sie dann kurz vor dem ersten Schneefall endlich aßen, schmeckten sie matschig und mehlig. So begrüßte ich erleichtert jeden Herbst, der die widerspenstigen Beete mit gnädigem Laub bedeckte. Eine der wenigen erfolgreichen Ernten bescherte uns ein Zufall. Ich hatte Kartoffeln gepflanzt, diese satt machenden und gesunden Wunderknollen. Um zu sehen, an welchem Platz sich die

Kartoffeln am besten entwickelten, setzte ich die Saatkartoffeln an verschiedene Orte, in den Wald, in ein Hochbeet und in Töpfe. Die Pflanzen schienen sich gut zu entwickeln, ich ließ sie einfach mal wachsen und kümmerte mich nicht weiter darum. Bis zum Herbst.

»Hannah, wenn du magst, kannst du die Kartoffeln aus dem Hochbeet holen«, rief ich, »sie müssten jetzt reif sein.« Es war einer dieser wundervollen Herbsttage und ich war gerade damit beschäftigt, die abgeernteten Tomatenpflanzen aus der Erde zu ziehen. Da kam Hannah und zeigte einen leeren Korb. »Im Hochbeet gibt es keine Kartoffeln, im Wald nicht und in den Töpfen sind auch alle weg«, berichtete sie.

Verdutzt überzeugte ich mich selbst, buddelte mich durch die Erde, fand jedoch keine einzige Kartoffel, nicht einmal mehr die Saatkartoffeln. Schade, dachte ich, da sind uns offenbar ein paar hungrige Tiere zuvorgekommen. So wandte ich mich wieder meinen Tomatenpflanzen zu und staunte. Was war das? Mit der abgeernteten Tomatenpflanze zog ich Kartoffeln aus der Erde. Ich habe doch hier gar keine Kartoffeln gepflanzt, wunderte ich mich. Wollte mich Hannah auf den Arm nehmen? Spielten mir die Kinder einen Streich? Hatten sie die Kartoffeln aus dem Hochbeet genommen und unter die Tomaten gemogelt? Die Kinder stritten das glaubhaft ab. Als ich Paul die Geschichte erzählte, meinte er zunächst, dass ich offenbar unter frühzeitiger Demenz leide. Dann aber konsultierte er das Internet und fand heraus, dass es einen gezüchteten Hybriden aus Kartoffel und Tomate gibt, eine Tomoffel, die wiederum Kartoffeln und Tomaten als Früchte hervorbringt.

Offenbar hatte ich beim Gärtner, statt einfache Tomatenpflanzen zu kaufen, aus Versehen zu diesen Hybriden gegriffen und sie in die Erde gesetzt. Der Fehlgriff entpuppte sich als Glücksgriff, sowohl die Kartoffeln als auch die Tomaten schmeckten köstlich.

Was lohnt sich und was lohnt sich nicht? Was bauen wir an? Steht man schweißüberströmt mit Hacke und Spaten auf dem Kartoffelacker, ist das eine Frage, die sich zwangsläufig aufdrängt. Doch auch im Frühjahr 2018 packte Hannah und Luisa wieder die Gärtnerlust, und als wir dann vor den vielversprechenden Setzlingen standen, den Tontöpfen und pastellfarbenen Gießkannen, begann der Gärtnerwahnsinn aufs Neue.

Hannah und Luisa gingen an das Gärtnern anders heran als ich, sie waren weniger ertragsfixiert, für sie war der Weg das Ziel. Und so verabschiedete ich mich von meinen perfektionistischen Ansprüchen. Ich gab mein ursprüngliches Ziel auf, das Essen weitgehend aus der eigenen Erde zu ziehen, und begann, das Gärtnern als Chance zu sehen, mit den Mädchen im Gespräch zu bleiben. Nebeneinander in der Erde buddeln und dabei das eine oder andere Gespräch führen, bevor die Freundinnen anfangen würden, Duckface-Selfies auf Instagram zu posten. Bis zu diesem Zeitpunkt hatten die Mädchen weder Zugang zu Computern noch zu Smartphones und bei keinem der beiden ging damit ein Gefühl des Mangels einher.

»Pass auf, dass deine Töchter nicht bald auf Facebook posten«, war eine Warnung, die mir Mütter älterer Töchter immer wieder mit auf den Weg gaben. Nur allzu schmerzhaft hatten sie erfahren müssen, wie die eigenen Töchter gephotoshoppte Bilder makelloser Schönheiten für bare Münze nahmen, woraufhin ihr Selbstwertgefühl erodierte.

Unser liebstes Thema beim Gärtnern war die Mischkultur. Man stelle sich eine Wiese vor, auf der alle möglichen Blumen und Kräuter und Gräser auf kleinstem Raum hervorragend gedeihen. Sie konkurrieren zwar um Licht und Wasser, halten sich aber auch gegenseitig die Schädlinge vom Leib. In der landwirtschaftlichen Monokultur dagegen wachsen die Pflanzen nur durch den massiven Einsatz von Dünger und Pestiziden. Die Mischkultur orientiert sich an den natürlichen

Pflanzengemeinschaften und geht davon aus, dass man durch die kluge Kombination verschiedener Pflanzen eine reiche Blüte und gute Ernte erzielt. Unsere Gärtnerbibel hieß »Mischkultur im Hobbygarten« aus der Feder von Schwester Christa Weinrich, die in der Abtei Fulda einen beneidenswerten Klostergarten betreute – und das so viel besser konnte als wir.

So folgten wir dem Tipp von Schwester Christa und pflanzten beispielsweise Kapuzinerkresse auf die Baumscheiben unserer Obstbäume, um Läuse fernzuhalten. Wunderhübsch sah das Bild im Buch aus, ein pittoresker Apfelbaum, an dem sich eine voluminöse, blühende Kapuzinerkresse rankte. Als Baumscheibe bezeichnet man im Gartenbau den Boden unter dem Baum, wobei der Radius der Baumscheibe ungefähr dem Ausmaß der Krone entspricht. Ich weiß nicht, warum bei uns die Kapuzinerkresse einfach nicht gedeihen wollte. Ich pflanzte mehrere hintereinander an die gleichen Stellen, Dutzende Kapuzinerkresse-Samen gleich noch mit dazu, aber es nützte nichts, die Pflanzen kümmerten dahin. Prompt bekamen die jungen Obstbäume Läuse und mit den Läusen kamen die Ameisen.

Die Ameisen und die Läuse gehen eine für den Gärtner ungünstige Symbiose ein: Die Blattläuse ernähren sich vom Pflanzensaft, Teile davon scheiden sie wieder aus, den sogenannten Honigtau. Dieser zuckerhaltige Insektenkot übt wiederum eine unwiderstehliche Anziehungskraft auf Ameisen aus. Sie bevölkern nun ihrerseits die Pflanze, um den Honigtau zu fressen, der auf den Blättern klebt. Gerne saugen die Ameisen den Honigtau auch direkt aus dem Hinterteil der Blattläuse – sie »melken« diese dann. Im Gegenzug schützt die Ameise die Blattlaus vor natürlichen Feinden wie den Marienkäfern, sodass sich die Läuse ungestört vermehren können.

Wir knipsten die stark betroffenen Blätter ab und verbrannten diese. Außerdem pflanzten wir Majoran auf die

Baumscheibe, um die Ameisen zu vertreiben. Doch wie zuvor die Kresse verkümmerte auch der Majoran. Also kaufte ich Backpulver, vermischte es mit Puderzucker und streute es auf die Ameisenstraßen. Außerdem legte ich ausgepresste Zitronen an das untere Ende des Baumstamms. So fand der Ameisenspuk ein schnelles Ende. Hubertus bestärkte mich darin, die Pflanzen keinesfalls mit Insektiziden zu spritzen, da diese der Umwelt massiv schaden würden.

»Ich kann nicht verstehen, warum immer alle auf den Glyphosat-Verbrauch der Landwirte verweisen«, schimpfte er bei dieser Gelegenheit. Hubertus jobbte zu dieser Zeit bei einer großen Gärtnerei und konnte über die hohe Pestizidnachfrage von Privatleuten nur den Kopf schütteln. »Unfassbar, wie viel Tonnen Gift die Leute in ihren Privatgärten versenken. Da schreien sie immer nach Umweltschutz und schmeißen selbst Unkrautvernichter auf ihren Rasen.«

Neben der Kapuzinerkresse auf Baumscheiben ließen wir uns von Schwester Christa beim Obst- und Gemüseanbau inspirieren. So pflanzten wir zwischen den Erdbeerpflanzen Steckzwiebeln, welche die Erdbeeren vor Grauschimmel bewahren sollten. Dass ich trotzdem keine einzige Erdbeere zu Gesicht bekam, lag wohl an den Vögeln und den Kindern.

Erdbeeren wie auch Kartoffeln eignen sich nicht wirklich für den Eigenanbau, weil sie im Verhältnis zum Ertrag zu viel Fläche benötigen. Auf der anderen Seite sind gerade Beeren so astronomisch teuer, dass sich der Eigenanbau doch wieder lohnt. Zudem stehen die käuflich zu erwerbenden Erdbeeren im Verdacht, voller Pestizide zu sein. Als unproblematisch und ertragreich für den Eigenanbau haben sich Johannisbeeren und Brombeeren erwiesen. Die Brombeere lässt sich außerdem sehr dekorativ an Rosenbögen binden, sodass die sehr große Pflanze wenig Platz beansprucht.

Aus dem gleichen Grund sind auch die in die Höhe wachsenden Tomaten für den Eigenanbau so geeignet. In die Tomatentöpfe setzten wir außerdem Salat, Ringelblumen, Studentenblumen und Petersilie. Und wir versuchten noch eine weitere von Schwester Christa empfohlene Kombination: Paprika und Brennnessel. Leider schien der Brennnessel der von mir gewählte Standort zu missfallen. Sie bekam Läuse. Neidisch beäugten wir den riesigen Brennnesselbusch, der nur wenige Meter entfernt am Waldrand stand und sich offenbar pudelwohl fühlte. Hannah und Luisa wurden nicht müde, mich zu fragen, was bei unserer Brennnessel wohl schieflaufe, wo doch die Schwesterpflanze von ganz allein so wunderbar gedeihe.

Vielleicht lagen unsere Missernten auch an der Erde, denn diese ist weitaus wichtiger, als man zunächst vermuten mag. Pflanzerde ist nicht gleich Pflanzerde, nein, es geht um den Gehalt an Torf und Ton und Sand und Kalk – ist der Boden sauer oder alkalisch, lehmig oder locker. Nun hat jede Pflanze ihre ganz eigenen Ansprüche an den Boden, was den Anbau durchaus kompliziert gestalten kann. Einig sind sich die Pflanzen nur dahingehend, dass sie einen guten Dünger brauchen, also Nährstoffe, die sie wachsen und gedeihen lassen. Und diese stecken in der Komposterde, dem schwarzen Gold des Gärtners.

Der Komposthaufen ist für jeden Gärtner ein Highlight, ja, er ist Balsam für die von Missernten geschundene Seele. Man kann ihn wenden, häckseln, gießen, Luftrohre einfügen und Kompostbeschleuniger einbringen; man kann es aber auch lassen und einfach nur seine Abfälle draufwerfen. Dann wächst er garantiert trotzdem. Und anders als die Pflanzen, die es immer persönlich zu nehmen scheinen, wenn man sich um sie nicht kümmert, ist der Komposthaufen ein echter Freund. Er verzeiht es auch, wenn man sich eine Zeit lang nicht meldet.

Das Wichtigste bei der Pflege eines Komposthaufens ist die Liste der Abfälle, die man nicht dazugeben sollte, wenn man keine unangenehmen Plagegeister anziehen möchte. Bananenschalen eignen sich beispielsweise eher weniger. Pflanzliches Material ab auf den Kompost, dachte ich zunächst und freute mich darüber, dass die Bananenschalen offenbar in Windeseile kompostierten. Erst als ich einen Motorschaden hatte und einen Blick unter die Motorhaube meines Autos warf, wurde mir klar, dass die vielen Bananenschalen mitnichten kompostiert waren. Bestens erhalten lagen sie unter der Motorhaube, in die unmöglichsten Ecken gestopft, ein nach Bananen verrückter Marder hatte sie offenbar ins Auto geschleift und dabei gleich noch ein paar Kabel angebissen.

Hat man Haustiere, ist die Versuchung groß, auch die tierischen Ausscheidungen auf den Kompost zu werfen. In der Tat gibt es kaum etwas Besseres für den Kompost als Kaninchenkötel, die bereits kompostierte Essenz von Heu und Gemüse. Kompostierbar sind auch die Nebenprodukte der Tierhaltung wie Stroh und Heu. Darüber hinaus lockern sie den Kompost auf, sodass kleine Luftpolster entstehen. In den Kompost Sauerstoffrohre zu legen ist dann nicht mehr notwendig.

Den Hühnermist entsorgen wir hingegen immer in der Biotonne, denn in den Ausscheidungen von Fleisch- und Allesfressern können Krankheitserreger enthalten sein, die den Pflanzen später mehr schaden als nutzen. Unsere Hühner bekommen zwar ausschließlich Körner und Gemüse zu fressen, doch sie ziehen jede Menge Würmer aus dem Boden, manchmal erwischen sie auch eine Blindschleiche oder eine Kröte. Würden wir unseren Hühnermist kompostieren, müssten wir dafür sorgen, dass der Komposthaufen über einen gewissen Zeitraum eine hohe Temperatur erreicht, sodass Viren und Keime keine Chance hätten, in der Komposterde zu überleben.

Wir entschieden uns also, nur unbedenkliches Material zu kompostieren, und so konnten auch die Kinder entspannt darin wühlen.

Für Kinder ist ein Komposthaufen die Erfüllung ihrer kühnsten Matschepampe-Träume. Sie können zusehen, wie ein Kürbis zerfällt und sich auflöst, wie er sich mit den Eierschalen und dem Stroh vermischt. Welches Kind schmeißt nicht gerne alles zusammen, rührt und riecht und stochert? Und wenn sie mit einer Schaufel Löcher in den Haufen buddeln, dann dampft es da raus und sie können spüren, wie die Erde atmet. Doch der Komposthaufen ist viel mehr als das. Er vermittelt den Kindern nichts Geringeres als den Kreislauf des Lebens.

Von außen wirkt ein Komposthaufen recht statisch, drinnen aber wird ordentlich gearbeitet. Regenwürmer, Tausendfüßler und Asseln fressen die Pflanzenreste und scheiden sie wieder aus, Mikroorganismen wie Bakterien und Pilze zersetzen dieses organische Material. Es entsteht Humus: dunkle, nach Wald duftende Erde voller Nährstoffe, Stickstoff und Phosphat, der Motor des Wachstums. Dieses schwarze Gold des Gärtners ist kostbar, auch in ganz profaner Hinsicht, denn gute Erde ist teuer, so teuer, dass sich der Bau eines Komposters auf jeden Fall lohnt. Als mir Phil einen einfachen, zwei Kubikmeter umfassenden Komposter bauen sollte, meinte er, dass sich die Arbeit nicht lohne, und schlug vor, die Erde einfach beim Gartencenter zu holen. Also rechnete ich ihm vor, dass zwei Kubikmeter Bio-Komposterde rund 600 Euro wert seien, während sich die Ausgaben für den Bau des Komposters, also für Bretter und Schrauben, auf 200 Euro beliefen.

Eine wild blühende Wiese braucht keinen Kompost, da die in den Pflanzen enthaltenen Nährstoffe über die natürliche Kompostierung wieder in den Boden gelangen. Ein abgefallenes Blatt, das braun und verwelkt am Boden liegt, wird von Bodenorganismen wie Würmern verdaut und dadurch zu nährstoffreicher Erde. Junge Pflanzen nehmen diese Nährstoffe wieder auf, wachsen, gedeihen, und irgendwann zerfallen auch sie und der Kreislauf des Lebens beginnt von vorne.

Als Hannah zum ersten Mal verstand, wie Verrotten und Gedeihen zusammenhingen, fand sie das cool. Vor allem dass nicht nur pflanzliches Material zersetzt wird, sondern auch tote Tiere. Und dass aus allem wieder Neues entsteht. So kam ihr die Idee, auf Prusselises Grab einen Baum zu pflanzen, der, vollgesogen mit Nährstoffen aus Prusselises Kadaver, prächtig blühen sollte – einen »Hühnerbaum«, durch den Prusselise für uns sichtbar weiterleben könne. Ich musste in diesem Zusammenhang an einen Friedhof denken, den ich viele Jahre zuvor besucht hatte. Es war eigentlich mehr ein Wald als ein Friedhof, weitab von städtischem Betrieb, irgendwo in Schleswig-Holstein. Selten zuvor hatte ich einen derart mystischen Ort erlebt, die uralten riesenhaften Bäume schienen uns Trauergästen etwas zuzuflüstern, das Blattwerk rauschte friedlich im warmen Wind. Es war ein Ort des Friedens und nirgendwo schien man den Toten näher zu sein als dort.

Phil fand an der Idee des »Hühnerbaums« den Gedanken spannend, dass nichts aus dieser Welt wirklich gehen kann, dass alles bleibt, sich nur die Seinszustände ändern – und so auch der Tod des Menschen nicht das Ende, sondern nur der Beginn einer Metamorphose ist. Luisa überlegte daraufhin, ob sie sich nach ihrem Tod lieber in einen Baum oder einen Himbeerbusch transformieren wollte. Sie wählte den Himbeerbusch, denn Bäume würden ja irgendwann gefällt werden, und dieses Schicksal wolle sie sich ersparen. Luisa sprach so unbefangen über den Tod, wie es eben nur Kinder tun, weil er für sie Lichtjahre entfernt ist.

Über den Komposthaufen lässt sich nicht nur wunderbar philosophieren, ihm wohnt auch ein gesellschaftspolitisches Moment inne. In sämtlichen Gärtner-Weltflucht-Zeitschriften ist der Komposthaufen neben dem Gartenzwerg zum Symbol des kleinen, privaten Gärtnerglücks avanciert. Somit wirkt er zunächst einmal radikal unpolitisch und scheint etwas zu verkörpern, das Soziologen seit Jahren zu Recht mit Sorge beobachten: den Rückzug der Bürger ins Private.

Doch bei näherer Betrachtung erweist sich der Komposthaufen als gelebter Umweltschutz und geht damit in seiner Wirkung weit über das private Glück hinaus. Mit ihm vermeidet man Müll, produziert Erde, bietet Igeln Winterquartiere und zahllosen Insekten und Würmern eine Brutstätte. Und wer mit dem Hegen eines Komposthaufens beginnt, baut vielleicht bald Gemüse an, lässt für die Bienen und Schmetterlinge eine Wiese stehen, inspiriert Freunde und Familie. So kann der Komposthaufen zur Keimzelle einer nachhaltigeren Welt werden. Denn so wichtig die großen umweltpolitischen Debatten und Bestimmungen sind, die Demonstrationen und die Klimaziele, mindestens genauso wichtig ist auch der täglich gelebte Umweltschutz jedes Einzelnen. Und so liegt auch in der Hinwendung zum Naheliegenden, Machbaren eine Chance auf Veränderung.

16

Milbeninvasion in Darth Vaders Reich

Nachdem zuerst Agathe und dann die Namenlose dem Habicht zum Opfer gefallen waren, staksten die verbliebenen vier Hennen ein wenig verloren durchs Gehege. Die entstandene Lücke füllte bald unerwarteter Besuch aus: ein Rabe aus dem Wald. Er war beeindruckend groß, seine Flügelspannweite betrug bestimmt einen Meter, sein Gefieder glänzte schwarz. Oma Elli hatte ihn zuerst entdeckt, belustigt erzählte sie uns eines Tages, dass die Hühner soeben gemeinsam mit einem Raben in der Erde scharrten.

Raben haben die Menschheit schon immer fasziniert. Im Mittelalter galt der schwarze Vogel als Kriegs- und Todesbote, als Unheilbringer, was damit zusammenhängen mag, dass Raben, die auch Aas fressen, auf den europäischen Schlachtfeldern in bemerkenswerten Massen auftraten. Zugleich genoss der Rabe in diversen Kulturen ein hohes Ansehen, allen voran bei den Wikingern. Sie glaubten an Odin, den Göttervater, dessen wichtigste Berater die beiden Raben Hugin und Munin waren. Auf Odins Schultern sitzend, informierten sie ihn über ihre Entdeckungen und das Weltgeschehen. Doch die Raben hatten nicht nur eine zentrale Bedeutung in der nordischen Mythologie, sie erfüllten auch eine wesentliche Funktion im alltäglichen Leben der Wikinger. So wurden sie auf den Eroberungsfahrten über den nordatlantischen Ozean als Wegweiser und Landentdecker eingesetzt.

Nun hatten wir ein Prachtexemplar dieser sagenumwobenen Vögel in unserem Garten. Munter stolzierte es zwischen den Hühnern umher und pickte deren Körner auf. »Wir könnten ihm beibringen zu gackern«, schlug Phil vor, der wusste, dass Raben »Fremdsprachen« beherrschen, also Laute anderer Lebewesen wie Hundebellen nachahmen können. Tatsächlich sind Raben laut Erkenntnissen von Tierethnologen blitzgescheit, sie gehören zu den klügsten Tieren der Welt. Beispielsweise benutzen sie gezielt Werkzeuge, um an Futter heranzukommen, und sind auch in der Lage, das Werkzeug vor Konkurrenten zu verstecken, um es am nächsten Tag erneut zu verwenden.

Einen weiteren Beweis für ihre Intelligenz haben sie in einem kürzlich durchgeführten Experiment schwedischer Forscher erbracht, bei dem sich die Raben auf einen Tauschhandel einließen. Sie bevorzugten Wertmarken statt Leckerbissen, wenn sie die Marken zu einem späteren Zeitpunkt gegen einen noch höher bewerteten Leckerbissen eintauschen konnten. Damit bewiesen sie Selbstbeherrschung und vorausschauendes Planen, so die Forscher.

Hannah, die aus der Grundschule die Fabel vom Raben und dem Fuchs kannte, hatte ein ganz anderes Bild vom Raben im Kopf. Sie betrachtete ihn, entsprechend der Fabel, als eitlen Narren. Dennoch hatte sie die fixe Idee, ihn zu domestizieren, und warf ihm eifrig Körner vor den Schnabel.

Als potenzielles neues Familienmitglied bekam der Rabe auch einen Namen. Angesichts seines majestätischen Auftretens und seines schwarzen Federkleids stand dieser für Phil schnell fest: Darth Vader. Vielleicht hätte zu einem Raben, der auf einer

Mini-Farm am Waldrand lebt, ein Name wie Heinrich besser gepasst, aber natürlich sind trotz des Bauernhof-Kokons die großen Erzählungen der Gegenwart auch an meinen Kindern nicht spurlos vorbeigegangen. Für mich ist es in Ordnung, wenn meine Kinder Filme schauen, solange dies in einem zeitlich begrenzten Rahmen stattfindet. Denn klar hat auch der TV-Konsum ein ungesundes passives Moment. Science-Fiction-Filme wie Star Wars sind mir besonders suspekt mit ihrem von der Realität abgehobenen Laserschwert-Setting. Doch Filme zeigen immer noch Menschen mit Gefühlen; sie geben uns strahlende Lichtgestalten und Schurken, die sich tief in unser Gedächtnis eingraben. Und so hatte Darth Vader als Antiheld und ewig Suchender einen festen Platz in Phils Gedankenwelt.

Der Rabe im Hühnergehege machte seinem Namen alle Ehre. Ein Darth Vader lässt sich schließlich nicht domestizieren, daher flog er eines Tages davon und kam nicht wieder. Ein Jahr später hörte ich aus dem Hühnergehege panisches Gegacker. Ich stürzte zum Fenster und sah, wie sich zwei riesige Vögel in der Luft balgten und dann auf dem Boden ihren Kampf fortsetzten, direkt neben dem Hühnergehege. Einer der Vögel war unverkennbar ein Habicht, der andere ein Rabe oder eine Krähe, das konnte ich bei dem Kuddelmuddel nicht erkennen. Die Hühner und Kaninchen stoben in ihre jeweiligen Ställe, die Hühner schreiend, die Kaninchen in stummer Panik. Nach wenigen Sekunden lösten sich die Vögel voneinander und flogen davon. War das nun Darth Vader, der seine alten Freunde vor dem Habicht beschützte? Natürlich, meinten die Mädchen; sicherlich nicht, meinte Paul.

Nachdem Darth Vader die Hennen verlassen hatte, wirkten sie noch einsamer als zuvor und so machten wir uns zum ersten Mal Gedanken darüber, einen Hahn zu kaufen. Ich rief Marie an, eine Freundin, die eine private Zwerghuhnzucht betreibt. Sie hätte Hühner abzugeben, teilte sie mir mit, ebenso wie junge Hähne, ich solle einfach vorbeikommen und sie mir mal ansehen. Ich fuhr mit Luisa hin, zusammen standen wir am Gehege und bestaunten die vielen Dutzend Zwerghühner, die noch kleiner waren als unsere Zwerg-Welsumer. Wir verliebten uns spontan in einen Babyhahn, klein wie eine Amsel und ebenso schwarz, sowie in zwei winzige Hennen, rot-weiß getupft und zuckersüß.

»Und so groß werden ihre Eier«, erklärte mir Marie und zeigte mir welche, die ungefähr halb so groß waren wie ein Standardei der Größe M. Für die Eier lohnt sich der Kauf nicht, dachte ich mir, wurde im Laufe der Zeit aber eines Besseren belehrt. Denn das Eidotter ist nur unwesentlich kleiner als bei einem normalen Ei; die Zwerghuhn-Eier haben nur einfach weniger Eiweiß. Und in puncto Geschmack toppt das Zwerghuhn-Ei das normale um Längen.

Hannah und Luisa waren von unseren Neuzugängen hingerissen und verbrachten die darauffolgenden Wochen jeden Tag damit, die Kleinen einzugewöhnen. Sie nannten sie Daisy, Patma und – angelehnt an Darth Vader – Darthi. Paul und Phil, die bisher kein allzu großes Interesse an der Hühnerschar gezeigt hatten, mochten den Hahn sofort.

Hatte Paul zunächst Sorge, dass Darthi zu laut krähen könne, so verkehrte sie sich bald ins Gegenteil, denn der kleine Kerl gab keinen Mucks von sich. Eingeschüchtert saß er mit Daisy und Patma im Gehege und beobachtete misstrauisch die in seinen Augen riesengroßen Zwerg-Welsumer. Nachdem Darthi viele Wochen stumm geblieben war, begann er irgendwann damit, räuspernde Laute von sich zu geben. Das hilflose Krr und Ki entwickelte sich allmählich zum Kiki und Krrä. Phil, Hannah und Luisa verfolgten den Stimmbruch von Darthi mit großer Aufmerksamkeit und viel Anteilnahme. »Meinst du, er wird jemals ordentlich krähen?«, fragten sie mich immer wieder.

Eines Tages war es dann so weit. »Hast du das gehört?« Luisa kam aus dem Garten herbeigerannt. »Der Gockel hat kikeriki gemacht!« Es war Darthi deutlich anzumerken, wie stolz er darüber war, endlich krähen zu können. Triumphierend warf er von nun an seinen Kopf in den Nacken und posaunte seine Männlichkeit in die Welt hinaus. Er krähte so lange, bis er heiser war. Meist begann er morgens um vier und hörte erst mittags auf, wenn die Stimmbänder versagten.

Für Darthi war die erste Zeit bestimmt sehr anstrengend: Neben der Ausbildung seiner Stimme musste er jeden Tag erneut die Hackordnung ausfechten. Denn da er noch kein voll ausgewachsener Hahn war, wurde seine Führungsposition immer wieder infrage gestellt. Normalerweise steht ein Hahn in der Hackordnung einer Herde an oberster Stelle, denn er ist in aller Regel den Hennen körperlich überlegen. Als Junghahn nahm Darthi jedoch neben Patma und Daisy zunächst einen der unteren Ränge ein. Es dauerte eine Weile, bis sich der Gockel kräftig genug fühlte, um sich seinen Platz an der Spitze zu erkämpfen.

Das soziale Gefüge der sieben Hühner war parallel zu Darthis Entdeckung seines männlichen Ichs dynamisch und unruhig mit stets wechselnden Allianzen. Hildegard war die erste der vier Welsumer-Damen, die zum neuen Lager überlief. Sie fand Darthi, Daisy und Patma offenbar großartig und folgte den Neuen auf Schritt und Tritt. So war die Herde für einige Zeit in zwei Lager geteilt: auf der einen Seite die neuen Hühner samt Hilde, auf der anderen Berta, Waltraut und Renate. Es war mal wieder ein äußerer Feind, der die Herde zusammenbrachte.

Wir wollten gerade ins Auto steigen und in den Urlaub fahren, als Oma Elli mit betretenem Blick aus Richtung Hühnergehege kam. »Kommt ihr noch mal bitte, ich muss euch was zeigen.« Ich hatte nun schon einige tote Hühner gesehen, aber ich habe mich nie daran gewöhnt. Wir untersuchten das

Huhn, das kalt und steif im Stall lag, konnten aber keinerlei Verletzung feststellen. Luisa identifizierte es als Berta.

»Vielleicht haben die anderen Hühner Berta umgebracht«, mutmaßte ich. Ich hatte gelesen, dass Hühner unter bestimmten Umständen kannibalistische Neigungen entwickeln können. Doch Berta zeigte keinerlei Anzeichen einer äußeren Gewalteinwirkung, ihr Gefieder war intakt, sie blutete nicht. Wir waren ratlos.

Bei Hühnern gibt es verschiedene Formen von Kannibalismus, leichte sowie schwerwiegende, wobei es manchmal harmlos beginnt und dann fatal endet. So kann beispielsweise das Federpicken, bei dem Hühner gezielt Federn eines Artgenossen abrupfen und fressen, im schlimmsten Fall mit dessen Tod enden. Denn sobald das malträtierte Huhn ernsthafte Wunden davonträgt, fühlen sich die Artgenossen ermuntert, noch heftiger zu picken. Am schwerwiegendsten ist sicherlich der Kloakenkannibalismus, bei dem die betroffene Henne buchstäblich von hinten aufgefressen werden kann. Als Kloake bezeichnet man beim Huhn den Körperausgang, den sich Verdauungsorgan und Geschlechtsorgan teilen.

Als Phil davon erfuhr, fühlte er sich in seinen Vorbehalten gegenüber Hühnern bestätigt. »Das ist ja widerlich«, schimpfte er. Auch Hannah und Luisa reagierten entsetzt und wollten mit Hühnern zunächst nie wieder etwas zu tun haben. Sie waren davon ausgegangen, dass die Aggression eines Huhnes nicht über das Fressen eines Wurmes hinausgehen könne. Doch sie waren sehr erfinderisch darin, diesen Konflikt in kürzester Zeit für sich zu lösen. »Es mag Hühner geben, die so was machen«, konstatierte Hannah, »unsere aber sicherlich nicht.«

Dass unsere Hühner »so etwas« nicht machen, mag daran liegen, dass sie artgerecht gehalten werden. Auch wenn die Ursachen des Hühner-Kannibalismus bis heute nicht abschließend erforscht sind, so deutet doch einiges darauf hin, dass ungünstige Haltungsbedingungen ursächlich sein können. Zu wenig Platz, mangelnde Beschäftigung, fehlende Rückzugsmöglichkeiten, grelles Licht – all das, worunter Hühner in Massentierhaltungen, den sogenannten Legebatterien, zu leiden haben, kann zu so einem Verhalten führen. Zur Verteidigung der Hühner soll an dieser Stelle zudem erwähnt sein, dass die Wissenschaft in diesem Zusammenhang auch eindeutig von einem Fehlverhalten spricht, einem Verhalten, das von der Norm abweicht. Bei den Urhühnern, den Bankivahühnern, die bis heute in den asiatischen Wäldern leben, ist von kannibalistischen Neigungen jedenfalls nichts bekannt.

Während unserer Abwesenheit machte Oma Elli zwei Beobachtungen, die uns auf die Spur des mysteriösen Killers brachten. Ihr fiel auf, dass die Hühner am Abend nur sehr widerwillig oder gar nicht in den Stall gehen wollten, ganz so, als ob sie irgendwas Fürchterliches dort drin erwartete. Normalerweise freuen sich Hühner am Abend auf ihren Stall, da sie ahnen, dass sie dort vor Mardern und Füchsen geschützt sind. Meiden Hühner ihn, ist das immer ein Alarmsignal. Und dann entdeckte Oma Elli nach jedem Ausmisten winzige Insekten, die auf ihrer Hand krabbelten. Und plötzlich hatte ich eine schreckliche Vermutung: Die Hühner litten unter der berüchtigten roten Vogelmilbe – und die drei Kleinen hatten sie eingeschleppt.

Nach unserem Urlaub warf ich eine Handvoll Sand in eine Holzritze des Stalles und tatsächlich purzelten Milben heraus, jede einzelne so winzig, dass man sie mit bloßem Auge gerade noch erkennen konnte. Die Mädchen untersuchten die Hühner und entdeckten rote Einstichstellen unter dem Gefieder.

Vogelmilben sind Parasiten, die sich tagsüber in den Stallritzen verstecken und für die Halter daher zunächst unsichtbar bleiben. Sie kommen erst nachts heraus, um über die Hühner herzufallen und ihr Blut zu saugen. Winzige Vampire, die Krankheiten übertragen, Immunschwäche und Infektionen verursachen. Sie saugen die Hühner teilweise so lange aus, bis diese sterben. Vollgesogen mit Blut, färben sich die eigentlich farblosen Milben rot, daher der Name rote Vogelmilbe. Natürlich vermehren sich die Parasiten auch in Windeseile: Alle sieben bis zehn Tage wird eine neue Milbengeneration geboren, sodass mit jeder Woche, die vergeht, eine größere Vampirschar an den Hühnern saugt.

Ich hatte schon oft über Milbenplagen in Hühnerställen gelesen, aber stets gedacht, dass ich mich mit diesem Problem niemals befassen müsste. Schließlich nahmen unsere Hühner regelmäßig reinigende Sandbäder: Dabei verteilt sich der aufgewirbelte Sand im gesamten Gefieder, die Parasiten bleiben im Sand hängen und werden mit diesem nach dem Bad aus dem Gefieder geschüttelt. Auf diese Weise befreien sich die Hühner von einem Großteil der Parasiten.

Aus dem Urlaub zurückgekehrt, kauften wir sofort Steinmehl, das noch viel feiner und damit wirksamer ist als Sand, und bestäubten damit die Hühner und den Stall – wohl wissend, dass diese Maßnahme nur kurzfristig helfen würde. Zudem war die Arbeit äußerst zeitraubend, da wir unseren Lungen zuliebe vermeiden mussten, das feine Steinmehl einzuatmen. »Du kannst jetzt Fipronil kaufen, oder willst du jeden Tag im Staub baden?«, lästerte Paul und brachte damit das Problem auf den Punkt. Wie ökologisch kann man arbeiten?

Ich hörte mich bei anderen privaten Hühnerhaltern um und erfuhr, dass etliche von ihnen ihren Holzstall mit Insektiziden behandelten. Meine Freundin Mona, die inzwischen auch in die Hühnerhaltung eingestiegen war, empfahl mir einen Kunststoffstall. Dieser sei zwar teuer und unansehnlich, aber dafür sehr praktisch. Mit Milben hätten sie dort nicht zu kämpfen. Die glatten Innenwände des Stalles würden es den Schädlingen unmöglich machen, sich zu verstecken, bestätigte der Hersteller. Zähneknirschend kauften wir den sündhaft teuren Stall und polsterten den Kunststoffboden mit Zeitungspapier, Stroh und Heu aus.

Die Hühner spürten sofort die Veränderung. Neugierig hüpften sie über die Hühnerleiter in den neuen Stall und kuschelten sich in das Stroh. Sicherheitshalber badeten wir sie zwei weitere Tage in Sand, um die Parasiten aus dem Gefieder zu waschen, und wechselten eine Woche lang täglich das Stroh im Stall. Damit war der Vampir-Spuk endgültig beendet.

Nachdem an der Hühnerfront endlich wieder Ruhe eingekehrt war, sorgte Phil für neuen Diskussionsstoff. Er wünschte sich seit Jahren einen Hund und er suchte sich diesen Sommer aus, um dafür auf die Barrikaden zu gehen. Paul fand die Idee wunderbar, er würde dann gleich einen Jagdhund kaufen und mit ihm eine Jagdausbildung machen.

Ein Hund? Um Himmels willen. Ich hatte doch Angst vor Hunden. Als ich klein war, wohnten wir eine Weile neben einem Bauernhof, der von einem riesenhaften Bernhardiner bewacht wurde. Und natürlich führte der einzige Weg ins Dorf an dem Hof und dem Hund vorbei. Jedes Mal wieder raste er zähnefletschend auf mich zu und jedes Mal wieder wurde er einen knappen Meter von mir entfernt von einer langen scheppernden Eisenkette zurückgerissen. Der Hund war zu aggressiv, als dass ich mich an ihn gewöhnen konnte. Ich hoffte einfach nur jeden Tag aufs Neue, dass die Kette nicht sprang und dass sie an diesem Tag nicht länger war als am vorherigen.

Gegen die Anschaffung eines Hundes sprach auch, dass er zu viel Arbeit machte. Und so brachte ich in der Familiendiskussion zunächst das klassische Argument vieler Eltern vor: Am Ende bleibt es an mir hängen. Und so ist es dann natürlich auch gekommen.

Man kann die Kinder in die Tierpflege einspannen, aber das funktioniert immer nur bis zu einem gewissen Grad. Am

Ende des Tages sind es die Eltern, die für die Tiere Sorge tragen. Kauft man ein Tier und lässt es dann mit dem Kind allein oder eben das Kind mit dem Tier, geht es am Ende schief.

Dem Hundekauf ging also ein längerer Entscheidungsprozess voraus. Am Anfang diskutierten wir die Idee, irgendwann ging es um die Rasse und schließlich um die Frage, ob wir einen Hund vom Züchter oder aus dem Tierheim nehmen sollten.

Und dann hatte ich ein Schlüsselerlebnis. Ich besuchte ein Elterntreffen von Phils Klasse. Wir hatten uns in einem Biergarten verabredet, die Runde war nett, belangloser Small Talk. Und nach ein paar Gläsern Bier kam die Rede aufs Thema PC-Spiele. Ein Vater berichtete, dass sein Sohn der virtuellen Welt völlig verfallen sei, dass er wenig anderes tue, als vor Computern oder Spielkonsolen zu sitzen, dass er seine Hausaufgaben vernachlässige. Der Vater machte sich Sorgen, denn er hatte das Gefühl, dass diese Freizeitbeschäftigung seinem Sohn nicht guttat. Er war ratlos, wie er seinem Sohn helfen könne. So kam jeder in der Runde mal zu Wort und ich hatte das Gefühl, bei einem Treffen der Anonymen Alkoholiker zu sitzen. Es schien mir, als seien die Eltern unendlich erleichtert, sich endlich mal mit anderen Betroffenen austauschen zu können. Sie alle standen vor dem Problem, dass sie ihre pubertierenden Kinder nicht mehr sanktionieren konnten. Was soll man tun, wenn man einem Zwölfjährigen das Computerspiel verbietet und der sich einfach nicht an das Verbot hält? Eine Mutter erzählte, dass ihr Sohn bis in die späten Abendstunden zocke und nicht mehr in die Schule gehen wolle. Er sei inzwischen in psychologischer Behandlung. Allen am Tisch war klar, dass ihre Kinder ein ernsthaftes Problem hatten, und keiner wusste so recht, wie sich dieses Problem lösen ließ.

Als ich gefragt wurde, wie viele Stunden denn Phil am Tag so zocken würde, traute ich mich kaum zu sagen, dass wir damit tatsächlich kein Problem hatten. »In meinem Haus zockt niemand«, gab ich wahrheitsgetreu zu Protokoll und kam mir gleichzeitig vor wie eine Verräterin. Das empfanden offenbar auch die anderen so, denn sie starrten mich ungläubig und misstrauisch an. Sie entschieden sich schließlich dazu, mir nicht zu glauben. Das war natürlich viel einfacher, als sich zu überlegen, ob es auch für ihre Kinder einen anderen Weg gegeben hätte.

Als ich nach dem Treffen wieder zu Hause war, kam ich ins Grübeln. Die Gespräche hatten mir Angst eingejagt, ich befürchtete, dass es nur eine Frage der Zeit war, bis auch meine Kinder dem Zockerrausch erliegen würden. Die Suchtthematik schien fast schon zwangsläufig zur kindlichen Entwicklung zu gehören. Dein Kind zockt nicht? Gibt's nicht. Und plötzlich erschien mir Phils Wunsch nach einem Hund nicht mehr als Last, sondern als Chance. Mit einem Hund wären unsere Kinder zwangsläufig viel an der frischen Luft, sie hätten ein weiteres Haustier, um das sie sich sorgen und kümmern müssten, einen weiteren vierbeinigen Freund. Ein Hund würde viel Arbeit machen, aber er würde mich in meinen Bemühungen um eine digitalfreie Kindheit auch unterstützen. Er wäre mein Verbündeter. So nahm ich das Telefon und ließ mich bei drei Hundezüchtern auf die Warteliste setzen.

17

Darthi wird flügge

Im Herbst befürchteten die Mädchen, dass Patma, eines der jungen Zwerghühner, für den bevorstehenden Herbst und Winter viel zu dünn sei. »So wird sie die Kälte nicht überstehen«, meinte Hannah. Es hatte seinen Grund, warum Patma zu dünn war. Obwohl die sechs Hühner inzwischen friedlich zusammenlebten, neideten die großen den kleinen noch immer das Futter und erinnerten uns in ihrem Verhalten an Viktualia. Also sahen sich die Mädchen gezwungen, die drei kleinen Hühner eigenhändig aufzupäppeln. Die Regenwürmer und Asseln, die sie im Garten fanden, erschienen ihnen für eine schnelle Gewichtszunahme nicht fett genug; an Kröten und Blindschleichen trauten sie sich wiederum nicht heran und so fiel ihre Wahl auf Schnecken. Luisa baute aus Schuhkartons ein Terrarium, in dem die Tiere jedoch nie lange blieben, denn die Erde weichte die Kartons auf, sodass sich die Schleimer zügig ihren Weg zurück in die Freiheit bahnten.

Zudem erwiesen sich die Schnecken für die kleine Patma leider nicht als das perfekte Mahl. Denn der Schleim, dank dem Schnecken selbst über Rasierklingen gleiten können, verfehlte auch bei der Henne nicht seine Wirkung und verklebte ihren Schnabel. Und zwar so effektiv, dass Patma ihn schließlich nicht mehr öffnen konnte. Zum Glück bemerkten Hannah und Luisa das Malheur rechtzeitig und wuschen der Henne den Schnabel wieder aus, was Patma widerstandslos über sich ergehen ließ. Naheliegend, dass Paul im Scherz vorschlug, Darthi mit Schnecken zu füttern, um ihn vom morgendlichen Krähen abzuhalten.

Dass Schneckenschleim klebt, war mir nicht neu, welches Potenzial in dem natürlichen Klebstoff steckt, allerdings schon. Denn das Gel haftet an nassen Oberflächen, eine außergewöhnliche Eigenschaft, die es für Mediziner interessant macht. Ein nach dem Vorbild von Schneckenschleim entwickelter Superkleber befindet sich noch in der Testphase; 2017 haben Forscher damit bereits ein Loch in einem Schweineherz erfolgreich abgedichtet.

Luisa wusste nichts von dem bahnbrechenden Potenzial des Schneckenschleims, dennoch fand sie die Weichtiere faszinierend und sprach oft davon, wie es denn wäre, sie in einem vernünftigen Terrarium zu halten. »Schnecken können sogar über Nägel kriechen«, erzählte sie ehrlich beeindruckt und berichtete mir über alles, was sie in ihrem Kindertierlexikon über Schnecken in Erfahrung gebracht hatte. Und mal wieder zeigte sich, dass auf den ersten Blick gewöhnliche Tiere interessant werden, wenn man sich mit ihnen beschäftigt.

Dass Schnecken über ganz erstaunliche Eigenschaften verfügen, hatte ich bereits als Kind erfahren: Ich hatte leere Schneckenhäuser gesammelt und in einer Dose aufbewahrt. Eines der Häuser hatte einen merkwürdigen Kalkverschluss an der Öffnung, doch ich dachte mir nichts weiter dabei und legte das Häuschen zu meiner Sammlung. Umso erstaunter war ich, als ich eines Tages die Dose öffnete und eine tote Schnecke sah, die aus dem leer geglaubten Schneckenhaus hervorgekrochen war. Ich hatte dieses Erlebnis längst vergessen gehabt, erst jetzt, als ich mich gemeinsam mit Luisa auf die Spuren der Schnecken begab, erinnerte ich mich wieder daran.

Tatsächlich verkriechen sich Gehäuseschnecken bei andauernder Trockenheit in ihr Häuschen und verschließen dieses mit einem Kalkdeckel. So sorgen sie dafür, dass ihr Körper nicht austrocknet. Erst nach wiederholten und ergiebigen Regenfällen wagt es die Schnecke, ihre Schalenmündung aus Kalk abzustoßen. Viele Monate kann sie bis dahin im Zustand der Trockenstarre überleben, was sie zum leichten Opfer der Gourmetküche macht. So versetzen professionelle Weinbergschneckenzüchter die Weichtiere in eine künstliche Trockenstarre, damit sie haltbar und transportfähig sind. Dafür geben sie die Schnecken in Fässer mit Nudeln, die ein trockenes Klima vortäuschen. Auf diese Weise kommen die Weinbergschnecken schließlich in den Handel.

Ich musste Luisa recht geben: Schnecken haben faszinierende Eigenschaften. Sie sind viel mehr als Salaträuber, und während wir uns durch alle möglichen Schnecken-Ratgeber arbeiteten, wurde uns noch etwas anderes klar: Schnecken sind Wildtiere und wie allen anderen Wildtieren auch sollte man sich ihnen mit Vorsicht nähern. Nicht dass Schnecken beißen oder stechen würden, nein, der Teufel steckt im Schleim. Denn dort können sich Parasiten wie Lungenwürmer verbergen.

Betroffen sind vor allem Hunde, sofern sie eine infizierte Schnecke fressen oder das Gras, auf dem sich kontaminierter Schneckenschleim befindet. Zum Glück kommt das selten vor, da die Schnecken in Deutschland in aller Regel frei von Parasiten sind. Für den Menschen stellt der Lungenwurm zudem keine Gefahr dar. Die Große Achatschnecke, die wir zunächst als Hausschnecke in Betracht gezogen hatten, kann hingegen von Würmern befallen sein, die auch für den Menschen gesundheitsgefährdend sind. Zudem vermehrt sich der Schleimer rasant. Da Schnecken Zwitter sind und damit sowohl weibliche als auch männliche Keimzellen in sich tragen, ist eine vorzeitige Geburtenkontrolle unmöglich. Die Zwitter befruchten sich gegenseitig und legen zuverlässig und regelmäßig Hunderte von Eiern. Je mehr wir über die Spezies lasen, desto mehr Abstand nahmen wir von der Idee, sie als Haustier zu halten. In freier Wildbahn gebärden sie sich als unglaubliche Schädlinge, weil sie Unmengen an Nutzpflanzen vertilgen und damit ganze Ernten vernichten. In Amerika machen die Behörden regelmäßig Jagd auf die handtellergroßen Schnecken und haben das Aussetzen der Spezies sogar unter Strafe gestellt.

Nachdem sich Luisa von der Idee verabschiedet hatte, Achatschnecken in unseren Haustierzoo aufzunehmen, dachte sie über Weinbergschnecken nach. Da wir recht viele Exemplare in unserem Garten haben, wäre es kein Problem gewesen, zwei von ihnen in ein Terrarium zu setzen. Doch wir lernten, dass Weinbergschnecken unter Naturschutz stehen und nicht eingesammelt werden dürfen. So einigten wir uns schließlich darauf, ein richtiges Terrarium aus der Zoohandlung zu besorgen, doch nicht als Zuchtanlage, sondern als eine Art Tagesstätte. Luisa sollte die Möglichkeit haben, die Schnecken aus nächster Nähe zu beobachten. Damit sich die Schnecken wohlfühlten, polsterte sie den Boden des Terrariums mit einer dicken Erdschicht aus und pflanzte darin Löwenzahn und Smoothie-Gras. Außerdem gab sie ein paar Steine und Stöckchen, etwas Moos und Holzrinde dazu. Fand sie ein Tierchen besonders interessant, durfte sie es in das Terrarium setzen, musste es am Abend aber wieder freilassen.

Luisas regelmäßige Ausflüge in die Welt der Kriechtiere zeigten mir mal wieder, dass Kinder und ihre Eltern in einem anderen Takt leben, dass Kinder ein anderes Zeitempfinden haben als Erwachsene. Während ich viel zu ungeduldig war, um den Schnecken länger als zwei Sekunden zuzusehen, saß Luisa auch mal einen ganzen Nachmittag vor dem Terrarium, ohne sich zu langweilen. Sie sperrte einen Regenwurm dazu, einen Käfer oder eine Fliege und beobachtete, wie sich die Tiere verhielten. Oder sie kam auf die Idee, den Schnecken eine flache Schüssel mit Wasser hinzustellen, um ihnen die Möglichkeit zu geben, ein Bad zu nehmen.

Seit dieser Schnecken-intensiven Zeit sind Schnecken für mich ein Indikator meines persönlichen Stresslevels. Ist der Gedanke an eine kriechende Schnecke unerträglich, weiß ich, dass ich gestresst bin. Ertrage ich den Gedanken, ohne an den Nägeln zu kauen, bin ich entspannt. Schnecken sind eine Herausforderung für den modernen Menschen – durch die unendliche Langsamkeit, mit der sie sich bewegen, und diese Ich-habe-Zeit-Attitüde, die sie damit verkörpern. Zeit haben die Schnecken auch, vielleicht nicht die Schnecke als Individuum, aber definitiv als Kollektiv, denn die Schnecke bevölkert die Erde schon seit 500 Millionen Jahren, und es scheint nicht so, als würde sich an ihrer Dauerpräsenz in absehbarer Zeit etwas ändern.

Während Luisa Schnecken beobachtete, begann Darthi, sich für das andere Geschlecht zu interessieren und die Damen regelmäßig zu belästigen. Die Abläufe am Morgen glichen sich: Darthi stürmte als Erster aus dem Hühnerstall und wartete dann auf seine Hennen. Kaum waren diese die Hühnerleiter herabgestiegen, stürzte er zu ihnen. Flink wichen sie aus, woraufhin Darthi sie mit gesenktem Kopf und gesträubtem Halsgefieder verfolgte. Doch er ließ sich immer wieder von den anderen Hennen ablenken, die ins Gehege hüpften, sodass er hektisch hin und her lief und auf diese Weise regelmäßig den Überblick verlor. Seine Avancen liefen meist ins Leere. Aber nicht immer.

Ich bekam ein schlechtes Gewissen, hatte ich den Hennen doch einfach einen Hahn vor die Nase gesetzt. Wollten sie das überhaupt? Konnte ich Darthis Belästigungen, die teils geduldeten, teils erzwungenen Begattungen, gutheißen? Konnte ich das mit meinem feministischen Grundverständnis vereinbaren oder war diese Denkweise der totale Nonsens? War das nicht eben die Vermenschlichung der Tierwelt, die ich eigentlich ablehnte?

Während man aus der Feder männlicher Hobby-Hühnerhalter oft liest, was für ein glückliches Leben die Hennen führen, die mit einem Hahn zusammenleben dürfen, schreiben vor allem Hühnerhalterinnen, dass sie sich zum Wohle ihrer Hennen gegen einen Hahn entschieden haben. In diesem Zusammenhang wird dann gerne darauf verwiesen, wie zerrupft die Hühner aussehen, die mit aufdringlichen Hähnen zusammenleben. In meinem Hühner-Ratgeber ist davon die Rede, dass sich der Hahn, sofern die Henne zur Paarung nicht willens ist, dann eben kurzerhand sein Recht nehme, was sich ein wenig so liest, als ob dem Hahn ein natürliches Recht auf Vergewaltigung zustünde.

Wie bei so vielen anderen Themen wurde mir klar, dass ich die Frage, Hahn ja oder nein, nicht mit menschlichen Maßstäben beurteilen konnte. Tiere handeln eben nicht moralisch. Hält man Tiere, orientiert man sich am besten daran, wie sie in freier Natur leben, und versucht, dies weitestgehend zu imitieren. Und ja, unser Haushuhn stammt vom südostasiatischen Bankivahuhn ab, das in überschaubaren Herden von 16 bis 40 Hühnern lebt. Und klar leben in diesen Herden auch Hähne.

Der Geschlechtsakt zwischen Hahn und Henne, auch Tretakt genannt, ist kurz. Der Hahn besteigt die Henne von hinten und drückt seine Kloake auf ihre, um den Samen zu übertragen. Um die Balance nicht zu verlieren, hält sich der Hahn mit Krallen und Schnabel im Gefieder der Henne fest. Laut meinem Hühner-Ratgeber geht dem Geschlechtsakt ein ausführliches Werben voraus, wobei der Hahn mit Leckerbissen und Locktönen die Henne bezirzt.

Darthi war für eine solche Charmeoffensive wohl zu jung oder zu ungeduldig oder beides, jedenfalls gab er sich nicht die geringste Mühe, seine Damen zu beeindrucken. Er raste ohne weitere Vorwarnung auf die Hennen zu und versuchte, sie zu besteigen. Ich hatte mich gegenüber den Kindern nie bezüglich Darthis Fortpflanzungseifer geäußert und fand es spannend, wie sie das Miteinander beurteilten. Hannah fand Darthi bei aller Sympathie viel zu aufdringlich, daher taten ihr die Hennen leid. Luisa wiederum interpretierte Darthis Verhalten aus der Perspektive einer Drittgeborenen und war der Auffassung, dass Darthi die Hennen ärgern wolle. So stand sie oft im Gehege und wies Darthi laut schimpfend in die Schranken.

Ob sich Darthi nun von Luisa beeindrucken ließ oder die Hennen zu widerborstig waren, jedenfalls nahm der Hahn seine Fortpflanzungspflichten bald nicht mehr ganz so ernst. Das Gefieder aller Hennen sah prächtig aus, unversehrt, und so geriet ich nicht in Verlegenheit, Darthi in den Kochtopf zu stecken. Und dennoch dankte ich den Hühnern für ihr offenes Fortpflanzungsgebaren. Schließlich gab dies den Kindern die Möglichkeit, sich dem Thema Fortpflanzung fernab der schrillen Pornokultur in aller Ruhe und Natürlichkeit zu nähern.

Seit Jahren konstatieren Philosophen das Phänomen, dass sich Prüderie und Pornografie als gegensätzliche Trends in unserer Gesellschaft etabliert haben. Der deutsche Philosoph Alexander Grau spricht in diesem Zusammenhang von einer schizophrenen Kultur. Diese bestehe darin, dass wir auf der einen Seite eine »Porno-Alltagskultur« pflegen, die sich in Erotikmessen, Werbung, Social Media zeige, während auf der anderen Seite eine »sexualethische Korrektheit« mit puritanischen Zügen herrsche. Eine ähnliche Diagnose stellt Robert Pfaller, Professor für Philosophie und Kulturwissenschaft, der in einem Artikel fragt: »Wieso ist die erotische Austrocknung der Kultur begleitet vom massiven Auftauchen von grellem, pornografischem Pop?« Er ist der Meinung, dass die Gesellschaft ihren kulturellen Bezug zur Sexualität verlieren würde, während sie gleichzeitig drastische Bilder der Sexualität zur Schau stelle.

Ein Erlebnis, das eine Bekannte von mir neulich mit ihrem liebestollen Rüden hatte, mag diese These bestätigen. Ihr Golden Retriever hatte sich mitten im Stadtpark auf eine läufige Hündin gestürzt und für entsetzte und peinlich berührte Blicke bei den anderen Spaziergängern gesorgt. Zu allem Überfluss ließ sich das Liebespaar für eine gute Stunde nicht mehr voneinander trennen. Sie hatten sich ineinander verhakt, was bei manchen Hunderassen ein bekanntes Phänomen ist. Die Paarung der Hunde geschah unvorbereitet, in keinem dafür vorgesehenen Rahmen und stellte vielleicht aus diesem Grund eine Provokation dar.

Für Heranwachsende kann es schwierig sein, sich in diesem verwirrenden Wechselspiel von pornografischen Bildern und Prüderie zu orientieren. Das ganz selbstverständliche Fortpflanzungsverhalten von Hühnern mag sich in diese überspannte Kultur so gar nicht einfügen. Aber vielleicht ist es gerade das Selbstverständliche, Profane, das Kindern hilft, die Thematik in ein gesundes Verhältnis zum Leben zu setzen.

Neben dem fehlenden Werben um seine Hennen wich Darthi auch in anderer Hinsicht vom Lehrbuch ab. Darin steht, wie wichtig der Hahn für die Verteidigung der Herde sei und dass er sich bei Gefahr mutig vor den Feind stelle. Eines Tages stand ich am Küchenfenster, als Darthi und zwei weitere Hühner durch den Garten flitzten. Halb flogen sie, halb rasten sie, unverkennbar auf der Flucht. Ich stürmte raus, unsere Nachbarin stand bereits am Tor, winkte aufgeregt und rief, dass ein großer schwarzer Vogel ein Huhn geraubt habe. Nicht schon wieder, dachte ich mir, kann uns der verfluchte Habicht denn nicht endlich in Ruhe lassen? Ich trommelte die Kinder zusammen und wir suchten den Garten zu viert ab. Zunächst war kein einziges Huhn zu finden. Sie waren alle geflohen, hatten sich versteckt, in alle Winde verstreut. Daisy und Waltraut fanden wir schließlich auf den Ästen der Zaubernuss, Hildegard hinter dem Komposthaufen und Berta unter den Stechpalmen.

Von Darthi und Patma aber fehlte jede Spur. Wer von beiden wohl dem Raubvogel zum Opfer gefallen war? Wir tippten auf Patma, schließlich hätte der Habicht nicht die Kraft gehabt, den deutlich größeren Darthi einfach wegzutragen. Er hätte ihn wie die anderen Hühner zuvor auf dem Boden gerupft. Mit der zwar gemästeten, aber immer noch federleichten Patma im Schnabel konnte er dagegen sicher mühelos wegfliegen.

Nachdem wir die vier aufgespürten Hühner in den Stall gebracht hatten, stellten wir die Suche ein. Frustriert ruhten wir uns bei einer Tasse Kakao aus. Wir sorgten uns um Darthi und betrauerten die zuckersüße Patma und natürlich auch Daisy, die nun ihre engste Freundin verloren hatte.

»Was soll Daisy denn nun machen?«, heulte Luisa. »Waltraut ist jetzt das einzige Huhn, mit dem sie sich versteht.«

»Na, dann hat sie doch zumindest eine Freundin, die sie tröstet«, beruhigte sie Hannah. Sie und Phil waren mit ihren Gedanken eher bei Darthi. Käme er bis zur Dämmerung nicht aus seinem Versteck, würde er angesichts der zahlreichen Marder die Nacht kaum überleben. Einen solch lustigen und schillernd schönen Hahn würden sie nie wieder bekommen, jammerten die Kinder. Tatsächlich war Darthi in den vergangenen Wochen zu einem bildschönen Hahn herangewachsen. Sein Bauchgefieder und die ausladenden Schwanzfedern glänzten metallisch grün, sein ebenmäßiger Kamm leuchtete in tiefstem Rot.

Wir saßen in der Küche und die Kinder erzählten sich, was sie mit Darthi alles erlebt hatten, teilten die lustigsten Momente und verhielten sich ganz so, als würden sie über einen soeben Verstorbenen sprechen. Ich bemängelte bei dieser Gelegenheit die Verteidigungsbereitschaft von Darthi. Doch die Kinder wollten davon nichts hören, ich könne doch von einem so kleinen und jungen Hahn nicht erwarten, dass er sich ernsthaft gegen einen Habicht stelle.

Nach rund zwei Stunden vernahmen wir ein zaghaftes Kikeriki. »Ich habe Darthi gehört!«, schrie Luisa und rannte raus.

Ein weiteres schüchternes Krähen brachte uns auf die Spur. Wir durchforsteten die dichte Thujenhecke und entdeckten darin Darthi, der zwischen den Zweigen auf dem Boden kauerte. Schließlich traute er sich aus der Hecke heraus, und als er zurück bei seinen Hennen war und merkte, dass sich der Habicht verzogen hatte, entdeckte er sein siegesgewisses Krähen wieder.

Erst später fiel ihm auf, dass Patma nicht mehr unter seinen Hennen war, und das schien ihm die Laune zu verhageln. Zwei Tage lang blieb er stumm und stand missmutig unter dem Stall. War das Trauer oder eine reine Vorsichtsmaßnahme, um sich vor einer erneuten Attacke zu schützen?

Schon seit vielen Jahren berichten Biologen von Tieren, die um ihre Toten trauern, vor allem von Elefanten und Schimpansen, Orcas, Delfinen und Raben. Schimpansen trösten sich gegenseitig nach dem Tod eines Gruppenmitglieds, halten am Totenbett Wache, verstorbene Babys werden von ihren Müttern noch wochenlang herumgetragen. Umstritten ist nicht die Frage, ob Tiere trauern, wenn nahe Artgenossen sterben, sondern wie sehr Tiere den Tod begreifen, wie bewusst sie Abschied nehmen. Begreift der Hund, dass sein Herrchen tot ist, oder ist er einfach traurig über dessen Abwesenheit?

Laut Forschern sind Hühner zu Empathie fähig, werden also in irgendeiner Form auch Trauer empfinden können. Unsere

Hühner reagierten nach dem Verlust eines Herdenmitglieds jedes Mal verstört und wir hatten den Eindruck, dass sie durchaus trauerten. Es dauerte immer einige Tage, bis sie damit abgeschlossen hatten.

Außerdem hatte ich den Eindruck, dass Hühner neben dieser feinsinnigen Gefühlsregung auch so etwas wie Schadenfreude empfinden können. Eines Tages hockte ich vor einem Zaun und dichtete den unteren Bereich mit Maschendraht ab, in der rechten Hand hielt ich einen Tacker, die zugehörigen Klammern in der linken. Plötzlich schubste mich jemand von hinten, ich ruderte mit den Armen, warf noch einen schnellen Blick zurück, dann plumpste ich auf den Boden. Aus den Augenwinkeln sah ich, wie Viktualia von mir wegrannte, im sicheren Abstand von rund zehn Metern bei den anderen Hühnern stehen blieb und nun mit ihnen gemeinsam in heller Freude zu gackern begann. Fluchend jagte ich ihnen hinterher. Sie rannten weg, schienen aber wenig beeindruckt zu sein.

Als den Kindern endgültig klar wurde, dass der Raubvogel dieses Mal Patma erwischt hatte, war die Trauer groß. Doch sie entdeckten schnell etwas, das sie tröstete. Denn Patma hatte kurz vor ihrem Tod noch ein Ei gelegt. Hannah und Luisa konnten nicht nur die Hühner in Sekundenschnelle voneinander unterscheiden, sondern auch deren Eier. Sie hatten die Tiere lang genug im Brutkasten beobachtet und gelernt, dass die Eier eines jeden anders aussahen. Die von Patma waren rund und hell und klein wie Wachteleier. Unsere Hoffnung war nun, dass Patmas Ei befruchtet war, sich daraus also ein Küken ziehen ließe und Patma auf diese Weise auferstehen könne.

Wir überlegten lange hin und her. Ein kleiner gelber Federball, klar war das verlockend. Das Ausbrüten wäre auch kein Problem gewesen, es gibt im Fachhandel kleine Brutmaschinen für so etwas. Doch es war Winter, das Küken hätte nur eine Überlebenschance gehabt, wenn wir es im Haus aufgezogen hätten.

»Ohne Mama, das ist nichts für ein Küken«, sagte mir meine Hühnerfreundin Marie. Wir befolgten ihren Rat, schließlich kannten wir uns auch viel zu wenig mit der Aufzucht von Küken aus, um das Projekt so spontan umzusetzen. Um die Kinder zu trösten, schlug mir Marie vor, zwei andere Zwerghühner zu holen. Das Ei von Patma aß schließlich Hannah, die es beim Knobeln gegen Luisa gewonnen hatte.

18

Lucky Luke kommt zur Familie

Im Prinzip ist es völliger Wahnsinn, einen Hund vom Züchter zu kaufen und damit die Hundevermehrung immer weiter anzukurbeln, wenn doch die Tierheime voll mit zurückgelassenen Hunden sind. Wir entschieden uns dennoch für einen Hund vom Züchter. Ich kannte mich zu wenig aus, um Hundeverhalten richtig interpretieren zu können, und wollte mir kein Tier mit einem Raubtiergebiss ins Haus holen, dessen Geschichte ich nicht kannte. Und was dem Hund alles widerfahren ist, bis er im Tierheim gelandet ist, weiß wohl nur der Hund. Da schlechte Erfahrungen zu unerwünschtem und auch mal sehr unvermitteltem Verhalten führen können, war mir die Tierheim-Variante einfach zu heikel.

Wenn ich heute sehe, wie die Kinder Lucky mit ihrer Liebe überschütten und sich dabei auch mal sehr ungeschickt anstellen, bin ich tatsächlich froh, dass unser Hund noch keine schlechten Erfahrungen gemacht hat. Er macht sie nach und nach – nicht durch uns, aber im Umgang mit anderen Hunden, die auf seine tapsig wilden Spieleinladungen zuweilen mit Bissen reagieren.

Wir lernten Lucky kennen, als er vier Wochen alt war, denn ab diesem Zeitpunkt durften wir ihn und seine Geschwister regelmäßig besuchen. Ich hatte zunächst keinerlei Präferenz für einen Hund aus dem Wurf, fand, dass sie sich in Aussehen und Verhalten aufs Haar glichen und es damit völlig unmöglich war, eine Wahl zu treffen. Abgesehen davon behielt sich die Züchterin ohnehin das Recht vor, die jeweils passenden Welpen auszusuchen. Ich verschwendete also keinen Gedanken daran, welcher Welpe mir am besten gefallen könnte. Geschichten von Welpen, die sich angeblich ihre Halter ausgesucht hätten, hielt ich für frei erfunden.

Es war beim letzten Treffen mit den Welpen, als plötzlich einer von ihnen auf meinen Schoß stolperte. Mich erstaunte und rührte diese spontane Geste des Vertrauens, denn bis zu diesem Zeitpunkt waren wir es gewesen, die den Welpen hinterhergerobbt waren, und nicht umgekehrt. Der kleine Hund suchte meinen Blick und bei der Art, wie er mich dann ansah, so lang und fest und bittend, musste ich unweigerlich an einen Ertrinkenden denken.

»Welcher Hund sitzt auf meinem Schoß?«, fragte ich Hannah. »Anero«, erwiderte sie nach einem kurzen Blick auf den Farbklecks, den die Züchterin jedem Welpen an eine andere Körperstelle gemalt hatte. Allein auf diese Weise ließen sich die Zehnlinge voneinander unterscheiden.

Was immer der kleine Hund von mir wollte, eines hatte er geschafft, er ging mir nicht mehr aus dem Kopf. Doch ich behielt meine Gedanken für mich, es hätte ohnehin keinen Unterschied gemacht. Ich war erstaunt, als sich wenige Tage später Paul und Phil unabhängig voneinander für Anero aussprachen. Das wäre der richtige Hund, meinten sie übereinstimmend. Und so diskutierten wir auf einmal über etwas, das nicht in unserer Hand lag, und beraubten uns der Chance, unvoreingenommen den neuen Hund willkommen zu heißen.

Zudem waren Hannah und Luisa mit unserer Präferenz nicht einverstanden, sie hatten einen jeweils anderen Welpen ins Herz geschlossen. »Sagen wir der Züchterin nichts von Anero und lassen das Schicksal entscheiden«, war Hannahs salomonischer Vorschlag, mit dem sich alle einverstanden erklärten.

Eine Woche später stand ich mit klopfendem Herzen vor dem Haus der Züchterin, es war so weit, das Leben ohne Hund war vorbei. Endgültig. War das am Ende eine so gute Idee? Mir kamen die berühmten und oft zitierten Worte Heinz Rühmanns in den Sinn: »Natürlich kann man ohne Hund leben. Es lohnt sich nur nicht.« Aber was interessierten mich die Sprüche eines längst verstorbenen Schauspielers. Wollte ich wirklich so ein Viech, das mir Zecken und Würmer und Flöhe ins Haus schleppen würde? Ich musste an Katharina denken, die mich mal wieder fassungslos angestarrt hatte, als sie von dem bevorstehenden Hundekauf erfahren hatte. »Bist du verrückt? Jetzt auch noch so ein Drecksviech?«

Ich musste an den kleinen Anero denken. Die Wahrscheinlichkeit, dass das Schicksal einen anderen Hund für mich vorgesehen hatte, war groß. Einen Hund, den ich nicht wollte. Ich stellte mir vor, wie es wäre, mit leeren Händen nach Hause zu kommen. Wie würde ich mich erklären? Was würde ich den Kindern sagen? Sie würden mir zuerst nicht glauben, mich mit fragenden Augen ansehen und dann wären sie grenzenlos traurig und enttäuscht. Sie würden in ihre Zimmer gehen und nie wieder rauskommen. Hatte ich eine Wahl?

Wenige Minuten später sah ich in die Augen der strahlenden Züchterin. Feierlich überreichte sie mir einen Welpen. »Der passt am besten zu euch!«

»Wer ist das?«, fragte ich.

»Anero!«

Zu Hause tauften wir unseren neuen Familienzugang auf den Namen Lucky Luke.

Wenn ein Hund heranwächst, muss er eine Menge lernen: Sitz, Platz, Bleib, Bei Fuß und Komm gehören zu den typischen Lehrinhalten. Doch meist muss der Hundehalter sehr viel mehr lernen als der Hund.

Gingen wir mit dem jungen Lucky auf die Straße, streckten wildfremde Leute ihre Hände nach ihm aus, kraulten und tätschelten ihn, gerne auch mal, ohne uns dabei eines Blickes zu würdigen, ganz so als sei der Hund Allgemeingut. Ärgerlicherweise genoss Lucky das Bad in der Menge und nahm schwanzwedelnd jede Huldigung in Empfang. Zerrte ich ihn von den streichelnden Händen weg, warf er mir empörte Blicke zu.

Während es Paul völlig egal war, wer den Hund streichelte, ärgerte es vor allem die Kinder, wenn sich ein Fremder Lucky auf diese Weise näherte. Sie fanden das Verhalten übergriffig und reagierten entsprechend unfreundlich. Phil schlug die fremden Hände sogar einfach weg. Das war ruppig, aber ich hinderte ihn dennoch nicht daran. Im Alltag empfindet man andere Menschen immer wieder als verletzend. Und das müssen keine tätlichen Angriffe sein, oft sind es kleine unterschwellige Frechheiten, die man meist unkommentiert geschehen lässt. Grenzüberschreitungen jeglicher Art zu bemerken und darauf zu reagieren ist eine gute Schule für Kinder. Und wenn sie sich bei ihrer Reaktion im Ton vergreifen, ist das immer noch besser, als gar nicht darauf zu reagieren.

In seiner Welpenphase war es nicht nur die Umwelt, sondern auch Lucky selbst, der die Kinder zwang, sich zu behaupten. Denn Lucky war zunächst überaus wild und verspielt und der Ansicht, dass die Mädchen auch Welpen seien, mit denen er wild raufen könne. Wenn Welpen miteinander spielen, denkt man unweigerlich an Kampfszenen aus »Tom und Jerry«, die Welpen rollen ineinander verschlungen in hohem Tempo durch die Gegend. Zudem setzen sie beim Spielen ihr Gebiss ein, und auch wenn das nur aus Milchzähnchen besteht, ist das Zwicken für uns Menschen äußerst schmerzhaft. Welpen müssen eine Beißhemmung erst erlernen, sie ist ihnen nicht in die Wiege gelegt.

Das Erste, das wir Lucky also antrainieren wollten, war es, die Mädchen als Ranghöhere zu akzeptieren. Er durfte sie nicht anspringen, nicht anbellen und vor allem – nicht zwicken. »Wenn sie die Beißhemmung in den ersten Lebensmonaten nicht lernen«, erklärte mir die Hundetrainerin, »dann lernen sie das nie! Hundezähne haben auf Menschenhaut nichts zu suchen, basta!«

Es war nicht so einfach, Lucky die Beißhemmung beizubringen, und es erforderte eine anstrengende Mischung aus Strenge und Nachgiebigkeit. Reagiert man auf die Spielaufforderung zu grob, kann man viel Vertrauen zerstören – reagiert man zu nachgiebig, nimmt es der Hund nicht ernst. Zuerst müssten wir aufhören, »fein« zu sagen, meinte die Trainerin, denn »fein« klinge im Hundeohr wie »nein«.

Das leuchtete uns ein, also ließen wir in Zukunft je nach Situation ein helles »Super« oder eben ein polterndes »Nein« erklingen und das war der erste Schritt in die richtige Richtung. Anders als Phil fiel es den Mädchen zunächst schwer, laut und deutlich Nein zu sagen, und ich kam mir jedes Mal vor wie in einem Selbstverteidigungskurs für Kinder. Sich zu trauen, laut und deutlich Nein zu sagen, ist einer der wesentlichen Lerninhalte dieser Kurse.

Ich hatte zunächst auch nicht damit gerechnet, dass es Hannah oder Luisa schwerfallen würde, sich gegen einen Welpen zu behaupten, schließlich waren sie ansonsten auch nicht zimperlich. Doch ein Hund ist eben etwas anderes als ein Bruder. Ein Hund hat spitze Zähne und Pfoten mit Krallen und er ist schnell und wendig. Springt er einen an, ist das für alle, die mit Hunden bis dahin nichts zu tun hatten, in erster

Linie beängstigend. Zudem hatten wir uns einen großen Hund ausgesucht, sodass Lucky bereits als Welpe aus der kindlichen Perspektive eine ernst zu nehmende Größe hatte. Auf die ersten zaghaften Versuche, Nein zu sagen, folgten bald sehr deutliche Neins und schließlich auch Taten. Lucky muss rund vier Monate alt gewesen sein, als ich ihn vor Luisa sitzen sah, während sie mit ihm schimpfte.

»Alles in Ordnung?«, fragte ich sie.

Nachdem er auf ihr Nein nicht gehört habe, habe sie ihm das Ohr umgedreht und jetzt sei er brav, erwiderte sie stolz. Doch das beeindruckte Lucky nur kurz und so zwang er die Mädchen, sich jeden Tag erneut durchzusetzen. Am wenigsten Respekt zeigte Lucky vor Luisa, die einfach noch sehr kindlich war. Und ja, man sollte Hunde nicht mit Kindern allein lassen. Ich hatte das immer gehört und nun erlebte ich jeden Tag, wie goldrichtig dieser Ratschlag war. Zwar konnte ich Lucky und die Mädchen miteinander spielen lassen, aber es kam früher oder später immer der Punkt, an dem ich eingreifen musste. Hunde und Kinder ähneln sich einfach zu sehr in diesem unbedingten Drang, das auszuleben, was ihnen gerade in den Sinn kommt. Luisa verhielt sich Lucky gegenüber oft falsch, knuddelte ihn beispielsweise viel zu oft und viel zu heftig, was er als Spieleinladung interpretierte und woraufhin er dann an ihr hochsprang. Dies wiederum empfand Luisa als bedrohlich, vor allem wenn er dabei seine Zähne einsetzte.

Hannah wurde von Lucky nur unwesentlich mehr respektiert als Luisa, Phil hingegen nahm er fast schon so ernst wie einen Erwachsenen. Sah man die beiden zusammen durch den Wald rennen, konnte man nicht umhin, gewisse Parallelen zu entdecken. Dieses Nicht-wissen-wohin-mit-all-der-Kraft-und-all-dem-Übermut, dieser verschwenderische Umgang mit Energie.

Der Hund war für die Kinder auch in anderer Hinsicht eine Herausforderung. Denn so lieb Lucky war, ein Genie war er nicht gerade. Daher konnte man ihn in seinem ersten Lebensjahr auch keine Minute aus den Augen lassen – zu verhängnisvoll war sein Drang, alles, was ihm in die Quere kam, zu fressen. Wirklich alles.

Um unseren normalen Familienalltag nicht unnötig kompliziert zu gestalten, einigten wir uns darauf, Lucky in gewisse Räume wie Badezimmer und Kinderzimmer einfach nicht reinzulassen. Die Tür zu schließen ist kinderleicht, so sollte man meinen, und doch gelang es Hannah und Luisa eines Morgens, diese eiserne Regel zu vergessen. Ich ging zum Bad, sah vor mir die sperrangelweit geöffnete Tür und ahnte Schreckliches. Und klar, Lucky lag vor dem umgekippten Badezimmermüll und verspeiste genüsslich Ohrenstäbchen. Er muss das herannahende Donnerwetter gespürt haben, denn kaum nahm er mich aus den Augenwinkeln wahr, schlich er sich mit eingezogenem Kopf davon. Mir bereiteten vor allem die harten Stäbchen Sorge, denn wenn sie unglücklich im Darm liegen, können sie die Darmwand verletzen. Sie habe schon alles Mögliche aus Hundedärmen herausoperiert, beruhigte mich die Tierärztin, ein Wattestäbchen sei aber noch nicht dabei gewesen. Sie riet mir, Lucky Sauerkraut zu geben, das sich um spitze Gegenstände schlinge und die gefährliche Fracht schnell zum Darmausgang befördern würde. So mischte ich ein Kilo Sauerkraut mit Bananenbrei und Naturjoghurt, eine wirklich unappetitliche Pampe. Lucky fraß auch das mit großem Appetit. Ich fragte mich, ob es irgendwas auf dieser Welt gab, das er nicht mochte. Er verschlang Klopapier, Tüten, gerne auch Ausscheidungen von Hühnern und Pferden oder den Dreck, der an den Schuhen der Kinder klebte. Würde man ihm ans Leder wollen, wäre ein aufwendig präparierter Giftköder völlig übertrieben, eine offene Dose mit gallenbitterem Rattengift würde er keinesfalls verschmähen.

Eines Tages, ich saß mit den Mädchen in der Küche, hörte ich plötzlich einen lauten Knall. Wir sahen uns erstaunt an. Dem Knall folgte ein Zischen, als würde aus einem Kessel Dampf entweichen. Wir stürmten aus der Küche in Richtung des seltsamen Lärmes. Da stand Phil mit verdutztem Gesichtsausdruck, eingehüllt in eine gelbe Nebelwolke, eine pfeifende Dose tanzte um seine Füße herum.

»Das war jetzt nicht das Anti-Marderspray, das hier rumstand, oder?«, fragte ich entgeistert.

»Keine Ahnung, ich hab nur das Fenster zugemacht«, verteidigte sich Phil.

»Und dabei übersehen, dass die Spraydose im Fensterrahmen eingekeilt war?«, schimpfte ich. »Das glaube ich jetzt einfach nicht!« Erst jetzt entfaltete die Duftwolke ihren Geruch. Noch nie zuvor hatte ich etwas derart Widerwärtiges gerochen, kein Wunder, dass Marder bei diesem Gestank Reißaus nahmen, einen Bären könnte man damit bestimmt auch verjagen. Es stank nach alten Socken und vergammelten Bananen, ein stechender Geruch, bestialisch. Die Dose kickten wir raus, aber es war längst zu spät. Die Wolke hatte sich ausgedehnt, in jeder Ecke des Hauses breitgemacht. Zwei Wochen dauerte es, bis Besucher wieder durch die Haustür traten, ohne die Nase zu rümpfen. Vor der Tür hinterließ die vor sich hin sprühende Dose eine kleine Pfütze, die Lucky prompt aufschleckte. Es war unglaublich, was er in seinen ersten Lebensmonaten alles zu sich nahm, ohne dass es ihn umbrachte.

Einmal allerdings wäre es fast schiefgegangen. Ich wanderte mit Lucky in den Bergen und gönnte mir gerade eine Pause auf einem umgeworfenen Baumstamm, Lucky hatte sich danebengelegt. Das Licht war gleißend hell, die Luft so klar, dass mich schwindelte, ich verlor mich im Himmel, der unendlich schien. Plötzlich registrierte ich eine Bewegung neben mir. Lucky saß auf einmal aufrecht, Wellen liefen über seinen Körper. Es schien mir, als ob sie sich nach vorne arbeiten würden, der arme Hund spreizte sein Maul und kotzte. Widerliches Zeug, es sah aus wie Kot. Und natürlich war es Sonntag, hoch oben in den Alpen. Mein Akku war ausnahmsweise mal aufgeladen und ich telefonierte die Notfallnummern meiner Tierärztin ab. Abwarten und weiter beobachten, riet mir die Ärztin und beruhigte mich.

Es vergingen einige Tage, an denen Lucky sich völlig unauffällig verhielt. Doch dann spuckte er erneut. Diesmal sahen wir nur das Ergebnis, Hundekotze, direkt in seinen Korb gespien, mit dabei ein Socken von Hannah. Die aufgedruckten Herzchen waren trotz der braunen Schmiere noch immer gut zu erkennen. Wir dachten, es liege diesmal an dem Socken. Vielleicht hatte er sich daran verschluckt. Mysteriös dennoch, schließlich hatten wir alle Räume, in denen sich Lucky bewegte, zur sockenfreien Zone deklariert; wie er dennoch an diesen Socken kommen konnte, wusste niemand.

Und wieder vergingen einige Tage ganz normal, Lucky aß, trank, sprang herum. Doch dann wollte unser Hund plötzlich nichts mehr fressen, er bekam keinen einzigen Puten-Mais-Keks mehr herunter, keine Leberwurst, nichts. Nur Lachspaste, die mochte er immer noch. Am nächsten Morgen bot Phil Lucky eine Banane an. Seine Leibspeise, für die er normalerweise alles getan hätte. Lucky schob die Banane unschlüssig hin und her, würgte sie dann schließlich herunter. Es war deutlich zu sehen, dass er dies nur Phil zuliebe tat.

Ich schickte die Kinder in die Schule, es verging eine Stunde und dann übergab sich Lucky. Zweimal. Und es stank zum Himmel. Drei Bananenstücke kamen unverdaut wieder zum Vorschein. Mit quietschenden Reifen fuhr ich zur Tierärztin. Sie tastete seinen Bauch ab, er jaulte auf. Zwei Arzthelferinnen legten ihn auf den Rücken, in eine längliche Schale, und Lucky blickte mich an wie ein Mensch – schicksalsergeben, abwartend. Was immer es ist, ich nehme es an, sagte mir der Blick. Sie machten Ultraschallbilder und Röntgenbilder und er ließ alles stoisch über sich ergehen.

Die Bilder zeigten deutlich, dass sein Darm aufgebläht war, Dutzende Gasblasen tummelten sich in den Windungen und an einer Stelle war die Darmschlinge besonders dick. Plötzlich stand der Verdacht im Raum, dass Lucky einen Teil-Darmverschluss habe, vielleicht etwas gefressen hatte, das an dieser Stelle seinen Darm verstopfte. Dies würde die Symptome erklären, meinte die Ärztin. »Wir müssen sofort operieren!«

»Am besten, Sie schleichen sich jetzt raus, dann macht der Hund kein Theater«, riet die Arzthelferin.

»Nicht nötig«, meinte ich. Ich gehe – du bleibst, das war eine bittere Notwendigkeit, die Lucky in diesem Moment verstand.

Die Not-OP förderte keine Fremdkörper zutage, dafür übergroße Lymphknoten. »Das ist ein sehr ernster Befund«, sagte die Ärztin leise und zögerlich, »gut möglich, dass wir hier über ein Lymphom sprechen. Bei einem jungen Hund sehr unwahrscheinlich, aber nach dem Befund leider im Bereich des Möglichen. Wir werden abwarten müssen, was das Labor sagt.« Als ich auflegte, fühlte ich mich taub. Ein Lymphom, ich musste nicht googeln, um zu wissen, was das bedeutete. Einige Wochen Siechtum und dann der Tod.

Nach der OP warteten wir auf die Ergebnisse vom Labor, fünf lange Tage, in denen wir Zeit hatten, uns Gedanken zu machen. Ich machte mir vor allem Sorgen um Phil. Für ihn wäre Luckys Tod eine Katastrophe, er würde in die erste substanzielle Krise seines Lebens geraten. Um die Mädchen sorgte ich mich hingegen nicht, sie würden damit klarkommen, das spürte ich. Vielleicht weil Lucky in ihrem Leben einen anderen Stellenwert hatte als bei Phil, vielleicht aber auch, weil sie noch zu jung waren.

Ich erinnerte mich daran, wie einige Jahre zuvor der damals fünfjährige Phil und seine gleichaltrigen Cousinen im Flur des Krankenhauses herumgetobt waren, als ihr Großvater im Sterben lag. Sie hatten es einfach nicht verstanden – die Trauer, den Tod, den Schrecken dahinter – oder sie verstanden ihn anders, naiv und weise zugleich. Bei der Beerdigung war Phil in einem unbeobachteten Moment zu dem offenen Grab gekrochen, er wollte sehen, wo sein Opi denn nun hinkäme. Er beugte sich dabei so tief über die Grube, dass er fast hineinfiel, was bei den Trauergästen für Entsetzen und Lachen zugleich sorgte.

In den Tagen, in denen wir auf das Ergebnis von Luckys Lymphknoten warteten, redeten wir viel über die OP und die Prognose und so unerfreulich das Thema war, so positiv empfand ich die Tatsache, dass wir so gut miteinander reden konnten. Durch unsere Tiere hatten wir eine Ebene, auf der Paul und ich uns mit den Kindern austauschen konnten, auf der wir uns fanden.

Je älter Kinder werden, desto weniger wollen sie sich ihren Eltern mitteilen. Schwärmereien, Lästereien, das meiste besprechen sie irgendwann mit ihren Freunden. Für Eltern wird es mit zunehmendem Alter ihrer Kinder immer schwieriger, mit diesen im Dialog zu bleiben, Themen zu haben, die alle etwas angehen, die alle interessieren und über die man ohne Scheu sprechen kann. Pubertät und blöde Lehrer, Streit mit den Freunden – all dies sind Dinge, die uns eher trennen und die Kinder wortkarg werden lassen.

Die Tiere waren unsere Brücke, unser gemeinsamer Nenner. Jeder hatte etwas beizutragen, aus seiner Perspektive etwas zu berichten. Es gab kein Richtig und kein Falsch, kein Gut und kein Schlecht. Und mehr denn je rückten wir zusammen, vereint in der Sorge um Lucky. »Jetzt wisst ihr mal, was Sorge ist«, sagte ich. »Nehmt eure Sorge um Lucky und multipliziert sie mit 1 000, dann wisst ihr, wie man sich als Mutter um seine Kinder sorgt.« Hannah sah mich daraufhin erschüttert an, Luisa mitleidig. »Dann musst du ein sehr trauriger Mensch sein«, meinte Phil.

Irgendwann in diesen Tagen kam mir der Gedanke, dass Luckys Tod Schicksal sei, dass es so sein sollte, und plötzlich konnte ich besser mit der Ungewissheit umgehen. Die bleierne Schwere wich einer gewissen Entschlossenheit. Egal was kommen würde, wir würden es verkraften. Ich erinnerte mich daran, wie mich Lucky als vier Wochen alter Welpe angeschaut hatte. Die Assoziation mit einem Ertrinkenden bekam auf einmal eine neue Bedeutung. Vielleicht hatte er uns ja ausgesucht, weil es sich hier am besten sterben ließe, weil wir damit umzugehen wüssten.

Der Tod ist in unserer Gesellschaft weitgehend ausgeklammert, Menschen sterben im Altenheim, im Hospiz oder im Krankenhaus, in den Händen weniger Profis. Sind Kinder für das Leben besser gerüstet, wenn sie miterleben, wie ein Tier stirbt? Macht es sie zu besseren, klügeren Menschen? Auch wenn ich diese Fragen mit einem klaren Ja beantwortete, war ich dennoch erleichtert, als das Labor Entwarnung gab. Was immer Lucky hatte – einen Infekt oder einen Parasiten –, ein Lymphom war es jedenfalls nicht.

Die Krankheit hatte Luckys Beziehung zu uns verändert. Das Drama hatte nur wenige Tage gedauert, doch aus Hundesicht sind wenige Tage natürlich deutlich mehr Lebenszeit als für einen Menschen. Offenbar hatte er gespürt, dass er sich im Notfall auf uns verlassen konnte, dass wir es gut mit ihm meinten. Bildete ich es mir nur ein oder zog er tatsächlich seitdem weniger an der Leine? Das Bei-Fuß-Gehen war ein zentraler Lerninhalt in der Hundeschule gewesen. Lucky hatte das Spiel nur mitgemacht, wenn ich ihn mit einer Tüte Leckerlis motivierte. Nach der OP ging er auch ohne Leckerlis brav an der Leine und behielt mich stets im Blick.

19

Lucky, der Hühnerdieb

Nach Patmas Tod blieb mir wenig anderes übrig, als neue Hühner zu holen. Nicht nur für die Kinder, sondern auch weil sich Hühner in einer zu kleinen Herde nicht wohlfühlen. Ist der Harem zu klein, wird der Hahn den Hennen lästig. Zudem wird es den Hühnern im Stall nachts zu kalt, es braucht ein paar warme Hühnerleiber, um eine erträgliche Raumtemperatur zu erzeugen.

Es war bereits tiefster Winter, als uns Marie mit zwei neuen Hühnern überraschte. Wir hatten es zuvor nicht geschafft, sie abzuholen, und auch jetzt war der Zeitpunkt denkbar ungünstig. Denn Lucky Luke war erst einen Tag zuvor bei uns eingezogen. Und so hatten wir für neue Hühner weder Nerven noch Zeit. Luisa machte in der Hektik einen entscheidenden Fehler. Sie nahm die neuen Hennen aus dem Transportkäfig und setzte sie einfach ins Gehege. Eigentlich wusste sie, dass man neue Hühner eingewöhnt, indem man sie für einige Tage in ihren neuen Stall sperrt. Zu viel Platz in einer neuen Umgebung überfordert das Federvieh, es reagiert dann schnell hysterisch.

Und so flatterten die zwei Hennen dann auch panisch durchs Gehege, fanden eine Lücke im gespannten Netz, flogen davon, klein und leicht wie Spatzen, und versteckten sich in einer hohen Tanne. Luisa rief um Hilfe und wenige Minuten später standen Phil, Hannah und ich mit Taschenlampen und Mehlwürmern bewaffnet am Gehege. Weder Phil noch Hannah verweigerten die Hilfe, doch die Gemüter waren erhitzt. Sie machten Luisa Vorwürfe, diese brach in Tränen aus, die Zwerghühner saßen oben auf den Wipfeln der Tanne und gackerten, die Hühner im Gehege gackerten, Hundebaby Lucky saß im Haus und winselte. Und das an einem klirrend kalten Winterabend.

Ich fuchtelte mit einem langen Stock in der Tanne herum, woraufhin sich die Hühner in den Wald verabschiedeten. Fluchend rannten wir hinterher. Doch es war ein unsinniges Unterfangen, weil wir sie immer tiefer in den Wald trieben, uns im Dickicht verfingen, während uns die Äste ins Gesicht peitschten.

Zerkratzt und durchgefroren gaben wir irgendwann auf und verabschiedeten uns innerlich von den schreckhaften Hühnern, die im Wald ganz sicher sterben würden. »Wie gewonnen, so zerronnen«, kommentierte Paul mit einem schiefen Grinsen. Nach unserem nächtlichen Marsch durch den Wald dachten wir nicht mehr allzu viel an die flüchtigen Hühner. Schließlich waren wir davon überzeugt, dass sie die Nacht im Wald nicht überleben konnten. Nach weiteren zehn Tagen hatten wir die Hühner vergessen. Fast zumindest. Ich überlegte mir noch fieberhaft, wie ich Marie beibringen sollte, dass ihre Hühner keinen einzigen Tag bei uns überlebt hatten. Sie würde uns nie wieder welche abgeben.

Ich stand beim Gehege und dann hörte ich es: ein lautes Gackern aus den Wipfeln der benachbarten Tanne. Das kann ja wohl nicht wahr sein, dachte ich mir. Es dauerte eine Weile, bis ich sie im dunkelgrünen Dickicht entdeckte. Und tatsächlich: Dort oben saßen die beiden Ausreißerinnen, zerrupft und sehr dünn, aber zum Gackern schienen sie noch genug Kraft zu haben. Warum waren sie zurückgekehrt? Wollten sie zu den anderen Hühnern? Zurück zu Daisy und Darthi?

Ich rief die Kinder, die zunächst an einen Scherz glaubten. Luisa lachte erleichtert auf. Phil warf kurzerhand einen Schneeball nach den Hühnern, woraufhin sie erwartungsgemäß kopflos hin und her flatterten. Wieder mal gackerten alle durcheinander. Und so war es diesmal Phil, der sich für sein unverantwortliches Verhalten Vorwürfe von uns anderen anhören musste. Eines der umherflatternden Hühner stürzte schließlich zu Boden, das andere flog in den Garten unserer Nachbarin.

Zunächst konzentrierten wir uns auf das abgestürzte Huhn. Wo war es denn nur? Da die Dämmerung inzwischen eingesetzt hatte, suchten wir den Boden mit Taschenlampen ab. Im Lichtkegel tauchte das Huhn auf einmal auf, es lag eingeklemmt zwischen Zaun und Holzunterstand. Trotz seiner misslichen Lage schien es wach und unverletzt, sodass Hannah es in die Hand nahm und ins warme Stroh setzte. Offenbar erleichtert, schloss es die Augen und schlief sofort ein.

Jetzt konzentrierten wir uns auf das zweite Huhn. Doch diesmal waren wir schlauer. Anstatt stundenlang durch die Dunkelheit zu irren, warfen wir ein Pfund Mehlwürmer und Maiskörner ins Gehege und zogen uns zurück. Die Falle schnappte zu, schon am nächsten Morgen lief das flüchtige Huhn durchs Gehege und pickte gierig die Würmer auf. Doch es blieb nicht lange dort. Sobald es mich sah, flog es in Windeseile zurück auf die Tanne. Der anderen Henne stutzten wir noch im Stall die Flugfedern, sodass sie nicht mehr davonfliegen konnte. Hannah taufte sie Olga, das Huhn auf der Tanne nannten wir Fluchthenne, kurz Fluchti, da uns die Bezeichnung »das Huhn, das sich immer aus dem Staub macht« auf Dauer zu lang war.

Als Olga am nächsten Tag durchs Gehege stakste, kam Fluchti erneut angeflogen und landete direkt vor Olgas Füßen. Die Wiedersehensfreude der beiden Hennen war groß. Wie zwei geschwätzige Freundinnen, die sich lange nicht gesehen hatten, sonderten sie sich von der Gruppe ab und gackerten fröhlich vor sich hin. Darthi freute sich über den Neuzugang, stieß aber bei seinen Begattungsversuchen auf Widerstand.

Am Abend flog Fluchti wieder davon. Offensichtlich hatte sie keine Lust, im Stall zu übernachten. Olga gackerte, Fluchti gackerte, alle anderen stimmten mit ein. Im Hühnergehege herrschte helle Aufregung – ein Huhn, das am Abend davonflog, um auf einer Tanne zu übernachten, das hatte es noch nie gegeben.

So ging es mindestens zwei Wochen lang. Kam ich morgens zum Gehege, saß Fluchti schon da und wartete auf ihre Freundin. Am Abend flog sie davon. Ihr Verhalten brachte eine Menge Unruhe in die Herde. Olga, so war unser Eindruck, hätte sich ohne ihre widerspenstige Freundin wunderbar in die Herde integriert. Doch immer wieder trennte Fluchti sie von der Gruppe, um sie am Abend wieder im Stich zu lassen. Trotz meines Ärgers über ihr widerspenstiges Verhalten stutzte ich ihr lange nicht die Flügel. Sie sollte ganz sicher sein, dass sie wirklich bei der Herde bleiben wollte.

Eines Abends gab Fluchti ihre Freiheit auf, zaghaft folgte sie den anderen in den Stall, als Letzte erklomm sie die Hühnerleiter. Doch sie blieb für die Herde ein steter Quell der Unruhe. Kaum sesshaft, begann sie damit, auf ihrer besten Freundin buchstäblich herumzuhacken. Es war ihr offenbar ein Anliegen, die ehemals Verbündete in ihre Schranken zu weisen und in der Hackordnung über ihr zu stehen. Bald folgten auch die anderen Hennen Fluchtis Beispiel, sodass Olga täglich drangsaliert wurde – bis eines Tages Darthi dazwischenging. Fluchti stürzte gerade mal wieder auf Olga zu, als Darthi herbeiflog, sich auf

Fluchti warf und sie mit drohend gespreizten Flügeln vertrieb. Der Gockel sorgte unter den Hennen für Waffenstillstand, doch es war unser Hund, der sie zu Verbündeten machte.

Lucky war ein Jagdhund und es war praktisch unmöglich, ihm diese genetische Veranlagung auszutreiben. Er wollte Hühner jagen, um jeden Preis. Zunächst hatte ich gehofft, dass der Hund es mit der Zeit lernen würde, die Hühner in Ruhe zu lassen. Wachsen sie zusammen auf, so dachte ich, würde sich ein friedliches Miteinander schon ergeben. Also begann ich damit, mit Lucky vor dem Hühnergehege auf und ab zu laufen. Auf diese Weise sollte er sich an sie gewöhnen. Viele Wochen ging das gut, Lucky ließen die Hühner anscheinend kalt. So ließ ich ihn eines Tages ohne Leine im Garten herumtollen, während ich den Hühnerstall ausmistete. Doch der Frieden währte nicht lange, plötzlich schoss Lucky wie von Sinnen herbei und rannte laut bellend gegen den Hühnerzaun. Das wacklige Zaungeflecht hielt dem Druck nicht stand und bog sich bedrohlich nach unten. Ich verfluchte den in der Eile errichteten Zaun – warum musste bei uns immer alles so verdammt provisorisch sein? Ich sprang herbei, stützte mit meinen Beinen den Draht, während ich Lucky mit den Händen abwehrte. »Hau ab!«, schrie ich ihn wutentbrannt an, doch er dachte wohl, es wäre ein besonders wildes, lustiges Spiel, und drängelte umso doller ins Gehege. Die Hühner verdrückten sich unter ihren Stall, sie kamen leider nicht auf die Idee, die Hühnerleiter zu erklimmen und in den rettenden Stall zu flüchten.

Ich weiß nicht, wie lange ich dastand und verzweifelt den Zaun hielt, aber es erschien mir wie eine Ewigkeit. Froh war ich in diesem Moment allein darüber, dass hier am Waldrand nur die Vögel und die Eichhörnchen die Szene beobachteten. Irgendwann ließ Lucky endlich ab und lief davon.

Der Zwischenfall hatte zur Folge, dass sich die Hühner nicht mehr stritten. Sie hatten jetzt andere Sorgen und beäugten stets misstrauisch ihre Umgebung. Und zumindest für einige Tage brachen sie auch nicht mehr aus ihrem Gehege aus. Denn es war ihre größte Freude, sich täglich davonzumachen, allen voran Daisy. Klein und federleicht, wie sie war, konnte sie jeden Zaun erklimmen. Fluchti und Olga folgten ihr, dahinter stolzierte Darthi, der seine Herde zusammenhalten wollte. Hildegard wiederum folgte Darthi, und Renate und Waltraut folgten Hildegard.

Die Hühner fanden jeden Tag ein neues Schlupfloch, um in die Freiheit zu gelangen. Sie buddelten sich unter dem Zaun hindurch, an niedrigen Stellen flogen oder hüpften sie einfach über diesen hinweg. Sie liebten die Freiheit und den Wald und rannten wie die Kinder über die Wiesen, der Hahn freudig krähend hinterher. Wir mussten sie dann immer wieder aus dem Wald holen, denn so erfinderisch sie darin waren, in die Freiheit zu gelangen, so wenig geschickt waren sie darin, wieder nach Hause zu finden.

»Wir haben einen hühnerverrückten Hund, ein ewiges Flickwerk, das sich Zaun nennt, und Hühner, die dauernd ausbrechen. So geht das nicht weiter«, beklagte ich mich bei Paul. Doch es brauchte einen weiteren Zwischenfall, bis auch Paul die Notwendigkeit einsah, einen neuen Zaun zu bauen.

Eines Mittags ließ uns das Geschrei der Hühner aufhorchen, es war ein panisches Habichtangriff-Geschrei und so stürmten wir hinaus, Schlimmes ahnend. Doch wir entdeckten keinen Habicht, dafür aber Lucky, der sich unbemerkt nach draußen geschlichen hatte, im Hühnergehege stand und Waltraut im Maul hatte. Hannah und Luisa schrien wie am Spieß, Phil packte Lucky und befreite Waltraut aus seinem Maul. Erstaunlicherweise hatte sie die Attacke unbeschadet überlebt.

Luckys Angriff auf die Hühner löste in jedem von uns eine andere Reaktion aus. Die Mädchen hassten ihn eine Zeit lang dafür und werteten den Überfall als Vertrauensbruch. Während sie einem Habicht inzwischen die Notwendigkeit zum Jagen zubilligten, zeigten sie sich Lucky gegenüber deutlich weniger tolerant. Luisa wollte Lucky gar auf Mausgröße verzaubern, um ihn dann ihrerseits durch den Garten zu jagen. »Dann sieht er mal, wie das so ist«, rief sie zornig. Die Hühner waren vor ihm da, also müsse er sich einfügen. Basta. Erst als ich ihnen erklärte, dass Lucky nur seinen Instinkten gehorche, dass er eben am Ende immer noch ein Raubtier war, verstanden sie ihn besser. »Er stammt vom Wolf ab, wir haben also einen kleinen Wolf im Haus«, fasste Luisa die neue Erkenntnis zusammen.

Es war für mich keine Überraschung, dass Phil die Sache ganz anders bewertete und fest zu Lucky hielt. »Warum hast du ihm dann Waltraut aus dem Maul gezogen, wenn du kein Problem damit hast, dass er unsere Hühner fängt?«, fragte ich Phil. »Weil er dann nicht mehr zur Jagdausbildung taugt«, war seine nüchterne Antwort. Seine Befürchtung war nicht ganz unbegründet. Hat ein Hund durch selbstständiges Jagen einmal Blut geleckt, kann das die Ausbildung deutlich erschweren. Der Hund sieht dann möglicherweise nicht mehr ein, dass er für sein Herrchen oder Frauchen jagen soll, und verzehrt die Beute lieber selbst.

Und Lucky, so stand es für Phil und Paul von Beginn an fest, sollte eine Jagdausbildung bekommen. Die Züchterin hatte die beiden in ihrem Plan bestärkt, da Lucky sich als Welpe bei Beutefangspielen sehr talentiert gezeigt hatte. Als Retriever gehörte Lucky ohnehin zur Gruppe der Jagdgebrauchshunde, die eigens dafür gezüchtet wurden, Wild ausfindig zu machen. Retriever sind auch sehr gute Schwimmer und daher auf die Jagdarbeit im Wasser spezialisiert. Es ist ihre Aufgabe, Wildenten zu apportieren, also zu fangen und ihrem Halter unverletzt zu bringen. Dafür brauchen sie ein »weiches Maul«, das bedeutet, dass sie ihre Beute nicht mit den Zähnen verletzen dürfen.

Lucky hatte seine Eignung als Jagdhund nicht zuletzt dadurch bewiesen, dass er Waltraut zwar zwischen seinen Zähnen gefangen hielt, diese aber dabei nicht verletzte.

Die Jagdausbildung eines Hundes konzentriert sich je nach Rasse und den damit verbundenen Stärken auf verschiedene Schwerpunkte. Die muskulösen kleinen Dackel eignen sich beispielsweise für die Jagd auf Dachse und tragen unter Jägern daher auch den Namen Dachshunde. Ihre Aufgabe ist es, in Dachsbauten zu kriechen und die Tiere herauszutreiben. Die Dackel dürfen dabei nicht schüchtern sein, denn Dachse zeigen sich durchaus verteidigungsbereit. Es ist dieses Selbstbewusstsein, das dem Dackel außerhalb des Waldes den Ruf eines aggressiven Kläffers eingebracht hat.

Natürlich gibt es noch eine Vielzahl weiterer Hunderassen, die sich im Wald als Jagdspezialisten erweisen. Der Deutsch-Drahthaar beispielsweise eignet sich dazu, Wildschweine aufzustöbern, in Bewegung zu setzen und vor sich herzutreiben. Die wohl gefährlichste Aufgabe bei der Jagd übernehmen hingegen die Schweißhunde, die das Blut angeschossener Wildschweine aufspüren sollen. Schweiß steht in der Jägersprache für Blut. Die Hunde sind darauf trainiert, die Blutspur, auch Wundfährte genannt, zu verfolgen und ihre Herrchen zu dem verletzten Wildschwein zu führen.

Unabhängig von den jeweiligen Schwerpunkten, die eine Jagdausbildung beinhaltet, steht eines immer im Vordergrund: absoluter Gehorsam. Jagdhunde müssen gehorchen, unbedingt. Ein Schweißhund, der seine Arbeit nicht richtig erledigt, kann für den Jäger zur tödlichen Gefahr werden.

Nun widerstrebt es mir, Hunde abzurichten und zu drillen, daher empfand ich die Idee, Lucky zu einem Jagdhund auszubilden, zunächst als wenig verlockend. Auf der anderen Seite würde die Ausbildung auch viele Möglichkeiten für gemeinsame Abenteuer bieten. Und Phil war mit 13 Jahren inzwischen in einem Alter, in dem sich nicht mehr viele gemeinsame Interessen finden ließen. Gleichzeitig würde Lucky lernen, sich nicht mehr unkontrolliert auf unsere Hühner zu stürzen.

Während die Kinder und ich also über Luckys Eignung zum Jagdhund diskutierten, versuchte Paul, seine potenzielle Beute – unsere Hühner – zu beschützen. Und so bestellte er Holz für den Bau eines neuen Zaunes. Der Holzzaun sollte allen möglichen Anforderungen entsprechen: Er sollte einem beherzten Sprung Luckys standhalten und gleichzeitig so dicht sein, dass die Hühner kein Schlupfloch finden konnten.

Wir begannen mit dem Bau, indem wir Pfosten mit Metallfüßen in den Boden versenkten. Die Metallfüße sollten die Pfosten stabilisieren und vor Fäulnis schützen. Paul und ich waren uns über die richtigen Abstände uneins und so standen wir zwischen Bretterbergen und diskutierten. Immer wieder mussten wir die Pfosten versetzen und in den steinigen Boden rammen.

Paul war genervt und überhaupt nicht traurig, als mich eine Grippe ans Bett fesselte. Während ich hustete und Tee trank, konnte er nun mit Phil den Zaun bauen, wie er wollte. Beide fanden es gut, unter sich zu sein. Niemand redete ihnen hinein, sie konnten ungestört über Winkel und Maße fachsimpeln, schwere Bretter wuchten und sich stark fühlen.

Lucky lag neben den Männern und warf ihnen traurige Blicke zu. Möglicherweise spürte er, dass er etwas mit der schweren Arbeit zu tun hatte, oder er ahnte, dass er zukünftig nicht mehr ins Gehege einbrechen konnte. Vielleicht lag es auch daran, dass Lucky mal wieder etwas Falsches gegessen hatte und ihn ein Socken im Magen drückte.

Nach dem zweiten durchgearbeiteten Wochenende präsentierten Paul und Phil ihren neu erbauten Zaun. Ringsherum türmten sich Zaunreste und Werkzeug und übrig gebliebene Holzlatten, das Chaos war perfekt.

»Sieht toll aus, Papa«, lobte Luisa.

»Endlich mal eine, die uns lobt«, knurrte Paul.

An die Innenseite der quer verlaufenden Holzlatten war ein engmaschiger Drahtzaun montiert, der an manchen Stellen noch Lücken aufwies. Potter hatte binnen einer Minute die erste Schwachstelle im Zaun gefunden und hoppelte ins angrenzende Hühnergehege. Entsetzt starrte er Hildegard an, die sich ihm neugierig näherte.

Ich setzte mich in meinen Secondhand-Schaukelstuhl und ließ meinen schmerzenden Hals von den Sonnenstrahlen wärmen, während Lucky an den Bastschlingen nagte und seufzte.

20

Wenn der Wolf kommt

Eines Abends hörten wir Gewehrschüsse aus dem Wald. Nur wenige Hundert Meter von uns entfernt stand ein gut frequentierter Jägerhochsitz, wahrscheinlich wurden die Schüsse von dort abgefeuert. Wir hatten tags zuvor mal wieder flüchtige Hühner aus dem Wald geholt und waren jetzt sehr erleichtert darüber, dass unser Ausflug nicht mit einem tödlichen Unfall geendet hatte. Denn immer wieder kommt es vor, dass nicht ganz so begnadete Jäger Spaziergänger mit Wildtieren verwechseln.

Die traditionelle Jagdausbildung dauert ein ganzes Jahr und umfasst zahllose Unterrichtsstunden im Wald wie auch in einem Schulungsraum. Paul war während seiner Jagdausbildung fast jedes Wochenende im Wald, untersuchte mit seiner Gruppe Wildwechsel, baute Hochsitze, lernte Bäume und Pilze kennen. Und angesichts der Bücherstapel, die er durcharbeiten musste, trug seine Jagdprüfung zu Recht den Spitznamen »Das grüne Abitur«. Der Aufwand ist gerechtfertigt, denn Jäger tragen eine große Verantwortung und können auch erheblichen Schaden anrichten.

Einer Reihe von Förstern sind die Anforderungen noch immer nicht hoch genug. Sie sprechen sich dafür aus, das Jagen den professionellen Jägern zu überlassen. Den größten Unmut bereiten ihnen Jäger, die ihren Jagdschein in einer der Schnellkurs-Jagdschulen erworben haben. Selbst Hubertus, normalerweise die Gemütsruhe in Person, gerät in Rage, wenn er über diese »Schmalspur-Jäger« spricht. »Kein Mensch lernt in drei Wochen das Handwerk eines guten Jägers. Das ist unmöglich. Wie kann man solche Amateure schwer bewaffnet durch den Wald rennen lassen?«

Ein weiterer Waldläufer, der die Gemüter erhitzt und seit einigen Jahren immer wieder in den Schlagzeilen auftaucht, ist der Wolf. Seit dem Jahr 2000 siedeln sich in deutschen Wäldern wieder Wölfe an, das Bundesamt für Naturschutz geht im Moment von 73 Wolfsrudeln, 30 Paaren sowie 3 sesshaften Einzelwölfen aus, die sich vorwiegend in den Bundesländern Brandenburg, Sachsen und Niedersachsen bewegen. In Bayern ist bisher ein einziges Rudel bestätigt.

Als ich in der Zeitung von der Rückkehr der Wölfe nach Deutschland las, war ich begeistert, wildromantisch fand ich das. Bücher über den Wolf gehören zu meiner Standardlektüre, der graue Räuber hat mich schon immer fasziniert. Er ist unverzichtbar für die Literatur, die Sagen und die Mythen, weckt zahlreiche Assoziationen – der Vollmond, das Heulen, der wilde Blick, all das verbinden wir mit dem Wolf.

Und dann begegnete Paul nur wenige Fahrminuten von uns entfernt einem Wolf. Es war später Abend, Paul fuhr auf der Landstraße, die in unseren Ort führt, durch den Wald. Und da entdeckte er mitten auf der Straße einen Wolf. Er war derart perplex, dass er fast das Steuer verriss, zwei entgegenkommende Autos hielten am Straßenrand, die Fahrer stiegen aus, standen mit heruntergeklappten Kinnladen neben ihren Autos. Der Wolf lief von allem unbeeindruckt die Landstraße hinab. Paul drosselte das Tempo und fuhr behutsam hinterher, überholte den Wolf und fuhr eine Zeit lang neben ihm her. So konnte er sich davon überzeugen, dass es sich wirklich um einen Wolf handelte und nicht etwa um einen großen Fuchs oder einen entlaufenen Hund. Es war tatsächlich ein Wolf, groß und grau und zottelig wie aus dem Bilderbuch. Schließlich bog der Wolf ab und verschwand in den Wald.

Die Nachricht elektrisierte uns. Ein Wolf vor unserer Haustür? Wie spannend war das denn! Wir stellten schon am nächsten Tag unsere Wildkamera auf, vielleicht würde der Wolf auf seinem Streifzug ja bei uns vorbeischauen. Wie wir aus der Zeitung erfuhren, tauchte er wenige Tage später vor einer anderen Wildkamera auf, die nur einen Kilometer von unserer entfernt positioniert war. Gleichzeitig drang noch eine andere Nachricht zu uns: In einem nahe gelegenen Ort hatte ein Raubtier einige Schafe gerissen. Es war wohl genau der Wolf, den Paul gesehen hatte, der plötzlich im Verdacht stand, ein blutrünstiger Räuber zu sein. Es dauerte also nicht lange, bis mein wildromantisches Wolfsbild Risse bekam.

Naturschützer und auch manche Forstwissenschaftler begrüßen die Rückkehr der Wölfe sehr, schließlich seien Wölfe für die biologische Vielfalt sowie für das Ökosystem im Wald unabdingbar. Doch wenn man die wölfische Vorliebe für Schafe betrachtet, ist fraglich, ob die Rechnung mit dem Ökosystem aufgeht. Bei der Lektüre über die vielen vom Wolf gerissenen Nutztiere auf Deutschlands Weiden drängt sich mir die Frage auf, ob der Wolf nicht weniger die Rehe im Wald als vielmehr die Schafe auf der Weide verspeist.

Allein im Jahr 2016 wurden über 1 000 Nutztiere durch Wölfe getötet, 2017 waren es bereits rund 1 600. Bilder dokumentieren das Grauen, sie zeigen angebissene Schafe, ausgeweidet, zerlegt – Anblicke, die einem das Blut in den Adern gefrieren lassen. Wie viele Tausend Schafe sind wir bereit, für das Experiment Ökosystem zu opfern? Naturschützer sind um den Wolf sehr besorgt; doch wie viele Schafe ist ein Wolfsleben wert? Schäfer werden seitens der Regierung für gerissene Tiere entschädigt, doch der Schaden eines Wolfsangriffs bleibt emotional belastend. Die Nutztiere vor dem Wolf zu schützen ist nicht einfach, denn ein Wolf ist sehr schlau und lernt schnell dazu, er kann angeblich sogar Elektrozäune überwinden.

Im Hinblick auf die Sicherheit von uns Menschen wird die Beurteilung nicht einfacher. Eine wissenschaftliche Untersuchung aus dem Jahr 2001, die vom Deutschen Bundestag in Auftrag gegeben wurde, hat weltweit dokumentierte Fälle von Wolfsübergriffen auf den Menschen zusammengetragen. Demnach gab es in Europa von 1950 bis 1999 59 Zwischenfälle, von denen 9 tödlich ausgingen. Im Zeitraum von 2000 bis 2009 kam es laut der Dokumentation zu 23 Angriffen weltweit, bei denen 53 Personen verletzt und 7 getötet wurden; von 2010 bis 2018 wurden weltweit 130 Angriffe von Wölfen auf Menschen dokumentiert, 24 davon endeten tödlich. In vielen Fällen spielte eine Tollwuterkrankung des Wolfes eine Rolle.

Die meisten Übergriffe fanden in den Ländern Afghanistan, Indien, Iran, Türkei und Russland statt. In Deutschland hingegen ist laut der Studie, die Wolfsangriffe auf den Menschen seit dem 18. Jahrhundert dokumentiert, noch niemals ein Mensch einem Wolf zum Opfer gefallen. Die Wissenschaftler kommen zu dem Ergebnis, dass das Risiko, von einem Wolf angefallen zu werden, in Europa und Nordamerika extrem gering ist.

Wie ist er denn jetzt, der Wolf? Viele Naturschützer und Wolfsexperten beschreiben den grauen Jäger als prinzipiell scheuen und für den Menschen vollkommen ungefährlichen Waldbewohner. Wolfsgegner wiederum halten ihn für ein aggressives und auch für den Menschen hochgefährliches Raubtier und schütteln den Kopf über die Wolfs-Willkommenskultur der Deutschen. Einer der bekanntesten von ihnen ist Valerius Geist, ein kanadischer Verhaltensforscher, der jahrzehntelang Wölfe beobachtete. Seiner Meinung nach ist der Wolf in einer dicht besiedelten Kulturlandschaft wie Deutschland völlig fehl am Platz. Darüber hinaus gibt es eine Vielzahl verstörender Berichte von Menschen, die von ihren Begegnungen mit Wölfen erzählen, bei denen die grauen Jäger ihnen gegenüber keinerlei Scheu gezeigt hätten. Wie viele Wölfe können in Deutschland leben, bis sie uns gefährlich werden? Und wer schützt dann die Bevölkerung?

»Wenn uns die Wölfe angreifen, müssen wir eben mit dem Gewehr in den Wald«, meinte Phil.

»Das ist nicht so einfach, die Wölfe stehen unter Schutz«, bremste ihn Paul.

»Und wer interessiert sich für meinen Schutz? Ist jetzt der Wolf geschützter als der Mensch?«

Paul zuckte mit den Schultern.

»Erschießt man einen Wolf, kann man dafür ins Gefängnis kommen. Das ist eben das Gesetz.«

»Spinnen die?«, rief Phil mit jugendlicher Ungeduld. »Ich darf mich ja wohl noch selbst verteidigen.«

Vielleicht ist es diese Idee der Hilflosigkeit, die so viele Gemüter bei dem Thema erhitzt; der Eindruck, dass Behörden den Wolf in Deutschland willkommen heißen und zugleich den Menschen untersagen, sich zu wehren.

Ich bin weder eine Schafzüchterin noch eine Försterin und auch keine professionelle Naturschützerin. Ich kann nur als Mutter sprechen, die mit ihren Kindern am Waldrand wohnt. Und nach allem, was ich zwischenzeitlich gelesen habe, bin ich hin- und hergerissen. Durch ein Wolfsrudel im Wald würden unsere Streifzüge vermutlich riskanter werden, doch es ist nicht so, dass ein Wolf aus einem sicheren Naturspielplatz einen todbringenden Ort machen würde; es handelt sich um eine graduelle Verschiebung, nicht um eine grundsätzliche.

Phil geht jeden Tag mit Lucky in den Wald und hat dort riskante Erlebnisse, zum Beispiel wenn Bäume umstürzen. Der Hund eines Bekannten wurde neulich von einem umstürzenden Baum getötet, nur um Haaresbreite ist sein Herrchen mit dem Leben davongekommen. Apropos Hunde – in Deutschland behandeln Ärzte jedes Jahr rund 30 000 Bisswunden, die von Hunden verursacht wurden. Und laut Statistik sterben in Deutschland jedes Jahr im Schnitt 3,8 Personen durch Hundeattacken.

Vielleicht hängt die individuelle Risikobewertung auch damit zusammen, welchen Stellenwert der Wald für den Einzelnen hat und wie er sich darin verhält. Gehen wir in den Wald, tragen wir lange Hosen, feste Schuhe und haben den Hund an der Leine. Wir legen uns zur Zeckenzeit nicht ins Gras und wir lassen Lucky in keinen Fuchsbau kriechen. Ich würde auch nie ein Raubtier anfüttern oder mich diesem freiwillig nähern. Im Wald tragen wir auch keine Kopfhörer, denn man muss hören, welche Fichte zu laut knarzt, hinter welchem Gebüsch es raschelt. Es sind simple Vorsichtsmaßnahmen, die aber nicht alle befolgen. Wer vor sich hin trällernd das Unterholz durchquert, verwechselt den Wald möglicherweise mit einem Wellnesspark.

Welche Gefahren sind wir bereit, in Kauf zu nehmen? Wie sicher soll der Wald sein? Vertreiben wir die Wölfe, müssten wir nicht ebenso mit den Wildschweinen verfahren, den Füchsen, den Zecken, den Fledermäusen, müssten wir nicht auch gleich alle Bäume fällen, schließlich könnten sie ja umfallen? Können wir nicht einfach akzeptieren, dass der Wald Gefahren birgt?

Noch nie zuvor war das Leben in Deutschland sicherer und besser als heute. Kindern drohen heute weniger Gefahren denn je und natürlich ist das eine gute Nachricht. Doch wie gestaltet sich das Leben von Heranwachsenden inmitten all der äußeren Sicherheit? Ab wann nehmen ihnen die Sicherheitsmaßnahmen zu viel Bewegungsfreiheit und werden zum goldenen Käfig, in dem sie zugrunde gehen? Hat die Sicherheit, in der Kinder heute aufwachsen, nicht ohnehin schon ein absurdes Maß erreicht, ist sie nicht längst schon so umfassend und allgegenwärtig, dass tödliche Langeweile dahinter lauert?

Wenn ich mit Heranwachsenden spreche, fällt mir immer wieder auf, wie sehr sie sich langweilen, dass sie der immer gleiche Ablauf im goldenen Hamsterrad anödet, ihre Helikopter-Mutti, die andauernd zu den Lehrern rennt, der SUV, der sie quasi bis ins Klassenzimmer fährt. Der permanent unterdrückte Schrei nach Abenteuern lässt die einen vor dem Computer implodieren und die anderen als Adrenalinjunkies explodieren. Sie entkommen der komatösen Langeweile ihres Lebens, indem sie sich mit Ecstasy in Gefühlsräusche versetzen, von Hochhäusern stürzen, als naive Weltverbesserer nach Afrika reisen, irgendetwas Waghalsiges unternehmen, damit es eben thrillt, damit sie sich endlich einmal spüren, auch wenn es das letzte Mal in ihrem Leben war.

Die Wildnis ist fast vollständig aus unserer Zivilisation zurückgedrängt, unberührte Landschaften gibt es in Deutschland keine mehr. Wie viele Leben retten die umfassenden Sicherheitsvorkehrungen und wie viele Leben zerstören sie letzten Endes? Würde uns nicht allen etwas mehr Wildnis guttun? Könnte die Erfahrung mit dieser den einen oder anderen weltfremden Traumtänzer, der am Monotonie-Mief seines Lebens zu ersticken droht, vielleicht davon abhalten, unkalkulierbare Risiken einzugehen? Welches Maß an Wildnis, an Risiko darf oder sollte man Heranwachsenden im Alltag zumuten und wie wirkt sich das unterm Strich auf ihr Seelenleben aus?

Vor einiger Zeit sprach mich im Supermarkt eine Mutter an. Sie habe gehört, dass Phil nicht zocke, und nun wolle sie wissen, wie ich das geschafft hätte. Wir unterhielten uns eine Weile, sie berichtete voller Sorge von ihrem dauerzockenden, beratungsresistenten Filius. Aber – so merkte sie an – immerhin sei ihr Sohn mit seiner Computersucht in Sicherheit. Andere Heranwachsende würden sich ins Koma saufen, ihr Sohn sei in seinem Kinderzimmer zumindest vor den Gefahren des Lebens gefeit.

Natürlich lässt sich dieses Gespräch nicht verallgemeinern, jedes Kind ist anders, jede Familie hat ihre eigene Dynamik. Und dennoch kann ich mir gut vorstellen, dass zwischen dem bekannten Problem der Überbehütung und dem flächendeckenden Computergenuss gewisse Zusammenhänge bestehen – dass manche Mütter ganz froh sind, wenn ihre Kinder in ihren sicheren Zimmern bleiben. Doch das Perfide daran ist: Das Kind ist nicht in Sicherheit. Vor dem PC kann es verblöden, depressiv werden, das wirkliche Leben verpassen. Geht ein Heranwachsender hingegen durch einen Wald, in dem Wölfe leben, ist das subjektiv gefühlte Risiko sicherlich sehr hoch, das tatsächliche aber eher gering.

21

Die Kraft des Feuers

Meine beiden Großmütter waren begnadete Gärtnerinnen. Während die eine im Südwesten Deutschlands jedes Jahr tonnenweise Kirschen, Äpfel, Birnen und Pflaumen erntete, setzte die andere im hohen Norden auf den Anbau von Kartoffeln, Rüben, Bohnen und Himbeeren. Mit dem heutigen Wissen über die Tücken des eigenen Anbaus kann ich nur staunen, in welch Fülle bei den beiden die leckersten Früchte wuchsen, dazu Körbe voll Kornblumen, Klatschmohn und Lavendel.

Ich hatte die Chance verpasst, sie nach ihren Gärtner-Geheimnissen zu fragen, Buch zu führen, all das aufzuschreiben, was sie in jahrzehntelanger Arbeit gelernt hatten. Und so kann ich nur von einem einzigen Tipp berichten, der von meiner Großmutter überliefert ist. Sie verteilte die Komposterde für das kommende Frühjahr bereits im Herbst, damit Krankheitserreger und Parasiten in der Kälte abstarben.

Es ist immer schade, wenn die Alten ihr Wissen nicht an die folgenden Generationen weitergeben, und ich glaube, dass dies heute eher die Regel als die Ausnahme ist. Wozu noch die

Alten fragen, wenn man doch mit wenigen Klicks im Internet zu jedem beliebigen Thema eine Fülle von Informationen findet?

Unsere Nachbarin ist 85 Jahre alt und versucht auch nicht, ihr Alter zu verbergen. Runde Hüften, schlohweißes Haar, keine rollerbladende, gebotoxte Ach-so-jung-Gebliebene. Hannah und Luisa lieben sie. Denn genau diese Ofenwärme, die sie ausstrahlt, zieht die Kinder so an. Die Nachbarin bringt den Mädchen alles Mögliche bei, Dinge, die in der heutigen Zeit banal und redundant erscheinen mögen. Im Herbst stecken sie zu dritt Tulpenzwiebeln in die Erde, im Sommer töpfern sie Schalen und Tauben und im Winter besuchen sie den Siebenschläfer, der es sich jedes Jahr erneut auf ihrem Dachboden gemütlich macht. Der Dachboden scheint aus der Zeit gefallen, mit Staub und Spinnennetzen, knarzenden Truhen und einer Wanduhr, die nicht mehr ticken mag. Ein Pippi-Langstrumpf-Dachboden, wie Hannah findet.

Der Siebenschläfer schläft immer in der gleichen Holzkiste, in einer offenen Schublade eingekuschelt, den buschigen Schwanz über die Augen gelegt, ganz so, als wolle er sich bewusst zurückziehen, abschirmen von der Welt. Siebenschläfer halten sich gewöhnlich sieben Monate in ihrem Winterquartier auf, von Oktober bis April, daher auch der Name Siebenschläfer. In der freien Natur schlafen sie oft noch bis in den Mai hinein, auf frostfreien Dachböden kann der Winterschlaf deutlich kürzer ausfallen. Unser pelziger Nachbar wacht bereits im Februar auf und macht sich seiner Haushälterin durch leise Kratzgeräusche bemerkbar. Die Nachbarin hatte auch schon Marder auf dem Dachboden. Diese seien überaus störend und laut, erzählte sie mir, es höre sich an, als ob sie mit Steinen Fußball spielen.

Die Jungen und die Alten haben häufig eine ganz besondere Verbindung zueinander, weil die Alten verlernt haben, was die Jungen noch nicht können, weil sie beide nicht in der Hetze des Alltags gefangen sind, weil sie sich stundenlang über

Siebenschläfer und Schnecken unterhalten können, während sie auf dem Sofa sitzen und Kekse knabbern. Luisa, Hannah und die Nachbarin haben gemeinsame Themen, bei denen ich aussteige. Mit einer für mich unerträglichen Liebe zum Detail reden sie über die Farbschattierung eines Blütenblatts oder darüber, welche Zwiebelblume welcher Wühlmaus in welchem Jahr zum Opfer gefallen ist.

Ich bin für die gute Nachbarschaft sehr dankbar, die alte Dame auch. Denn auf diese Weise hinterlässt sie Spuren, prägt sich ein in das Gedächtnis der beiden Mädchen. Niemals werden Hannah und Luisa die Teestunden in den Ohrensesseln vergessen, die vielen Nachmittage, an denen sie im Garten helfen durften. Denn was im eigenen Garten als unzumutbare Arbeit gilt, ist bei der Nachbarin eine erstrebenswerte Tätigkeit. So hatte ich Hannah und Luisa im vergangenen Herbst gebeten, in unserem Garten das Laub zusammenzurechen. Sie maulten, wollten dann einen Verdienst aushandeln, den ich verweigerte. Missmutig wurstelten sie eine Weile vor sich hin, und nachdem sie zwei kaum sichtbare Laubhaufen zusammengerecht hatten, machten sie sich aus dem Staub. Später fand ich sie im Garten der Nachbarin, fegend, rechend, emsig schuftend, freudestrahlend. Zum Dank gab die Nachbarin jeder einen Keks und beiden das Versprechen, ihnen bald wieder Arbeit zu geben.

Auch Paul und ich hatten den Anspruch, an die Kinder so viel Erfahrung wie möglich weiterzugeben. Wir nutzten die Jahre aus, in denen sie noch bereit waren, Wissen von uns anzunehmen. Doch auch bei kleinen Kindern funktioniert das nicht immer. Als Phil vier Jahre alt war, wollte Paul ihm das Skifahren beibringen. Auf dem Weg zum Schlittenberg trafen wir einen Bekannten, der unser Vorhaben erahnte und breit grinste. »Das habe ich bei meinem Sohn auch versucht!« Es dauerte nur eine halbe Stunde, bis auch Paul das Projekt Skilehrer für immer aufgab.

Hellhörig wurde Phil hingegen beim Thema Feuer. Wer regelmäßig ein Lager- oder Ofenfeuer machen möchte, muss einiges an Aufwand betreiben – dies war eines der wichtigsten Dinge, die Phil zu diesem Thema lernte. Denn für ein Feuer braucht man viel trockenes Holz, das in einem soliden, bestenfalls auch überdachten Holzunterstand lagern muss. »Sehen Sie diese wunderbare Holzlege? Die hat mein Mann mir gebaut. Vor 40 Jahren! Es war Schwerstarbeit! Aber das Ergebnis spricht für sich!« Als mir unsere 85-jährige Nachbarin kurz nach unserem Einzug ihren Holzunterstand zeigte, war ich erstaunt. Ein doch recht banaler Gebrauchsgegenstand schien für die Waldlerin, wie sich die Nachbarin selbst nannte, von großer Bedeutung zu sein.

Wir wählten für unseren eigenen Unterstand zunächst eine denkbar einfache Konstruktion und meinten, diese in kürzester Zeit zusammenbauen zu können. Stunden später fanden wir uns einigermaßen frustriert in einem unübersichtlichen Bretterwald wieder. Danach entschieden wir, das Ganze professionell anzugehen. Unser Bauplan sah schließlich eine acht Meter lange und fast zwei Meter hohe Holzlege vor, in mehrere Abschnitte gegliedert, die tragenden Säulenbalken von vorne sorgfältig abgestützt. Auf der hinteren Seite sollten quer genagelte Bretter das Durchfallen von Scheiten verhindern, oben sollte eine leicht schräg liegende Bitumenplane alles abdecken. Auf den Boden kamen Betonplatten, auf denen eine Schicht Reisig lag, damit das Holz nicht von unten faulen würde. Die Lege sollte einen halben Meter tief sein, sodass ein durchschnittliches Holzscheit von 30 Zentimetern Länge locker reinpassen würde.

Nach tagelanger Bastelei, die mir einen sehr genauen Einblick in die Handhabung eines Holzunterstands gab, musste ich meiner Nachbarin recht geben. Sie hatte tatsächlich ein Prachtstück in ihrem Garten, länger als unsere Lege, tiefer, bauchiger, praktischer, schöner, besser. »Wir hätten unsere

Lege nach diesem Vorbild bauen sollen«, meinte ich zu Paul, der meine Anmerkung mit einem müden Lächeln beantwortete.

Mit dem Bau des Unterstands war es nicht getan, nun mussten wir das viele Holz, das sich in unserem Garten angesammelt hatte, sowie das zusätzlich bestellte Brennholz einräumen. Auch das kostete wieder viele Nachmittage Zeit, aber es war eine schöne Arbeit, befriedigend irgendwie, den Holzgeruch in der Nase, in Vorfreude auf viele schöne Feuerstunden. Wir lagerten bevorzugt Buche, Birke und Fichte. Während sich Fichte aufgrund ihres hohen Harzgehalts zum Anzünden eignet, riecht Birke am besten, während Buche das schönste Flammenbild zaubert.

Schichtet man dann das Holz, um ein Feuer zu entfachen, muss man auf einiges achten. Zum Beispiel darauf, mit den dünnen, trockenen Hölzchen zu beginnen und diese dann mit viel Luft dazwischen in die Höhe zu bauen. Phil schichtete mit einer Geduld, die mir bis zu diesem Zeitpunkt an ihm unbekannt war, ja mit einer geradezu meditativen Gelassenheit, Hölzchen auf Hölzchen. Die besondere Freude bestand für ihn am Ende darin, sein Kunstwerk in einen lodernden Feuerball zu verwandeln. Einmal beging er den Fehler, das fertig aufgeschichtete Holz zu verlassen, woraufhin Hannah kurzerhand das Feuer entfachte. Phil tobte.

Weil die Mädchen das Feuer nicht ganz ihrem Bruder überlassen wollten, kümmerten sie sich um das Anzündmaterial. Sie sammelten Tannenzapfen, Moos und Harz – das Blut des Baumes brennt wie Wachs, lange und zuverlässig. Regelmäßig zogen die beiden mit Schachteln und Taschenmessern ausgerüstet in den Wald und suchten dort nach umgestürzten oder geschlagenen Bäumen. Das Harz fanden sie an ehemaligen Wunden der toten Bäume oder auch als austretenden Saft an frischen Baumstümpfen. Hat der Baumstamm eine Wunde, so schützt er sie mit einem Verschluss aus Harz. Dann erst kann die Rinde in Ruhe zusammenwachsen. Für die Mädchen war das Harz Handelsware, mit der sie Phil dazu bringen konnten, auch ihnen einmal das Anzünden zu überlassen.

Von Paul lernten die Kinder auch das Feuerbohren, also ohne Streichhölzer Feuer zu machen, wie es bereits die Steinzeitmenschen taten. Was bei Paul simpel aussah, brachte die Kinder fast zum Verzweifeln. Paul spitzte zunächst die Enden eines schmalen, geraden Haselnussasts. Dann ritzte er eine Kerbe in ein Holzbrett, die so groß und so tief war, dass seine Spindel genau reinpasste und einen guten Halt fand. Nun musste der Stab in der Kerbe so schnell gedreht werden, dass durch die Reibung Hitze entstand und schließlich glühender Holzstaub. Paul fixierte die Spindel von oben mit einem passenden Gegenstück, einem Holzstab oder Stein, der ebenfalls eine Kerbe aufwies, und drückte diese fest nach unten.

»Die Spindel muss sich drehen, darf aber nicht wackeln, nicht eiern. Darum muss man es oben gut festhalten und nach unten drücken«, erklärte er. Dann zwirbelte er die Spindel in die Sehne eines selbst gebastelten Pfeilbogens, einen Schnürsenkel, der in einen gebogenen Ast gespannt war. Jetzt begann der eigentliche Bohrvorgang. Dank des Bogens erreichte Paul eine sehr schnelle Rotation der Spindel. Die gewonnene Glut legte er in ein vorbereitetes Zundernest, ein Nest aus trockenen Gräsern, die innerhalb weniger Sekunden brannten. Diese Methode des Feuermachens entpuppte sich für die Kinder als Nerventest. Sie schafften es nicht, genug Druck aufzubauen, und brachen bald gereizt ab. Viel leichter fiel es ihnen, das Sonnenlicht mit einer Lupe einzufangen, den gebündelten Strahl auf ein trockenes Blatt Papier zu lenken und auf diese Weise glühenden Holzstaub zu gewinnen.

Immer weniger Leute kommen heute in den Genuss eines Feuers, was vor allem daran liegt, dass wir immer dichter aufeinanderleben. Feuerstellen in Wohnhäusern sowie Lagerfeuer in Gärten oder in der freien Natur unterliegen heute strengen Vorschriften. Selbst bei einer Feuerschale im eigenen Garten müssen die Feuerfans einiges beachten: Der Durchmesser der Schale darf einen Meter nicht überschreiten, Sicherheitsabstände müssen eingehalten werden, ein Feuer darf nur gelegentlich brennen, damit die Nachbarn nicht belästigt werden. Alles nicht so einfach.

Doch die Sehnsucht der Menschen, das archaische Verlangen nach Feuer, bleibt trotz aller Vorschriften bestehen. Vielleicht sind deshalb die Deko-Feuerstellen und -Kamine heute so beliebt, hübsche Flammen, die sich aus Ethanol speisen. Gerne noch mit Deko-Holzscheiten aus Keramik verziert. Und auch wenn die Ethanol-Flammen nicht nach Feuer riechen, kein Holz verlangen, nicht rauchen und auch keinen Funkenflug zaubern, in allem also nur die Imitation eines richtigen Feuers sind, sind sie besser als nichts.

Flammen ziehen alle in ihren Bann, oberflächliches Gerede verstummt sofort, die Gespräche werden tiefer, die Menschen nachdenklicher. Kleinkariertes hat am Feuer nichts zu suchen, Alltägliches auch nicht – Feuer ist wie ein Mahnmal der Endlichkeit.

Die besten Gespräche habe ich immer am Feuer geführt, mit Freunden, mit Paul, mit den Kindern. Und auch Lösungen für diverse Probleme unserer Mini-Farm fanden wir stets am Feuer, so zum Beispiel für Potters schiefe Zähne.

Es war ein lauer Sommerabend, wir saßen zusammen am Lagerfeuer, bei unserer österreichischen Berghütte, die wir damals als Wochenenddomizil für ein Jahr gemietet hatten. Die Kinder hielten Stockbrot in die Flammen, Paul und ich tranken Bier und wir diskutierten darüber, wer in unserer Abwesenheit die zu Hause gebliebenen Kaninchen versorgen könnte. In diesem Zusammenhang brachte ich gleich noch ein anderes Thema zur Sprache, das mir auf der Seele brannte. Denn kurz zuvor hatten wir entdeckt, dass Potter unter einer Zahnfehlstellung litt.

Kaninchenzähne sind durchblutet und wachsen permanent. Bei einem gesunden Tier nimmt das nur deshalb keine bedrohlichen Ausmaße an, weil die Vorderzähne, die im Idealfall senkrecht aufeinanderstehen, sich durch das ständige Nagen gegenseitig abfeilen. Nun standen bei Potter die Schneidezähne fast waagerecht nach vorne, sodass sie ungehindert wuchsen.

»Ihr könnt doch nicht von mir verlangen, dass ich alle zwei Wochen zum Tierarzt fahre und Potters Zähne schleifen lasse! Das kostet zu viel Zeit und zu viel Geld.«

»Was willst du damit sagen, Mama?«, fragte Hannah ängstlich.

»Ich meine, dass wir ihn einschläfern lassen müssen. Wenn Potter zehn Jahre lang lebt und ich alle zwei Wochen seine Zähne für zehn Euro schneiden lasse, kannst du ihn irgendwann in Gold aufwiegen. Ein 2 000-Euro-Hase, ja spinnt ihr?«

»Aber ansonsten ist er doch gesund«, warf Paul ein. »Du kannst ein Kaninchen nicht einfach töten, nur weil es schiefe Zähne hat.«

»Dann lassen wir ihn lieber in den Wald laufen«, schlug Phil vor, »dann hat er zumindest eine Chance.«

Die Mädchen protestierten heftig. Potter würde jämmerlich verhungern. Die dauerwachsenden Zähne würden ihm irgendwann das Mäulchen versperren. Ein freies Leben sei daher keine Chance für ihn, sondern ein grausamer Tod.

»Stell dir vor, du hast schiefe Zähne und musst deshalb sterben!«, schrie Hannah.

Luisa nickte zustimmend.

»Ja, das geht nicht. Die Mädchen haben recht«, befand Paul.

Hannah warf ihm einen dankbaren Blick zu. Sie haderte mit dem Schicksal. Hatte sie damals im Auto die Kaninchenzuteilung von Phil zu voreilig akzeptiert?

»Wir könnten versuchen, Potter die Zähne selbst zu schneiden«, schlug Phil vor. »Die Tierärztin soll es uns einfach mal zeigen.«

Die Tierärztin zeigte sich einverstanden. Sie empfahl uns eine bestimmte Zange und eine Schutzbrille, da die abgezwickten Zahnstückchen mit Karacho durch die Gegend flogen. Potter war die Prozedur unangenehm, aber er ließ sie jedes Mal stoisch über sich ergehen. Offenbar spürte er, dass ihm das half.

22

Glücksmomente

Bei jeder Beerdigung erfahren wir es, man muss nur genau zuhören. Wenn die Alten mit bangen Blicken dem Sarg folgen und sich fragen, wie viel Zeit ihnen noch bleibt und was der Pfarrer wohl später mal über sie sagen wird, wenn die Jungen hoffen, dass die Reihenfolge eingehalten wird und sie nicht vor den Alten sterben müssen, dann erinnert uns der Pfarrer daran, dass wir das Leben nutzen sollen, jeden Tag und jede Stunde.

Mit was verbringt man seine freie Zeit? Was davon ist notwendig und was nicht? Was ist kostbar? Das ist natürlich eine sehr individuelle Entscheidung. Doch wenn Bekannte von mir mal wieder in die Stadt fahren, um sich das hundertste Kissen oder ein neues Sofa auszusuchen, Schuhe, Küchenfronten, Flat Screens, wieder alles neu und hipper und angesagter und im Angebot, Schnäppchen, Rausch und Ich-will-alles-haben-Gier – dann würde ich sie schon gerne fragen, warum sie das eigentlich machen. Ist es das, das Leben? Sind das die Momente, an denen wir uns wärmen, wenn wir gehen?

Mir wird oft die Frage gestellt, wann wir denn endlich mal Lampen kaufen, eine Fußmatte, einen schmutzabweisenden

Läufer für den Flur – und Tischdecken fehlen uns, Vorhänge auch, und das Geschirr ist so kaputt, dass es nicht mal flohmarkttauglich ist. Ich antworte dann gerne, dass ich lieber unterm Apfelbaum liege, als meine Zeit im Kaufhaus zu vergeuden. Die Reaktionen darauf sind sehr gemischt. Manche halten mich für eine Spielverderberin, eine, die sich entzieht, die sich dem Wettbewerb der Eitelkeiten nicht stellen mag. Andere sind der festen Überzeugung, dass es eine Konsumpflicht gibt. »Wenn sich alle dem Konsum derart entziehen würden wie du«, sagte jemand, »würde die Wirtschaft zusammenbrechen.« Stimmt das? Ist man tatsächlich zum Konsum verpflichtet?

Wissenschaftler warnen seit Jahrzehnten vor der Klimaerwärmung, die Umweltverschmutzung ist omnipräsent. Es ist auch kein Geheimnis, wie umweltschädlich die digitalen Geräte, die Trilliarden Smartphones und iPads sind, sowohl in der Herstellung als auch in der Entsorgung. Eigentlich alles klar. Doch die Dringlichkeit eines Paradigmenwechsels scheint für viele nicht damit verknüpft zu sein. Ich kenne genügend Leute, die auf Naturschutz-Demos gehen und die Grünen wählen, im heimischen Garten dann aber Pestizide spritzen und den Nachwuchs im selbst produzierten Elektrosmog rumlaufen lassen. Umweltschutz? Unbedingt. Darum sollen sich aber bitte die anderen kümmern.

Aktuell sind bei allen Familien mit älteren Schulkindern die Fridays-for-Future-Demos angesagt, die sich mittlerweile zu einer globalen Protestbewegung entwickelt haben. Und diese ist aus vielerlei Gründen zu begrüßen. Es ist großartig, dass sich die Jugend im zivilen Ungehorsam verbündet hat, für die Natur auf die Barrikaden geht, Politik mitgestaltet, idealistisch, entschlossen, unbeeindruckt. Selten zuvor wurde so engagiert und so heftig über den richtigen Weg gestritten. Die umweltpolitischen Diskussionen ziehen sich mittlerweile quer durch alle erdenklichen gesellschaftlichen Schichten. Und es ist wahrscheinlich das erste Mal in der Bundesrepublik Deutschland, dass sich Politiker in ernsthafter Weise mit Kindern und deren Forderungen auseinandersetzen. Eine hitzige Debatte ist entbrannt, die Millionen wachgerüttelt hat, und es mangelt nicht an Experten, die uns immer wieder ermahnen, dass der Klimaschutz keinen Aufschub mehr duldet. Doch noch fehlt vielerorts die Umsetzung der Forderungen im privaten Bereich. Jugendliche Demonstranten, mit denen ich sprach, sahen keinerlei Notwendigkeit, ihren eigenen Konsum einzuschränken. Obwohl vielleicht genau dies einer der Schlüssel wäre, das Klima zu retten?

Mein Vorschlag »Wenn ihr es mit dem Umweltschutz wirklich ernst meint, dann nehmt doch öfter das Fahrrad, schaltet eure Handys aus, lasst die PC-Spiele ruhen« hat nicht nur bei Kindern, sondern auch bei deren Eltern für entsetzte Blicke gesorgt. »Ein paar Tage ohne ihre Smartphones, das wäre, als würdest du ihnen das Leben nehmen«, meinte eine Mutter.

»Geht zur Schule«, lautete der Kommentar eines Journalisten im Spiegel. Ein Schulstreik tangiere die klimazerstörende Gesellschaft nicht. Ganz anders sähe dies bei einem Konsumstreik aus. »Jugendliche, die nichts mehr kaufen, sind das wahre spätkapitalistische Schreckgespenst«, so sein Rat. Wäre jeder Einzelne von uns bereit, seinen Konsum massiv einzuschränken? Wäre eine solche Bewegung am Ende nicht die logische Fortsetzung eines Schulstreiks?

Den Konsum zu »schwänzen« hätte meines Erachtens neben dem Umweltschutzaspekt noch viele Vorteile für den ganz privaten Bereich; denn hört man auf, seine Wohnung mit Konsumgütern vollzustopfen, gewinnt man Zeit. Zeit für seine Freunde, Zeit für Diskussionen, Zeit für seine Kinder. Zeit für Glücksmomente.

Glück ist was Launisches, es kommt und geht, wann es will, plötzlich ist es da, unverhofft, der Situation nicht immer angemessen. So war es zum Beispiel vor Kurzem, an einem Tag voller Dauerregen – ein Wetter, so scheußlich, dass Lucky sich entschied, trotz voller Blase nicht vor die Tür zu gehen. Die Hühner und Kaninchen wollten dennoch versorgt werden. Also zogen Luisa und ich die Kapuzen tief in die Stirn und marschierten durch Pfützen und nasses Gras. Wo keine Bäume wuchsen, bildeten sich Seen. Wir warfen einen Blick auf den Wald, regennass und dunkel, zwischen den Ästen hatte sich eine Wolke verfangen, die Bäume sogen sich voll, fast meinten wir, sie trinken zu hören.

Während ich die Kaninchenkisten mit Stroh polsterte, beobachtete Luisa die Hühner. »Ich weiß jetzt, welches Huhn sich zum Ausbrüten eignet«, rief sie in meine Richtung, »es ist Waltraut. Sie ist die perfekte Mama. Sie schiebt die Eier unter ihren Bauch. Soll ich sie ihr wirklich wegnehmen?«

Mein demonstrativer Blick zum Himmel beantwortete ihre Frage. »Im Mai dann«, brummte ich. Tatsächlich hatte ich Luisa in einem schwachen Moment versprochen, Küken großzuziehen. Ich stellte es mir schon sehr niedlich vor mit den Kleinen und außerdem hätten wir dadurch dem habichtbedingten Hühnerschwund etwas entgegenzusetzen. Die Voraussetzung dafür war eine Henne, die bereit war, 21 Tage ihres Lebens auf Eiern rumzusitzen.

»Kannst du die Hühner einfangen?«, bat ich Luisa. »Sie sollen jetzt schon in den Stall. Sonst müssen wir heute Abend noch mal durch den Matsch.« Luisa machte sich ans Werk, blitzschnell und äußerst geschickt. Für Hildegard, die lieber draußen bleiben wollte und sich unter einem niedrigen Regenschutz versteckte, warf sie sich in den Schlamm und robbte ihr bäuchlings hinterher. Als die Hühner im Stall waren, sah Luisa aus, als hätte sie ein Moorbad genommen. Aber das war ihr wie üblich egal, sie war unser Waldkind, durch kein Wetter, keinen Schmutz, keine noch so fette Kröte zu erschüttern.

Luisa rannte strahlend zurück ins Haus und begann noch auf dem Weg, Hannah über Waltrauts baldiges Mutterglück zu informieren. Es war Luisas Unbeschwertheit, die mich ansteckte und mir einen glücklichen Moment schenkte.

Glücklich machte es mich auch, als zu Anfang des letzten Schuljahrs in Phils Stufe keine digitale Klasse zustande kam. Es hatten sich schlicht nicht genügend interessierte Schüler gefunden. Einige werteten das als Zeichen ländlicher Rückständigkeit, als vorläufigen Sieg der ewig Gestrigen. Für mich war es ein kleiner rebellischer Akt im Strom des vorauseilenden Gehorsams, eine Unabhängigkeitserklärung gegenüber den Propagandisten der digitalen Industrie. Gegen die Einführung des Faches digitale Kompetenz oder Programmieren hätte ich keine Einwände gehabt, aber warum sollte das gesamte haptische Erleben, das ein Kind für seine Entwicklung braucht, im Unterricht eliminiert werden? Kinder sollen erfahren, wie dick und schwer ein Atlas ist, wie ein Pult unter ihm ächzt, wie Kreide quietscht und Papier raschelt, wie man sein Blatt füllt, wie Ideen im Kopf mit den Bewegungen der Hand verschmelzen.

Glücklich stimmte es mich auch, als mich neulich eine Mutter auf mein Erziehungskonzept ansprach. »Wie schaffst du es, dass Phil gar nicht zockt? Mein Sohn geht nicht mehr raus, er spielt nicht mehr Fußball, er hat nur noch einen Freund, und wenn der kommt, dann zocken sie gemeinsam. Ich weiß nicht, ob er glücklich ist. Du siehst aus, als wüsstest du die Lösung.« In der Wahrnehmung der anderen hatte sich was verändert. Nachdem ich viele Jahre als unverbesserliche Bullerbü-Tante belächelt worden war, die sich weigerte, ihre Kinder smart zu erziehen, sahen nun einige in meinem Mini-Farm-Konzept eine echte Alternative.

»Etliche Studien legen nahe, dass junge Männer durch soziale Medien aggressiver, junge Frauen aber eher depressiver werden«, gab Jaron Lanier, Chefinformatiker von Microsoft, im Spiegel kürzlich zu Protokoll. Der Internetpionier gehört zu den Schlüsselfiguren des Silicon Valley. Selbst Vater einer zwölfjährigen Tochter sieht er die digitalen Errungenschaften inzwischen mit anderen Augen – wie offenbar viele seiner Kollegen. »All die Eltern, die bei Google und Facebook arbeiten, erlauben ihren Kindern nicht, die Produkte zu benutzen, die sie selbst entwickeln. Es ist grotesk, die Kids im Silicon Valley kriegen alle keine Handys und dürfen sich vor keinen Bildschirm setzen«, berichtet Lanier. Dass eine gewisse Erfahrung mit den digitalen Produkten zu einer kritischen Distanz führt, kann ich auch im Alltag beobachten. Während die Schulkameraden der heute neunjährigen Hannah mit Handys und PC-Spielen fröhlich überschüttet werden, ist Phils Umfeld mittlerweile deutlich skeptischer, sowohl die Eltern als auch die Kinder. Cybermobbing, Freunde, die aufgrund ihrer Spielsucht in psychologischer Behandlung sind – die meisten Achtklässler haben bereits Erfahrungen damit gemacht.

Ich erlebe glückliche Momente, wenn ich merke, dass meine drei Kinder wunderbar mit ihrer weitgehenden digitalen Abstinenz leben können. Die Mädchen berichten stets stolz, dass sie weder Handy noch Computer besitzen, dafür aber viele wunderbare Tiere. Ihre Klassenkameraden akzeptieren das vorbehaltlos. Auch Phil, dessen Handy meist mit leerem Akku in der Ecke liegt und der über das beliebte Computerspiel »Fortnite« nicht mitreden kann, hat keine Probleme, sich zu integrieren. Gruppenzwang kann eine Illusion sein, eine Erscheinung, die sich auflöst, wenn man sie ignoriert.

Glückliche Momente sind es, wenn die Kinder an heißen Sommertagen mit Freunden im schattigen Baumhaus der alten Buche sitzen und die Seele baumeln lassen.

Glück ist, wenn Luisa Gänseblümchen pflückt und Lucky damit füttert.

Alles Mist?

Unsere Mini-Farm beschert uns unzählige glückliche Momente. Aber sie macht auch viel Arbeit. Und kostet so viel Zeit. Und Nerven.

»Hannah, du bist heute mit Hasenausmisten dran! Luisa, du kümmerst dich um die Hühner.«

»Nein, das ist ungerecht«, entgegnete mir Hannah, »ich hab gestern die Hasen ausgemistet, als Luisa dran war, und darum mach ich das heute nicht.«

Luisa war nicht einverstanden. »Dafür hab ich vorvorgestern und vorletzte Woche zweimal die Hasen ausgemistet, als du dran warst. Und Hühner und Hasen zusammen schaff ich nicht. Das ist zu viel.«

Hannah: »Und ich habe dir vorgestern die Hühner abgenommen, schon vergessen?«

Luisa: »Das war aber unsere Abmachung, weil ich für dich das Zimmer aufgeräumt habe.«

Hannah: »Du hast es ja auch dreckig gemacht.«

»Ich blick da nicht mehr durch. Phil, kannst du die Hasen machen?«

Doch auch Phil reagierte unwirsch. »Nein, auf keinen Fall, heute sind die Mädchen dran. Ich hab sie schon die ganze letzte Woche gemacht, obwohl eigentlich Hannah dran ist. Ich hab heute auch keine Zeit für den Hund, ich schreibe morgen Mathe. Außerdem habe ich am Wochenende den Zaun am Hühnergehege repariert und das Scharnier in der Stalltür ausgetauscht.«

Luisa schlug vor, sie könne mit dem Hund Gassi gehen, aber das erlaubte ich nicht, dafür war sie mir noch zu klein. Es ging dann noch eine Weile hin und her. Schließlich heulte Luisa. Hannah auch. Phil lernte angeblich Mathe. Lucky wollte spazieren gehen.

Kinder helfen mit, mal viel, mal gerne, aber eben auch mal missmutig oder gar nicht. Und immer wieder müssen die Aufgaben neu verteilt, verhandelt werden, je nachdem wie viel Zeit die Schule in Anspruch nimmt. Und manches Mal mache ich auch alles allein, vor allem wenn es in Strömen regnet.

Viele sagen, sie hätten keine Zeit für Tiere. Auch ich habe keine Zeit. Ich nehme sie mir, wenn andere mit der Tagesschau ihren Feierabend einleiten, ihr Wochenende genießen oder sich ihr Fitnessprogramm gönnen.

Wozu dann der ganze Mist?

»Du wirst schon sehen, deine Töchter werden auf Instagram posten, was das Zeug hält. Und ist dein Sohn erst mal 15 oder 16, wird er zocken, da gibt es kein Halten mehr. Dann auch mitten im Sommer bei heruntergelassenen Jalousien.« Katharina ärgerte sich darüber, dass ihr Sohn Tom nicht mehr dem Bild entsprach, das sie von einem munteren Teenager hatte. Um sich zu trösten, malte sie für mich eine Zukunft des Schreckens aus. Langsam dämmerte ihr, dass der Preis für »Tom ist wahnsinnig schnell unterwegs in diesen virtuellen Welten, ein echter Digital Native eben« sehr hoch war.

Auch Hannah und Luisa werden sich irgendwann mit den Produkten der digitalen Industrie auseinandersetzen müssen. Aber ich werde sie damit nicht allein lassen. Ich werde sie darüber aufklären, dass alle Social-Media-Kanäle dazu da sind, persönliche Daten zu sammeln und zu verkaufen, dass News, die über diese Kanäle kursieren, möglicherweise nicht wahr sind, dass man Bilder manipulieren kann, dass alles, was sie per Mail oder WhatsApp verschicken, öffentlich ist, weitergeleitet, gepostet werden, im Internet auftauchen kann, dass PC-Spiele die User süchtig machen können, dass im Internet Kriminelle unterwegs sind, die sich hinter falschen Namen verstecken und Blödsinn erzählen, dass via WhatsApp immer wieder Kettenbriefe und Spiele kursieren, die Kinder bedrohen und dazu auffordern, Suizid zu begehen.

Und ich werde sie immer wieder daran erinnern, dass unsere Lebenszeit begrenzt ist, dass sie sich sehr genau überlegen sollen, wie sie ihre Zeit verbringen. Von Astrid Lindgren, der Grande Dame der Kinderliteratur, der Erfinderin von Pippi Langstrumpf und der Bullerbü-Idylle, gibt es ein berühmtes Zitat aus dem Jahr 1979: »Wenn man genügend spielt, solange man klein ist, dann trägt man Schätze mit sich herum, aus denen man später ein Leben lang schöpfen kann.«

Weiterführende Literatur zu den einzelnen Kapiteln

Kapitel 1, Die nicht gebuddelten Pflanzlöcher

http://www.umweltinstitut.org/aktuelle-meldungen/meldungen/uno-warnt-vor-katastrophalen-auswirkungen-von-pestiziden.html

Kapitel 3, Zu klein für die Wildnis

https://www.rki.de/SharedDocs/FAQ/Borreliose/Borreliose.html

https://www.zecken.de/de/news/fsme/gefaehrliche-zecken-so-wird-das-fsmevirus-uebertragen

https://www.deutschlandfunk.de/wildschweine-und-waldpilze-koennen-caesium-enthalten.697.de.html?dram:article_id=78090

Kapitel 4, Ein Heim, mit Magenschmerzen erbaut

https://www.wissenschaft-im-dialog.de/projekte/wieso/artikel/beitrag/haben-tiere-ein-bewusstsein-und-inwieweit-unterscheidet-es-sich-von-dem-des-menschen/

http://www.bpb.de/gesellschaft/umwelt/bioethik/175397/quellentexte-zur-tierethik?p=all

Kapitel 6, Unheimliche Flugkünstler

https://www.zeit.de/2014/24/pflanzenkommunikation-bioakustik/komplettansicht

Andreas Roloff, Handbuch Baumdiagnostik, Ulmer Verlag

https://www.nature.com/articles/ncomms1796

http://www.spiegel.de/wissenschaft/natur/fledermaeuse-sind-traeger-vieler-gefaehrlicher-viren-a-829514.html

https://www.nabu.de/tiere-und-pflanzen/saeugetiere/fledermaeuse/wissen/01374.html

https://www.zeit.de/wissen/gesundheit/2019-01/ebola-westafrika-fledermaus-virus-uebertragung/

Kapitel 11, Hühner, die niesen

https://link.springer.com/article/10.1007/s10071-016-1064-4

Kapitel 13, Kniehohe Gummistiefel

https://www.lgl.bayern.de/gesundheit/infektionsschutz/infektionskrankheiten_a_z/fuchsbandwurm/index.htm

https://www.internisten-im-netz.de/krankheiten/fuchsbandwurm/entwicklungszyklus-infektion-des-menschen-risikofaktoren.html

Kapitel 15, Aus der Erde das Beste

»Wald als Widerstand«, Der Spiegel, Nr. 14/31.3.2018

http://www.markhamfarm.com/

https://www.huehner-haltung.de/haltung/gesundheit/gesundheitsprobleme/federpicken-kannibalismus/

Kapitel 16, Milbeninvasion in Darth Vaders Reich

https://www.msd-tiergesundheit.de/binaries/Merkblatt-Rote-Vogelmilbe_tcm82-221167.pdf

https://www.faz.net/aktuell/gesellschaft/gesundheit/weltgesundheitsorganisation-sieht-online-spielsucht-als-krankheit-an-15646335.html

https://science.sciencemag.org/content/357/6347/202

https://www.swr.de/swr2/wissen/raben-planen-in-die-zukunft/-/id=661224/did=19900286/nid=661224/alk7sp/index.html

Kapitel 17, Darthi wird flügge

https://medonline.at/uncategorized/medical-tribune/n/2017/193605/vom-schneckenschleim-zum-gewebekleber/

https://www.zeit.de/2018/32/gefluegel-huehner-haltung-eier-zusammenleben/komplettansicht

Beate und Leopold Peitz, *Hühner in meinem Garten*, Ulmer Verlag

https://www.dw.com/de/schlauer-als-gedacht-die-faszinierenden-fähigkeiten-der-hühner/a-36996799

https://www.wissenschaft.de/umwelt-natur/schnecken-inspirierter-klebstoff-entwickelt/

https://www.welt.de/wissenschaft/article1288977/Afrikanische-Schnecke-beunruhigt-Brasilianer.html

https://www.bft-online.de/kleintiergesundheit/2016/lungenwuermer/hintergrundinformationen-lungenwuermer/

https://www.cicero.de/kultur/sexismus-debatte-zwischen-porno-und-pruederie

https://www.sueddeutsche.de/kultur/vom-sex-in-den-medien-porno-pop-und-pruederie-1.164915

Kapitel 20, Wenn der Wolf kommt

https://www.peta.de/jagdunfaelle

https://www.dbb-wolf.de/wolfsmanagement/herdenschutz/schadensstatistik

https://www.bundestag.de/blob/563294/83068d6297590248dd89375affd358c4/wd-8-041-18-pdf-data.pdf

Kapitel 21, Die Kraft des Feuers

https://www.welt.de/geschichte/article143807325/Ohne-Kopf-lebte-Mike-noch-18-Monate.html

Kapitel 22, Glücksmomente

»Geht zur Schule«, Der Spiegel, S. 109, Nr. 13/23.3.2019

»Dieser Mist verdirbt uns alle«, Der Spiegel, S. 60 ff., Nr. 45/3.11.2018